国家社科基金项目成果

民族地区事业单位管理体制改革探究
——内蒙古事业单位改革启示

张战勇　孔春梅　张国强　著

盖文山　李春林　张文萍　学术指导

電子工業出版社
Publishing House of Electronics Industry
北京 • BEIJING

内 容 简 介

本书是国家社科基金项目成果，对我国民族地区事业单位改革有很强的借鉴意义和很高的学术价值。

本书内容分为三部分：第一部分为导论，明确本书的探究意义，并对本书研究的理论资源、研究对象、主要内容、研究的步骤方法、调研情况与主要成果进行简要概括；第二部为第一～六章，以综合配套与改革创新为特点，针对内蒙古自治区事业单位改革前列地区的改革实践，对地方政府在推动事业单位改革中难以逾越的障碍和困难进行了分析，并提出建议；第三部为结论，在对内蒙古事业单位改革调查与分析研究的基础上进行分析，并提出民族地区事业单位改革战略框架与策略。

本书适合事业单位的政府管理部门工作人员、事业单位工作人员，尤其是负责事业单位改革的决策者、执行者及参与者、相关学术研究单位的研究人员学习参考。

未经许可，不得以任何方式复制或抄袭本书之部分或全部内容。
版权所有，侵权必究。

图书在版编目（CIP）数据

民族地区事业单位管理体制改革探究：内蒙古事业单位改革启示 / 张战勇，孔春梅，张国强著. —北京：电子工业出版社，2013.8

ISBN 978-7-121-21029-7

Ⅰ.①民… Ⅱ.①张… ②孔… ③张… Ⅲ.①行政事业单位—体制改革—研究—内蒙古 Ⅳ.①D630.1

中国版本图书馆 CIP 数据核字（2013）第 163630 号

责任编辑：许存权
印　　刷：北京七彩京通数码快印有限公司
装　　订：北京七彩京通数码快印有限公司
出版发行：电子工业出版社
　　　　　北京市海淀区万寿路 173 信箱　　邮编　100036
开　　本：720×1 000　1/16　印张：15.25　字数：298 千字
印　　次：2023 年 9 月第 2 次印刷
定　　价：59.00 元

凡所购买电子工业出版社图书有缺损问题，请向购买书店调换。若书店售缺，请与本社发行部联系，联系及邮购电话：（010）88254888。

质量投诉请发邮件至 zlts@phei.com.cn，盗版侵权举报请发邮件至 dbqq@phei.com.cn。

服务热线：（010）88258888。

序

我国事业单位体制存在着管理方式上的行政化、运作机制上的非效率化、资源配置上的非社会化、目标经济非公益化，职能范围混杂、交叉、扩大化等问题，并且其改革步伐落后于经济和行政管理体制改革步伐。因此，加快推进事业单位管理体制改革变得十分紧迫，历届党代会、人代会均对此多次提及。

为此，内蒙古自治区党委和政府根据中央政事分开与事业单位管理体制分类改革的基本要求，针对制约事业单位发展与社会主义市场经济不相适应和影响自治区经济社会快速发展的实际问题，提出了要进一步加快推进事业单位改革步伐的号召，从2005 年 3 月开始启动了新一轮事业单位改革试点工作。

为了将自治区事业单位改革成果整理出来，并形成可借鉴的经验，2006 年 6 月课题得到立项，并成立课题组，得以有序地对新一轮内蒙古事业单位改革实践展开广泛而深入的调查与研究，形成了系列课题研究成果。

内蒙古事业单位改革相对于中国东部经济发达地区的事业单位改革而言，面临更多的困难与更大的风险，更具挑战性。深入地分析和研究，有针对性地解决内蒙古事业单位改革进程中所存在的问题，明确其改革方向，对其进行战略思考与整体规划，这不仅有利于下一步改革的整体推进和深入，有利于促进边疆的稳定与社会和谐，有利于推动经济社会共同发展，更有利于加快社会事业发展，同时所取得的成果值得其他西部边疆地区借鉴，这些都是本课题研究的理由和意义所在。

2013 年 5 月

目 录

导论

第一节　研究背景与意义

一、研究背景

随着我国改革进程的加快，与行政体制改革和政府职能转变相伴，社会管理体制改革必然会成为整个改革的重要组成部分。我们甚至可以断言，社会管理体制改革，尤其是对于社会组织登记管理体制的改革，完全可以成为行政体制改革新的突破口与切入点。“十二五”规划中，中央提出，要“坚持多方参与、共同治理，统筹兼顾、动态协调的原则，完善社会管理格局，创新社会管理机制，形成社会管理和服务合力。”“改进社会组织管理，建立健全统一登记、各司其职、协调配合、分级负责、依法监管的社会组织管理体制。重点培育、优先发展经济类、公益慈善类、民办非企业单位和城乡社区社会组织。推动行业协会、商会改革和发展，强化行业自律，发挥沟通企业与政府的作用。完善扶持政策，推动政府部门向社会组织转移职能，向社会组织开放更多的公共资源和领域，扩大税收优惠种类和范围。”在党的十八大报告中再次指出：“加强社会建设，必须加快推进社会体制改革。要围绕构建中国特色社会主义管理体系，加快形成党委领导、政府负责、社会协同、公众参与、法治保障的社会管理体制，加快形成政府主导、覆盖城乡、可持续的基本公共服务体系，加快形成政社分开、权责明确、依法自治的现代社会组织体制，加快形成源头治理、动态管理、应急处置相结合的社会管理机制。”2013 年出台的国务院机构改革和职能转变方案中明确了社会组织管理制度改革的安排。一是加快形成政社分开、权责明确、依法自治的现代社会组织体制，同时，要建立健全统一登记、各司其职、协调配合、分级负责、依法监管的社会组织管理体制。从今后的改革发展趋势来看，社会组织必将迎来一个更新更好的发展机遇期。

我国事业单位体制存在着管理方式上的行政化、运作机制上的非效率化、资源配置上的非社会化、目标经济化而非公益化，职能范围混杂、交叉、扩大化等问题，其改革落后于经济和行政管理体制改革。因此，加快推进事业单位管理体制改革变得十分紧迫。早在十届三次全国人大会议上，温家宝总理在政府报告中指出，要“积极稳妥地分类推进事业单位改革，依法规范对事业单位的授权行为”。党的十六大提出“按照政事分开的原则，改革事业单位管理体制”、“完善公共财政制度，逐步实现基本公共服务均等化”，为事业单位改革提供了新的理论视角。十七大则进一步提出“加快推进事业单位改革”的要求。

为此，内蒙古自治区党委和政府根据中央政事分开与事业单位管理体制分类改革的基本要求，在深入学习贯彻落实科学发展观的过程中，针对制约事业单位发展与社会主义市场经济不相适应和影响自治区经济社会快速发展的实际问题，以科学发展观和构建和谐社会为指导，从搞活、搞好、搞强社会事业出发，提出要进一步加快推进事业单位改革步伐的号召，并于2005年3月开始启动新一轮事业单位改革试点工作。从2006年6月课题立项，课题组对新一轮的内蒙古事业单位改革实践展开了广泛而深入的调查与研究，形成系列课题研究成果。内蒙古事业单位改革相对于中国东部经济发达地区的事业单位改革面临更多的困难与更大的风险，更具挑战性。深入地分析和研究，有针对性地解决内蒙古事业单位改革进程中所存在的问题，明确其改革方向，对其进行战略思考与整体规划，这不仅有利于下一步改革的整体推进和深入，有利于改革进程的顺利，确保边疆的稳定与社会和谐，避免出现大的波动与动荡，而且有利于推动经济社会共同发展，有利于加快社会事业发展，这正是本课题研究的理由和意义所在。

二、理论意义

课题研究在近年来国内外关于事业单位改革的理论和文献的基础上，通过对内蒙古自治区新一轮事业单位改革实践的跟踪调研、深层次的理论分析和全面系统的总结，理清西部民族地区事业单位改革的思路。为西部欠发达的民族自治地区地方政府，推动民族自治地方事业单位改革，发展民族地方各项社会事业，促进经济社会发展提供理论支持与实践参考。

课题研究理论意义在于，目前用于指导中国事业单位改革的各种国内外相关的理论中，用于指导民族地方事业单位改革的理论研究成果略显不足。同时具有中国特色兼具民族自治特色的指导事业单位改革理论与实践的探索尚显不足，特别是针对民族地区教科文卫事业的发展与改革的研究更是缺乏。深入挖掘民族地区教科文卫等公共事业特别是教育事业、民族文化事业、民族卫生事业等各项事业改革中存在的问题并进行原因分析，归纳和总结出有利于指导民族地区教科文卫等社会事业发展与改革主要思想与观点，在一定意义上补充和完善了中国事业单位改革的理论，在新形势下极大地丰富和发展马克思主义民族理论与民族政策。

三、现实意义

课题研究的实践意义在于，目前国内众多的事业单位改革实践，民族自治地方政府所推动的事业单位改革的实践总结尚显不足。内蒙古自治区是我国最早成立的民族自治地区，党的民族理论与民族政策特别是“各民族平等、各民族团结”、“各民族共同繁荣、共同进步、共同发展”的思想深入人心，并在实践中取得了良好的效果，保持、发展和巩固这一来之不易的各民族团结和谐发展成果，改革推进过程中正确解决和处理好社会事业发展、经济社会协调发展与事业单位改革的关系，处理好发展、改革与稳定的关系，无论在理论和实践中都具有深远的和特殊的历史意义与现实价值。当前，在新形势下客观描述内蒙古自治区事业单位改革的历程，系统分析改革中存在特殊矛盾、困难与风险问题，归纳总结改革成果与不足，在一定意义上对指导西部民族地区事业单位改革的实践有现实意义，同时对国内其他地区的事业单位改革也有一定的借鉴意义。

第二节 相关文献与理论资源

一、相关概念界定

（一）事业单位概念的界定

“事业单位”概念界定表述有多种。“事业单位”一词首次出现于 1955 年第一届全国人大第二次会议《关于 1954 年国家决算和 1955 年国家预算的报告》中。1963 年 7 月发布的《国务院关于编制管理的暂行规定》将事业单位的概念界定为：“为国家创造或者改善生产条件，促进社会福利，满足人民文化、教育、卫生等需要，其经费由国家事业费内开支的单位。”1984 年全国编制工作会议《关于国务院各部门直属事业单位编制管理试行办法（讨论稿）》中规定“凡是为国家创造或者改善生产条件，从事为国民经济、人民文化生活、增进社会福利等服务活动，不是以为国家积累资金为直接目的的单位，可定为事业单位使用事业编制”。1998 年国务院颁布的《事业单位登记管理暂行条例》的定义为：“是指国家为了社会公益目的，从事教育、科技、文化、卫生等活动的社会服务组织。”增加了“由国家机关举办或者其他组织利用国有资产举办的”的概念。这与同年颁布的《民办非企业单位登记暂行条例》一起将事业单位（即国有公共事业组织）、民办非企业单位（即民办公共事业组织）被明确分为两种组织。对事业单位比较全面的定义，是由国家事业单位登记管理局等单位主编的《事业单位登记管理须知》一书中的表述，书中认为，事业单位主要是指：“为社会公益目的，由国家机关举办或者其他组织利用国有资产举办的，从事教育、科技、文化、卫生等活动的社会服务组织。”这一定义有四个方面的内容：第一，事业单位运行的目的是为了社会公益事业发展；第二，事业单位的构成方式由国家机关举办或者其他组织利用国有资产举办；第三，事业单位的行业范围涉及教、科、文、卫等诸多领域；第四，事业单位活动不再局限在不以国家积累资金为主要目的，而允许事业单位在保证社会公益事业发展的基础上追求经济效益。目前学界的主要共识是：把事业单位重新定义为“介于政府和企业之间的、进行社会服务和公益性服务的组织”，其基本特征为“非政府、非企业、非营利”，并在此基础上对事业单位进行“分类改革”。

（二）事业单位分类及其分类改革的意义

关于事业单位的分类有“二分法”、“三分法”、“四分法”“五分法”、“七分法”及多重分类法，具体有行业分类法、经费分类法、行政隶属分类法、行政级别分类法、性质分类法、职责分类法、职能分类法。二分是将事业单位分为直属事业单位和独立事业单位；三分是按功能将事业单位分为社会公益类、生产经营类、行政执法类；四分是将其分为监督管理类、社会公益类、中介服务类和生产经营类。事业单位的功能分类主要集中体现在三类与四类之争，主要提法不同，有的学者主张按照事业单位的功能，将事业单位分为三类：一是行政执行类，二是企业经营类，三是社会公益类。（王乐夫，2008）应该把现在的事业单位分成三个类型：执行政府职能的法定单位；提供公益性服务的公益单位；可以企业化运作的营利单位。这三个类型中，只有提供公益性服务的公益单位基本保持事业法人的身份，法定单位转变成政府机构，营利性单位则变成企业法人。除了法定机构之外，所有单位都取消行政级别。（毛寿龙，2006）将事业单位改称为“社会组织”分类管理。将事业单位划分为：一准行政组织和行政执行机构；二事业组织；三社会中介组织。（张尚仁，2006）中编办左然提出，按照事业单位目前的功能，可以把事业单位分为行政类、行政与公益混合类、公益类、经营类四类。主张把承担监管职能和执法职能的行政类事业法人转变成独立监管机构或是法定执行机构。2001 年浙江推行事业单位改革时，事业单位被分为四类行政执法单位、社会公益单位、市场中介、经营类单位。中编办制定的《关于事业单位分类及相关改革的试点方案》（征求意见稿）根据现有事业单位的社会功能对事业单位的分类，将其划分为承担行政职能的、从事公益服务的和从事生产经营活动的三个大类是目前事业单位分类改革的指导意见。这个主导意见写入十一届全国人大一次会议第五次全体会议表决通过《国务院机构改革方案》中，《方案》明确了事业单位分类改革的方向，同时，配套推进事业单位养老保险制度和人事制度改革，进一步完善相关的财政政策。

分类改革对事业单位改革有一定的指导意义。中国事业单位不仅规模大、涉及行业门类广，而且职能构成复杂。因此，分类改革对事业单位改革具有指导意义。那么按照事业单位提供服务的性质进行分类改革是事业单位改革的一项基础性工作，课题组认为行业分类与功能分类结合即先分行业类别，再进行性质与功能分类两者结合的分类改革的思路是中国事业单位管理体制改革的现实选择。

按照行业分类进行改革是采取从上到下，按科研、教育、卫生、文化、体育、新闻出版、广播电视等行业系统推进的办法。

这种改革模式的优势在于：

(1) 改革重点突出，主题明确。按照政府部门职能分工，以事业单位比较集中的科教文卫等部门为主，从问题最突出、矛盾最集中的部门入手，能够抓住主要矛盾。

(2) 按照部门行业，从上到下，先中央后地方，梯次推进，不易产生大的震荡，有利于维护社会稳定。

(3) 行业主管部门各负其责，责任明确，有利于发挥各自的积极性。而且，由于改革的基础条件不同，按行业推进改革，兼顾了各自的实际。

这种推进模式的不足在于：

(1) 事业单位改革是一项系统工程，只进行管理体制或人事制度改革，不考虑同时推进相关配套制度改革，实践中难以取得预期效果。

(2) 科教文卫等各个政府部门内的事业单位，虽然大多数性质相同，但也有一定数量其他性质的事业单位，或者某一行业内部存在多种性质的事业单位，按行业推进往往只考虑了问题的一个方面，而忽视了问题的另一方面，增加了改革的难度。

(3) 按行业推进改革，改革的力度和深度不同，在人员安置、人事政策规定等方面很难做到协调一致，易造成行业之间改革政策规定的不平衡性，在具体操作中可能带来新的矛盾和问题。

所以，在进行事业单位改革中除了要考虑事业单位的功能与性质外，特定事业单位所处的行业、所面临的环境与问题也成为了改革的焦点。因此，除了人事部出台的事业单位人事制度改革文件外，事业单位所属的各部委也出台了相关的指导原则。因而在分类改革中同样要注意行业的特殊性。

按照功能分类推进改革，主要根据现有事业单位的职能和提供服务的性质分析该事业单位作为公共组织的性质，是划入行政组织、事业单位组织还是企业组织。以功能进行分类的事业单位改革对于事业单位的人事制度具有至关重要的意义，这种分类方式在根源上明确了组织的性质，而不同类型的组织在进行人事制度改革时所采取的改革方向是不同的，是成为行政部门走公务员序列，还是转为企业走市场管理，还是保留为事业单位组织进行人事制度改革？这些都将通过功能型的分类改革来进行。

（三）政事分开与事业单位管理体制分类改革

政事分开是事业单位改革的基本原则。所谓政事分开，从根本上说，是要解除政府与各事业单位的隶属关系，政府行政主管部门进行宏观管理，但具体事务则完全由事业单位自主解决，同时，要根据中央有关取消事业单位行政级别的精神和指示，有步骤地取消现行事业单位的行政级别。在此基础上，重点进行政府和事业单位的职责分开、管理方式及手段分开工作。

其一，职责分开。职责分开的主要内容，是指原来在政事一体化的情况由事业单位承担的政府行政职能，应交回政府由政府承担，而原来各级政府机构承担的一些技术性、服务性的工作，则可以交给事业单位去完成。根据政事分开的原则，分清政事职能权力关系，进行权力再分配，即把属于事业单位的权力交给事业单位，并与政府脱勾。政事职能权力分开的办法有三：一是正本清源，把本属于行政职能的任务回归政府机关去，在不增设新机构的前提下，撤销一批事业单位；二是把行政机关承担的技术性的工作交由事业单位承担，使其面向社会服务，精简国家机构；三是清查“曲线救国”的事业单位，即在机关、部门利益的驱动下，把行政权力转移到事业单位，利用权力规定名目繁多的收费项目，以此来丰富机关、部门的钱匣子，这样的事业单位必须坚决取缔。

其二，管理方式及手段的分开。主要是政府行政主管部门对事业单位实行简政放权，对事业单位在宏观上按有关法律进行行政监督管理，而在事业单位的人事、工资、计划、编制、财务、项目、职能等方面事务的具体运行上，由事业单位自己管理。放权是事业单位取得独立法人实体资格的关键。放权可从两方面去理解：一是中央政府把权力下放给地方政府，地方政府再放权给基层政府；二是进行政事职能权力分开，把权力下放给事业单位的独立法人实体。这里所说的放权是指政府把权力放给事业单位，放权的内容有四方面：一是法人实体有单位机构编制权；二是有人事管理权；三是有内部分配权；四是有独立发展权。放权的前提条件是要有健全的规章和监督机制，防止一管就死、一放就乱的现象发生，目的在于减少放权后的“阵痛”。

其三，分类改革事业单位管理体制。分类改革是事业单位改革的基础，在事业单位分类基础上，对其管理体制上进行分类改革是目前事业单位改革的一项重要举措。按照中编办制定的《关于事业单位分类及相关改革的试点方案》（征求意见稿），事业单位被分成三类。第一类是主要承担行政职能的事业单位，属于“政事不分”，改革目标是逐步转为行政机构或将行政职能划归行政机构。第二类是主要从事生产经营活动的，属于“事企不分”，改革目标是逐步转为企业，走向市场。第三类是主要从事公益服务的事业单位，改革目标是整合资源，强化公益属性，加强政府监管。

政事分开与事业单位管理体制分类改革的目的是搞活事业单位，旨在政事职能分开的基础上，根据不同性质的事业单位进行管理体制上的分类改革，重点对公益性事业单位引入竞争机制，进行科学管理，充分调动职工的积极性和创造性，促进事业单位沿着社会化的方向自我约束、自我完善、自我发展。

二、相关文献研究

（一）成思危课题组

1998 年 7 月，由全国人大副委员长成思危先生主持的“我国事业单位的改革方向和措施”课题组经过近三年的研究，针对事业单位存在的诸多问题，提出了事业单位改革的目标模式。课题组认为，事业单位改革的最大问题是目标模式不清，战略方向不明，因而也没有适当的战略步骤和有效稳定的政策。确定合适的事业单位改革的目标模式具有宏观指导意义。该课题组的目标模式包括六方面：

（1）事业单位与政府一道，分别向社会提供公共产品，弥补政府职能的不足；同时可以使政府转变提供公共产品的方式，凡是生产“私人产品”的事业单位都应该转制为企业。

（2）整合政府资助、民间捐赠和受益者付费等各方面资源，以弥补政府财力的不足，调动民间的积极性。

（3）依法享受政策优惠。

（4）吸收和使用志愿者，从事公共产品的提供服务。

（5）构筑法律的支持，明确事业单位的法律地位，使之既不依附于政府又接受政府的指导、帮助和监督，成为自主决策、依法运营、具有独立法人地位的机构。

（6）建立科学的管理体制和机制，实行科学管理。

可以看出，成思危课题组更为强调事业单位改革的总体思路和指导意义。

（二）以葛延风为代表的国务院发展研究中心课题组

重组社会事业的基本组织方式，分类推进事业单位的改革，是国务院发展研究中心社会发展研究部课题组的基本主张。2003 年国务院发展研究中心组织了事业单位改革课题组，课题组报告没有公开，但是 2003 年 8 月 5 日《中国经济时报》刊登了组长葛延风先生所撰写的“社会事业体制和事业单位改革的成绩和问题”一文，可以认为代表了课题组的主要观点。葛延风认为，改革开放以来，社会事业体制及事业单位体制发展及改革过程中出现了很多问题，如发展过程中缺乏规划，存在不合理的扩张；政府与市场的责任边界不清；放权过度、约束不足的问题普遍存在；行政管理体制存在较大缺陷，条块分割突出，不同层级政府间的责任缺乏合理划分等。但是，最主要的是缺乏明确清晰的事业单位改革的总体思路，而下一步就是要明确和清晰改革思路：首先，要明确政府职责；其次，要对社会事业的基本组织方式进行改革，按照职能特点对现有事业单位的改革分类推进；其三，搞好配套改革，在改革过程中加强统一组织与协调。国务院发展研究中心课题组对事业单位改革中过度市场化取向表示担忧，建议划清政府与市场的边界。国研中心课题组认为，前期的事业单位改革使得一些主要提供"社会公益性服务"的事业单位有过度市场化的倾向，"放权过度、约束不足"，"突出机构和个人利益目标而忽视甚至背离、损害社会公益目标"。政府必须承担提供此类"社会服务"的责任，不管采取何种形式，政府必须提供必要的预算投入。

（三）以张春霖为代表的世界银行课题组

2002—2004 年，由世界银行中国代表处首席专家张春霖先生领导的由十多个专家组成的课题组借鉴国外公共服务发展和改革的经验，提出了中国事业单位改革的战略选择。课题组的成果主要体现在《中国：深化事业单位改革，改善公共服务提供》一书中。该书认为事业单位改革和管理中存在的主要问题是：改革中公共服务的市场化取向和公共服务付费由政府向个人转移，财政支持减少，个人负担增多，低收入群体负担过重；地区间公共服务的提供差距过大，基本公共服务不均等；事业单位创收动力过强，公共服务质量下降；来自市场和政府的约束乏力。改革的目标是建立一个与建设小康社会要求相适应的公共服务提供新体制。主要包括以下方面：

（1）重新界定政府的角色。只有在市场失灵情况下，政府干预才具有合理性，但政府干预也要在中央、省、市、县各级进行合理划分。政府的干预工具有三，即监管、付费和直接提供。

（2）改善付费机制。政府应该重新确定付费的公共服务的优先顺序、重点领域和重点区域，以使政府的有限资源用于最缺乏公共服务的地区或领域及最需要的群体。为此就要改革政府间的财政关系，改革政府预算管理。

（3）重组事业部门。事业单位可以在法律意义上区分为直属事业单位和独立事业单位。前者附属于核心政府部门，地位不独立，管理者由政府任命和监督；后者具有法律和财务上的独立地位，由政府任命的理事会管理和监督。可以创收，但是必须遵守严格的会计、审计和报告制度。

（4）加强问责机制。一是明确每一级政府在公共服务中的作用和事业单位服务标准，建立并有效实施绩效管理合约；二是使公共服务的享有者有足够的选择权，使事业单位有服务对象选择的压力，同时放宽私人提供公共服务的竞争；三是建立有效的法律制度和监管框架。同时，在改革的实施过程中要加强组织领导协调、舆论宣传。逐步建立全国统一的养老制度，提供社会保障。

（四）以范恒山为代表的国家发展和改革委员会课题组

从2003年开始，国家发展和改革委员会经济体制综合改革司与世界银行、经济合作与发展组织在事业单位改革领域进行了合作。2004年4月12日，该委员会体制改革司司长范恒山在《中国经济时报》上撰写的“关于事业单位改革的思考”一文代表了该课题组的研究思路。范恒山认为，从性质上界定，事业单位是指主要从事社会事业和公益事业的独立于政府和企业之外的非营利组织。应该把事业单位重新定义为介于政府和企业之间的、进行社会服务和公益性服务的组织，其基本特点是：非政府（也非“二政府”）、非企业（也非准企业）、非营利（也非变相营利）。他们建议，事业单位应在“公共事务、公益性服务、社会互助和慈善援助等”领域内运作。改革的重点在于调整和规范事业单位。分类改革和加强监管是课题组的基本观点。主张事业单位，首先要进行分类改革，大力调整事业单位结构。可将其分为三类：一是直接承担政府行政职能、为政府服务的事业单位，主要从事的是监管、资质认证、质检、鉴证及机关后勤服务等类的活动；二是承担公共事业发展职能、为社会服务的事业单位，主要从事的是科教文卫等社会事业和与公共基础设施建设、公用事业服务相关的活动；三是承担着中介沟通职能、为市场和企业服务的事业单位，主要从事的是咨询、协调一类的活动。课题组主张依据事业单位的性质和分类，对现有事业单位进行归并、转制、撤销、整合；建立以理事会为主导的新型的法人治理结构和科学的绩效评估制度、竞争性的劳动人事制度和有效的激励和约束制度；实施有效的监管，包括设立专门的监管机关和制定约束型法律法规。

（五）以黄文平等为代表的中央机构编制委员会课题组

中央机构编制委员会办公室是主管机构编制管理的机关，该机关的思路不但对决策者具有重要影响，而且还直接关系着改革方案的实施过程。对事业单位进行分类改革是该机关的一贯思路。早在1996年中央机构编制委员会办公室与国家人事部在联合下发的《关于事业单位机构改革若干问题的意见》中，就明确提出了实行事业单位分类改革和管理的要求，而这种分类改革与管理的思路仍然体现在中央机构编制委员会办公室提出的改革方案中。2004年，国务院责成中央机构编制委员会办公室牵头，组成“事业单位改革小组”，成员由人事部、财政部、劳动和社会保障部等部门参加，对事业单位改革提出一个总体改革文件和配套改革措施。该小组经过两年多的研究，提出了“一加五或一加六”的文件框架，即一个改革的总体文件，加上五个或六个配套改革措施文件。这些文件吸收了政府部门和专家的研究成果，也在可行的情况下力图有所突破。虽然文件尚未出台，但是2006年9月25日中央机构编制委员会办公室副主任黄文平在“公益机构改革与发展国际研讨会”上的主旨发言中，透露了事业单位改革的基本思路和主要政策。该小组提出事业单位改革的目标是：建立公益目标明确、布局结构合理、投入机制完善、治理结构规范、微观运行高效、监管制度健全的现代事业单位管理体制和运行机制，构建基础优先、服务公平、区域均衡、门类齐全的公益服务体系。主要政策和措施是：根据现有事业单位的社会功能，将其划分为承担行政职能的、从事公益服务的和从事生产经营活动的三个大类。其中，对完全行使行政职能的事业单位，将根据具体情况，转为行政机构或进行其他调整；对承担部分行政职能的事业单位，将其行政职能和公益服务职能与其他单位分拆整合，今后不再批准设立承担行政职能的事业单位。对现有从事生产经营活动的事业单位，下一步的改革方向是逐步转为企业，进行企业注册，并注销事业单位，核销事业编制，今后不再批准设立从事生产经营活动的事业单位。至于从事公益服务的事业单位，则再划分为三个类别：不能或不宜由市场配置资源的，所需经费由同级财政予以保障，不得开展经营活动，不得收取服务费用；可部分实现由市场配置资源的，所需经费由财政按照不同方式给予不同程度的投入，鼓励社会力量投入；可实现由市场配置资源的，实行经费自理，财政通过政府购买服务方式给予相应的经费补助，具备条件的应逐步转为企业，今后这类单位主要由社会力量举办。该模式还提出要逐步建立以理事会等形式为主要架构的法人治理结构，健全事业单位的激励与约束机制，实现决策的科学化、民主化，保证事业单位的健康运行。完善事业单位登记管理制度，加强对事业法人资质和依法运行的监督管理，并根据不同类型事业单位的特点建立责任制度和绩效评价制度。强化政府的公益服务责任，加大政府投入力度，改进投入机制和投入方式，完善政府对社会公益事业的投入政策。加强事业单位财务收支和资产管理，完善公益服务的价格管理机制，提高公共投入的使用效益和公益服务的社会效益。

三、理论资源

（一）公共物品理论

公共经济学以效用的可分性和消费上的竞争性和排他性为标准对商品作了公共品和私人物品的划分，凡是效用可以分割并具有消费上的竞争性和排他性的商品都属于私人物品；相反，效用不可分，消费上又具有非竞争性和非排他性的物品都属于公共物品。理论研究和实践经验都已证明，市场机制在私人物品的提供方面具有更高的效率，受自身利益最大化目标驱动的私人部门完全能够满足私人物品的有效供给。而公共物品的供给问题则围绕着政府和市场活动范围的界定成为当代经济学发展的一条主线。其中主流的观点认为公共品是用以满足社会公共需要的，因其自身属性可能会导致搭便车和外部性的问题，所以应由政府负责公共品的供给。这一划分为政府和市场的活动范围圈定了一个大概的界限，但现实中这一理论并不能解决所有公共品的供给问题。因为在现实生活中，几乎所有的公共物品都具有不同程度的竞争性和排他性，属于准公共物品，我们也把它视同为公共品的一种，甚至是主要的组成部分。

经济学的基本假设之一：人是理性的、追求私利的经济人。对于非排他的公共品的消费会出现搭便车的现象，市场提供会出现供给不足的问题，其供给责任往往要由政府来承担，而对于受益具有排他性的产品和服务，消费者愿意为自己的受益付费，提供者才可能从中获取应得的成本和收益。对于具有部分排他性和竞争性的准公共品，可以采取部分收费，政府可对这类公共品的私人提供者给予一定的补贴。一些难以完全的公共品由于排他成本过高使得排他成为不可能或不合算。但随着技术的进步或制度环境的改变，一些公共品排他的成本降低，这类产品的私人供给也会成为可能。

公共品是一个多经济属性多层次的系统，它具有异质性的特点。比如教育，可分为基础教育、职业教育、高等教育和特殊教育等。卫生包括公共卫生、基本医疗服务等。公共品的异质性为多元生产者的竞争生产提供了选择的可能。教育、科技、文化、卫生等具有公益性的行业和部门所从事的生产和提供的服务大多有助于改善人们的生产和生活条件，满足人们的精神需求，提高社会成员的福利水平。这类公共品具有较强的利益外溢的特征，它不仅使消费者个人受益，而且从国家的角度来看，对于提高国民整体素质，增强国家综合国力，提高社会文明程度具有非常重要的意义。按照受益者负担的原则，这一类公共产品由政府和社会（企业和个人）来负担也是有据可循的。

对于公共品的界定没有放之四海而皆准的标准，同一商品在不同国家或在同一国家的不同时期可能会分别属于公共品或私人物品的范畴。在政府供给公共品的过程中出现的效率低、财政负担重及社会公平问题，引发了重新界定公共品性质，确定公共支出范围的理论与实践探索。（卢洪友，2003）

（二）新公共管理理论

以美国的胡德等人为代表的新公共管理理论，其基本内涵包括，一是以效益为主要的价值取向。新公共管理理论根据交易成本理论认为政府重视的不是管理中严格的程序、过程、规章制度等投入，而是管理活动的产出与效绩。政府应关心公共部门直接提供服务的效率与质量，能够主动、灵活、低成本地对待外界情况的变化以及不同的利益群体需求作出富有成效的反应。二是建立企业式和以顾客导向的政府。新公共管理以公共选择理论等作为基础，认为在政府与社会的关系中，政府不应该是高高在上的官僚机构，主张建立“企业式政府”。一个好政府应该是一个企业家式的政府，应该是一个能够提供较高服务效率的政府。三是引入市场机制。新公共管理理论认为政府应该严格将管理与操作分开，认为有效的政府并不只是一个会实干的政府，一个会执行的政府，而是一个能够“治理”的政府，并且善于“治理”的政府。与传统行政管理相比，新公共管理更多地体现出公共性、公平性、合法性、效能性、适应性和回应性的特征。新公共管理的对象是社会公共事务和公共服务，那么，尊重公民的基本权利，实现社会政策的公平、公正、公开就成了公共管理的应有之意。新公共管理的过程具有公共性。公共管理的主体具有多元性，政府部门就已经无法成为唯一的公共管理者，必须依靠其他非赢利部门来共同治理与共同管理。

（三）治理理论

全球治理委员会给治理下的定义是：治理是各种公共的或私人的机构管理其共同事务的诸多方式的总和。“治理是统治方式的一种新发展，其中的公私部门之间以及公私部门各自的内部界线均趋于模糊。治理的本质在于，它所偏重的统治机制并不依靠政府的权威或制裁。”治理与善治的本质区别在于善治是治理的理想状态。“善治是使公共利益最大化的社会管理过程。善治的本质特征在于它是政府与公民对公共生活的合作管理，是政治国家与公民社会的一种新型关系，是两者的最佳状态。”社会治理和善治的核心在于由国家力量和社会力量，公共部门与私人部门，政府、社会组织与公民，共同治理一个社会。传统的公共事务的治理模式局限于“政府-市场”非此即彼的治理模式，从其本质上讲，都是一种单中心的治理思路。政府垄断公共事务会造成公共物品提供的单一，无法满足多种偏好，而且会导致政府规模扩大、效率的丧失以及寻租腐败等一系列问题。“私有化”则又会导致“公共性”的缺失和公共利益的不足，造成公共事务的“另一个悲剧”。治理理论是倡导多中心的治理模式，它跳出了传统的非此即彼的思维局限，主张政府和市场既是公共事务处理的主体，又是公共物品配置的两种不同的手段和机制，主张在公共事务的处理中，既充分保证政府公共性、集中性的优势，又利用市场的回应性强、效率高的特点，综合两个主体、两种手段的优势，从而提供了一种合作共治的公共事务治理新范式。治理理论的多中心治理模式论证了多中心或社会自治的社会效率意义，为公共管理学科提供了新的方法和视野。“多中心治理”作为一种治理思路，意味着在公共物品生产、公共服务提供和公共事务处理方面可以存在多个供给主体。每个单位或主体既相互独立，同时又具有千丝万缕的联系。每个部分都拥有该物品的有限生产权或处理权，同时对自己生产的物品、提供的服务承担责任。多中心治理试图在保持公共事务公共性的同时，通过多种参与者提供性质相似、特征相近的物品，建立一种竞争或者准竞争机制，来迫使各生产者自我约束，降低成本，提高质量和增强回应性。并且，公民还可以根据各生产者的相对优势，按照自己的意愿，在各个生产者之间进行选择。随着社会的不断发展进步，民众对于政府的期望愈来愈高，也愈来愈趋于多元化，以支持“权力分散、管理交叠和政府市场社会多元共治”为特征的多中心治理就成为满足民众需求，提高服务质量和效率的理想模式。

多中心治理反对政府的垄断，又不提倡所谓的私营化。它不意味着政府从公共事务领域的退出和责任的让渡，而是政府角色、责任与管理方式的变化。在以往的物品提供方面，政府扮演着公共物品的唯一的直接生产者和提供者的角色，承担着多重任务。而多中心治理则通过其他主体、机制的参与，政府通过多种方式将公共物品的部分生产任务委托给其他部门来提供，可以说，多中心治理中政府不再是单一主体，而只是其中一个主体。政府的管理方式也从以往的直接管理变为间接管理。在多中心治理中，政府更多地扮演了一个中介者的角色，即制定多中心制度中的宏观框架和参与者的行为规则，同时运用经济、法律、政策等多种手段为公共物品的提供和公共事务的处理提供依据和便利。

（四）基本公共服务均等化理论

党的十六届六中全会首次提出“完善公共财政制度，逐步实现基本公共服务均等化”，为事业单位改革提供了新的理论视角。基本公共服务均等化不是倒退，不是要重新回到政府大包大揽的时代，而是要在保证社会成员普遍享有大致均等的基本公共服务的前提下，实现公共服务的有效供给。在人均 GDP 超过 2000 美元，公共财政的框架已初步确立，更加关注公平的大背景下再谈事业单位改革，迫切需要在公平和效率之间寻求一个最佳的契合点，不仅要改善公共服务供给效率，更要保证社会成员能够普遍平等地享有基本公共服务。

公共服务均等化是我国公共财政改革的基本目标之一。其最终目标就是重新界定政府职能范围，建立与社会主义市场经济相适应的公共服务体系，实现公共服务领域公平和效率的统一。政府应为社会公众提供基本的、在不同阶段具有不同标准的、最终大致均等的公共物品和公共服务。从公平的角度来说，如果某些产品和服务构成了公众的基本需求，而某些群体依靠自身力量又难以从市场获取或难以承担起服务成本，那么确保弱势群体享有这类产品和服务就是政府的一项基本责任，否则就会违背公平的原则。公共服务领域所涉及的公共设施、公共卫生、文化教育等，关系到老百姓的切身利益，与经济社会发展密切相关，而市场又无法满足人们的需求。因为在上述领域，资本往往不能实现利润最大化——价格太低，投资者不能获利；价格太高，公众难以承受。私人资本往往不愿进入这些领域，这就需要政府负起责任，在这些市场失灵留下的“服务空白”中，由政府和社会给予制度性保证和有效的支持，确保社会领域基本公民权利的实现。地区之间因环境、社会等因素的影响会出现经济发展上的差异，比较富裕的地方政府由于具有较强的税收能力，比贫困的地方政府能提供更高标准的公共物品和服务。为了实现基本公共服务的均等化，通过横向的转移支付平衡地区间的财力，实现宏观经济发展大体趋于平衡。我国正处于经济社会的转型时期，利益主体和社会结构正在发生重大变化，社会矛盾和社会问题日益显现，这就更需要政府关注公共服务的均等化，在就业、公共医疗、义务教育、社会保障等方面满足社会成员的基本需求，以促进社会公平公正、维护社会和谐安定。

（五）公务法人论

该理论认为，我国事业单位与大陆法系国家的公务法人在功能上有很多相似之处，都是由国家依法设立、具有特定的行政目的、提供专门服务的公益组织。应当将学校等事业法人定性为公法人的组成部分之一，即公务法人，将事业法人与其利用者的关系界定为具有行政法律关系性质的特别权力关系。所谓公法人是“根据公法规定而成立的法人，以公共事务为成立目的”。首先，公务法人是依照公法设立的、以成立特定的公共事业为目的的一种公法人。其次，公务法人是国家行政主体设立的服务性机构。它担负特定的行政职能，服务于特定的行政目的，不同于作为机关法人的行政机关，是适应公共事业发展和技术分权的结果。再次，公务法人执掌一定的公共权力，具有独立的管理机构与法律人格，能够独立承担法律责任。最后，公务法人与其利用者之间存在着丰富而特殊的法律关系，既包括私法关系即普通的民事法律关系，也包括公法关系即行政法律关系，而后者集中体现了公务法人与其他法人的区别。有学者认为，“我国的事业单位与大陆法系国家的公务法人在功能方面有很多类似之处，如都是国家依法设立的公益组织，具有特定的行政目的，提供专门服务。”因此，“应当将学校等事业法人定性为公法人组成部分之一的公务法人，将事业法人与其利用者的关系界定为具有行政法律关系性质的特别权力关系。”[1]

分类发展是事业单位组织变迁的基本模式，分类改革是事业单位改革的基本路径。多数社会公益类单位转为“公立事业法人”，部分社会公益类单位转为非营利组织，开发经营类单位转制为企业，监督管理类单位转为政府机构。在分类改革中，事业单位的主体部分——多数社会公益类单位向“公立事业法人”转化，不涉及组织性质的改变。至于其他 3 类事业单位的改革，原则上是将它们从原事业单位的体系中剥离出去，因而改革涉及组织性质的改变：开发经营类事业单位转制为企业，涉及由公益组织转为营利组织；部分社会公益类事业单位转为非营利组织，涉及由公共部门转为民间性的第三部门；监督管理类事业单位转为政府机构，涉及公共部门内部由事业组织转为机关性质的政府机构。

市场化（产业化）、社会化（民间化）、行政化（公务法人化）的改革思路，为各类事业单位的改革提供了有意义的对策考量。其中，需要明确的是，“公立事业法人”不是传统事业单位在现代化建设条件下的翻版。为了增强事业单位的改革效果，促使传统的事业单位体制转向现代的公共事业体制，应当为多数社会公益类事业单位向“公立事业法人”的转化设计具体的实现路径：

其一，净化事业职能。定位政府公共服务职能和明晰政府公共服务目标，明确政府与事业单位的基本关系，进而确定事业单位职能范围，逐步剥离现有事业单位中的非事

[1]赵立波. 论中国的事业单位及其改革，中共中央党校学报，2007(5).

业性职能、非事业性机构，特别是决定哪些事业单位必须向“公立事业法人”转化。

其二，健全治理结构。“公务事业法人”赋予事业单位独立法人地位。完善法人治理结构，由行使所有者权利或行使政策制定者职能的政府部门任命理事会进行管理。理事会作为事业单位的战略决策机构，由政府代表与本事业单位职工、服务对象、专家的代表组成，对本事业单位重大事项进行决策。政府一般通过理事会代表自己，通过任命理事会成员等方式影响理事会决策。

其三，转换用人制度。“公务事业法人”彻底分解行政事业一体化的人事制度，取消事业单位原有身份制度、套用行政级别确立级别待遇制度、行政方式选拔干部制度；建立以聘用制为基础的用人制度，以聘用关系取代任用关系；实行按需设岗、竞争上岗、按岗聘用，打破职务、个人身份的终身制，推动事业单位人事管理由身份管理向岗位管理的转变；坚持以人为本，积极建立体现事业单位特点的社会保险制度，妥善安置分流人员。

其四，优化运行机制。“公务事业法人”将传统事业单位各项僵化、集权、效益低下的管理体制及其运行机制逐步优化成为现代公共事业体制及其科学、高效的运行机制。

其五，强化问责体制。“公务事业法人”承担包括公共责任在内的多种责任。

因此，必须在事业单位内部普遍推行绩效合同管理和绩效评估制度，在政府与事业单位之间形成法定的绩效责任关系。严格约束事业单位和政府的公共行为。同时，必须建立健全多元化的监督约束体制，发挥政府、服务对象、社会舆论、社会中介组织、独立监督机构的外部制约作用，保证事业单位能够高效、公平地提供公共服务。

第三节　研究内容与研究方法

一、研究对象与研究阶段

（一）研究对象

1. 研究对象选择的原则

第一，原则上以自治区级直属试点改革事业单位为主要研究对象。2006 年自治区事业单位改革的首批试点单位为调查和研究对象。它们是内蒙古商贸技术学院、内蒙古乌兰牧骑、内蒙古歌舞团、内蒙古第三医院（精神卫生中心）、内蒙古农牧科学研究院、内蒙古地质勘查局、内蒙古水利水电设计院、内蒙古大学、内蒙古财经学院等事业单位。

第二，原则上以教科文卫行业事业单位为研究对象。无论自治区级还是盟市级事业单位改革研究，原则上以教、科、文、卫行业的事业单位改革为研究对象。

第三，选择东中西典型盟市的事业单位改革为调研对象。2007 年重点对分布在东部的赤峰市、呼伦贝尔市、海拉尔市，中部的包头市、鄂尔多斯市，西部的乌海市的事业单位改革的情况进行全面调查和研究。

2. 研究对象的基本情况

一是内蒙古自治区直属事业单位改革试点单位；二是教科文卫行业事业单位；三是东中西典型盟市事业单位。具体如下：

课题调研单位情况一览表

序号	事业单位名称	所在地区	行政隶属	行业类型	财政拨款	调研年度
1	内蒙古商贸技术学院	呼和浩特	内蒙古教育厅	高等教育	全额	2005
2	内蒙古乌兰牧骑	呼和浩特	内蒙古文化厅	文化	全额	2005
3	内蒙古歌舞团	呼和浩特	内蒙古文化厅	文化	差额	2005
4	内蒙古第三医院	呼和浩特	自治区直属	卫生	差额	2005
5	内蒙古农牧科学研究院	呼和浩特	自治区直属	科技	差额	2005
6	内蒙古地质勘查局	呼和浩特	自治区直属	科技	差额	2005
7	内蒙古水利水电设计院	呼和浩特	自治区直属	科技	差额	2005
8	内蒙古大学	呼和浩特	内蒙古教育厅	高等教育	全额	2006
9	内蒙古工业大学	呼和浩特	内蒙古教育厅	高等教育	全额	2006
10	内蒙古财经学院	呼和浩特	内蒙古教育厅	高等教育	全额	2006
11	内蒙古日报社	呼和浩特	内蒙古新闻出版局	文化	全额	2006
12	内蒙古教育出版社	呼和浩特	内蒙古新闻出版局	文化	全额	2006
13	内蒙古人民出版社	呼和浩特	内蒙古新闻出版局	文化	全额	2006
14	内蒙古音像出版社	呼和浩特	内蒙古新闻出版局	文化	差额	2006
15	内蒙古远方出版社	呼和浩特	内蒙古新闻出版局	文化	差额	2006
16	内蒙古京剧团	呼和浩特	内蒙古文化厅	文化		2006
17	内蒙古财政厅	呼和浩特	内蒙古财政厅			2006
18	内蒙古人事厅	呼和浩特	内蒙古人事厅			2006
19	内蒙古教育厅	呼和浩特	内蒙古教育厅			2006
20	内蒙古卫生厅	呼和浩特	内蒙古卫生厅	卫生		2006
21	内蒙古科技厅	呼和浩特	内蒙古科技厅	科技		2007
22	内蒙古文化厅	呼和浩特	内蒙古文化厅	文化		2007
23	内蒙古广电局	呼和浩特	内蒙古广电局	文化		2007
24	内蒙古电影制片厂	呼和浩特	内蒙古文化厅	文化		2007

续表

序号	事业单位名称	所在地区	行政隶属	行业类型	财政拨款	调研年度
25	赤峰市纺织学院	赤峰市	赤峰市教育局	高等教育		2007
26	赤峰市人民医院	赤峰市	赤峰市卫生局	卫生		2007
27	乌海市樱花医院	乌海市	乌海市卫生局	卫生		2007
28	乌海市田野高科技公司	乌海市	乌海市科技局	科技		2007
29	内蒙古职业技术学校	锡林郭勒	锡盟教育局	高等教育		2007

（二）研究目标

本课题旨在对正在进行中的新一轮内蒙古事业单位改革实践展开调查和研究，总结经验、挖掘亮点，创新改革模式，分析潜在风险与面临的挑战，进一步明确和理清内蒙古事业单位改革思路与未来走向：以构建民族自治地方政府公共服务体系，建立现代事业制度和事业法人治理结构为目标；以促进社会事业发展和提供公共服务作为政府推动本地区事业单位改革的动力；着力解决居民日益增长的公共服务需求与公共服务总体供给不足、质量低下之间的矛盾；社会主义市场经济体制逐步建立完善对政府职能的新要求与政府职能转变缓慢之间的矛盾。着眼于社会事业大发展、快发展和持续健康发展，解决民族地区社会事业发展腿短的问题；着眼于政府职能转变，把提供公共服务作为政府基本职能，把满足社会需要，实现基本公共服务均等化作为正确衡量事业单位改革的标准。

（三）研究阶段

1. 理论研究阶段：事业单位改革相关文献与理论研究

重点对事业单位的相关文献与理论进行收集、整理与回顾。从政治学、经济学和公共管理学角度，探讨了事业单位分类、政事分开与事业单位管理体制分类改革的关系；事业单位改革与完善政府社会管理、公共服务、建设公共服务型政府的关系；进一步明确了内蒙古事业单位改革的理论指导思想和西部民族地区事业单位管理体制改革应坚持的基本原则。

2. 实证调研阶段：自治区与盟市级事业单位改革实证研究

实证调研阶段以问卷、座谈和访谈等方式，收集资料与梳理政策文件，分析和研究改革中存在的各种问题。对改革单位相关人员发放问卷、分层分类召开座谈会和实地走访，包括与组织部、编办、人事、劳动、发改、财政等职能部门领导同志的座谈；与科教文卫、农牧、地勘行业主管部门的领导同志座谈；与科技、教育、文化、卫生等系统承担行政类、公益类、经营类等不同功能的若干事业单位领导座谈。同时调阅改革相关文件材料，包括各级党政领导和部门领导的有关讲话，改革总体指导性文件及各部门、各单位出台的推进事业单位改革的相关文件，部门或单位改革实施方案等。

3. 材料分析与创新阶段：总结经验、发现问题与观点创新

课题组成员针对调阅的文件资料进行梳理、分析，调研期间和调研结束后多次组织进行研究、讨论，深入学习十七大报告和国家、自治区有关事业单位改革的文件精神，吸取深圳等地事业单位改革的成功经验及全国人大常委会副委员长成思危领导的课题组、国家发展和改革委员会跨部门联合研究项目组、国务院发展研究中心和中编办及财政部联合课题组、世界银行课题组等课题组的研究成果，继而形成了关于内蒙古政事分开与事业单位管理体制分类改革的研究报告。

二、研究内容与研究框架

（一）研究内容

研究内容分为三部分：

第一部分为导论。明确本课题的研究意义，并对本课题研究的理论资源、研究对象、主要内容、研究的步骤方法、调研情况与主要成果进行简要概括。

第二部分包括第一～六章。第一章为内蒙古自治区直属事业单位改革实践，主要根据 2005 年自治区直属事业单位改革指导意见，对被列入试点改革的六家事业单位进行调查与研究。第二～五章分别为内蒙古自治区教科文卫事业单位改革实践，对内蒙古教科文卫事业单位改革的背景与历程、成效与问题进行归纳与总结，对产生问题的原因及可资借鉴的国内外经验进行分析，并提出对策性建议。第六章为内蒙古盟市事业单位改革的典型案例研究，通过深入东中西部地区对五个盟市级政府推动的事业单位改革实践进行调研，对其改革的历程、改革的举措、改革的经验与创新之处进行总结。对以综合配套与改革创新为特点走在自治区事业单位改革前列的乌海市改革实践，以事业单位整合和模拟分类为主要特点的赤峰市和包头市改革实践，以完善社会保障、领导和人事管理体制改革为主要特点的鄂尔多斯市、锡林郭勒盟改革实践进行了典型案例研究，对地方政府在推动事业单位改革中难以逾越的障碍和困难进行了分析，提出建议。

第三部分为结论。课题组在对内蒙古事业单位改革调查与分析研究的基础上进行建议思考，并提出了内蒙古事业单位改革战略框架与策略。

（二）研究框架

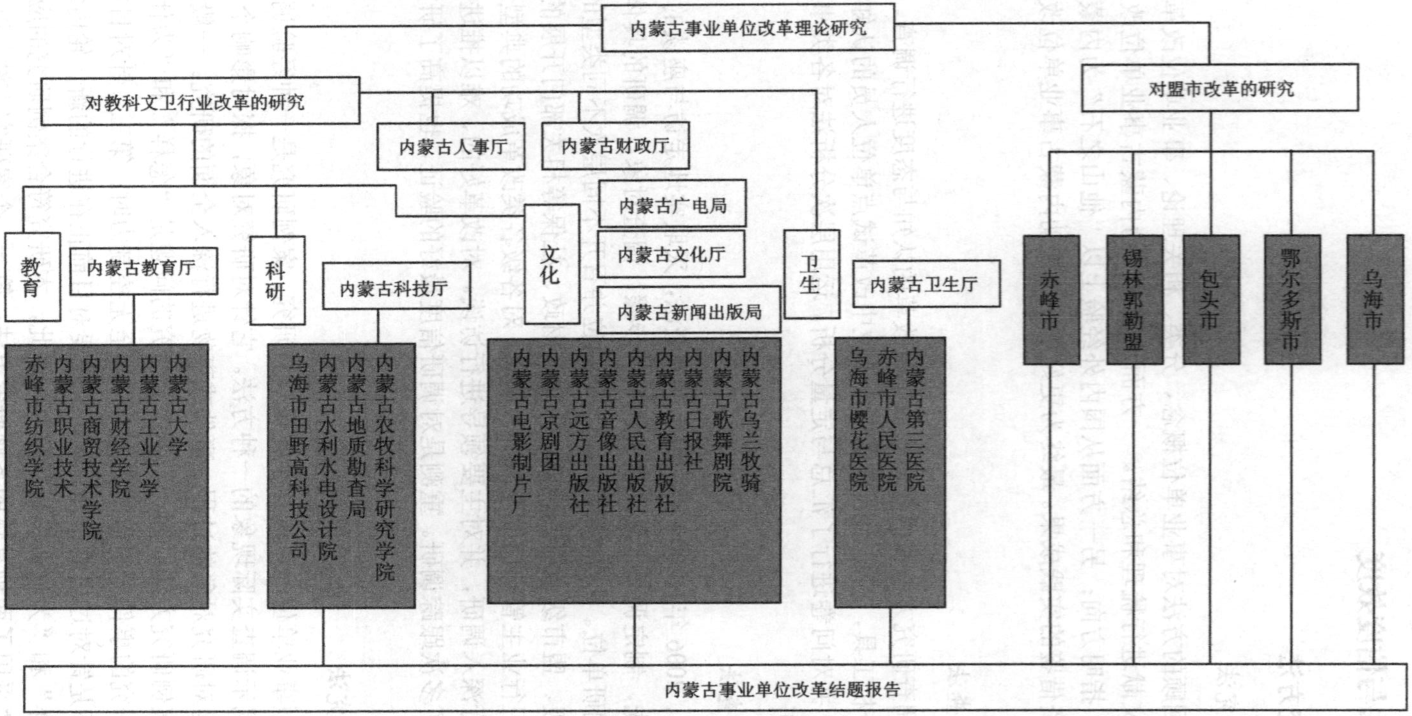

内蒙古事业单位改革理论研究
对教科文卫行业改革的研究
对盟市改革的研究
内蒙古人事厅
内蒙古财政厅
内蒙古广电局
内蒙古文化厅
内蒙古新闻出版局
教育
内蒙古教育厅
科研
内蒙古科技厅
文化
卫生
内蒙古卫生厅
赤峰市
锡林郭勒盟
包头市
鄂尔多斯市
乌海市
内蒙古大学
内蒙古工业大学
内蒙古财经学院
内蒙古商贸技术学院
内蒙古职业技术
赤峰市纺织学院
内蒙古农牧科学研究学院
内蒙古地质勘查局
内蒙古水利水电设计院
乌海市田野高科技公司
内蒙古乌兰牧骑
内蒙古歌舞剧院
内蒙古日报社
内蒙古教育出版社
内蒙古人民出版社
内蒙古音像出版社
内蒙古远方出版社
内蒙古京剧团
内蒙古电影制片厂
内蒙古第三医院
赤峰市人民医院
乌海市樱花医院
内蒙古事业单位改革结题报告

三、研究方法与信度效度

（一）研究方法

1. 文献研究法

采用文献回顾的方法对事业单位概念、分类、相关理论、事业单位改革的主要研究成果和相关文献进行梳理和总结。一方面从理论上为内蒙古事业单位改革奠定基础，理清思路，指明方向；另一方面从国内外经验上以“他山之石”为内蒙古事业单位改革提供可资借鉴的实践成果。最终为更好更快地推动内蒙古事业单位改革提供理论和实践支持。

2. 问卷调查法

采用问卷调查研究方法对内蒙古事业单位改革的认知与态度进行调查。研究中采用 SPSS 统计分析工具，对自治区直属事业单位中改革试点单位人员的认知与态度进行了问卷调查，并对问卷进行了汇总与定量分析。运用层次分析法对各类事业单位改革进行聚类分析。

3. 实地调查法

在 2005 年、2006 年、2007 年采用实地调查法，采取实地走访与座谈的方法进行实地调查。首先，制定调研计划，明确调研的步骤、调查对象、调研的具体内容等，并联系、协调调研单位。其次，实地走访调研单位并召开不同层次不同类型的座谈会，包括与自治区级、盟市级政府的编办、人事、财政、社保等相关部门开展的座谈会，以及与教科文卫行业主管部门的座谈会。最后，对各级各类改革成功的典型试点单位及相关人员进行深入调研，并对主要领导进行访谈。对改革好的、难以推进的、有争议的单位进行了多次跟踪调研。重测是对调研信度最好的验证，也提高了研究的信度和效度。

4. 案例研究法

课题对典型事业单位改革进行个案调查与研究。案例研究是一种经验调查，它是在现实背景下揭示调查实际现象的一种方法。它针对研究对象，探讨影响个人或组织行为的因素，是对研究对象的过程、事件或事物进行深入全面的研究。一般来说，有三种情况适用案例研究方法：第一，当所要研究的问题是“怎样”和“为什么”时；第二，对所要研究的事件无明显的控制力，甚至无控制力时；第三，针对目前的情况来做研究，而不是针对过去的事件。本研究主要对目前正在进行的新一轮内蒙古事业单位改革“怎样”和“为什么”进行研究，因此，本研究符合案例研究的应用范围。

本研究主要采用了两种具体的案例研究方法：第一，个案研究方法。以一手资料和二手资料为基础，对内蒙古事业单位特别是作为改革试点的事业单位进行个案研究。一是了解 2005 年底开始的自治区直属事业单位改革的情况，重点选取自治区教科文卫行业事业单位试点改革的个案为典型案例，对其改革的历程和改革的现状，及其改革中存在的问题、改革的模式进行客观描述；二是运用多种理论、借鉴国内外相关的理论与实践，对事业单位改革模式进行多途径的个案分析；三是多角度分析西部欠发达地区事业单位改革所面临的风险与挑战，以及地方政府在推进事业单位改革时难以逾越的各种障碍；四是分析和深入了解改革存在的问题、解决问题的创新举措与新模式，进一步解放思想，创新改革的思路，并在理论与实践创新的基础上提出具体的对策建议。第二，多重案例研究（Multiple cases）方法。多重案例应该被视为多个实验一样，具有复现（replication）逻辑，而非抽样逻辑（Robert K.Yin，1994）。通过这种方法得到的证据，通常被认为是强而有力的，因此整个研究常被认为是比较稳健的（Herriott & Firestine，1983）。在个案研究的基础上，对于研究的重要问题进行了多重案例研究，并对此进行了案例实证。

5. 比较与系统分析法

一般认为，比较分析方法是对两个或两个以上的事物或对象进行对比，以找出它们之间的相似性与差异性的一种分析方法。系统分析法是在整体目标的前提下，从整体的观点，去了解各次级系统间的关联性与互动性，注重逻辑关系的分析，以求在复杂而动态的环境中解决问题的一种科学方法。用系统思维的方法来解释元素之间的整体关系，即通过关系与关系相互连结，研究各元素之间的相互影响。系统分析方法适用于对复杂问题进行综合分析，系统分析最大的优点是将一堆复杂的问题或元素条理化、合理化。

本研究对经济发达地区与经济欠发达的政府推动的事业单位改革进行了分析与比较，对国内外相关理论与实践进行了分析比较。中国事业单位分类界定的复杂性与条块分割、分层分类管理体制等特点以及西部民族自治地区的特殊性，决定了课题研究必须运用系统分析法，对研究对象进行整体的、多层次的、多方面的、多视角的综合分析研究。在理论方面需要综合运用经济学中公共物品理论、政治学与行政学、行政管理理论、管理学、公共管理理论、治理理论、公共财政理论、人力资源管理理论、马克思主义民族理论与民族政策等相关理论，针对民族地区事业单位改革中的事业单位分类改革。中央政府与民族地方政府的关系、涉及“钱”的问题的财政与金融体制改革，以及改革中涉及“人”的问题上的领导与人事管理体制改革，中央部委、自治区级、盟市级教科文卫行业事业单位改革，以及改革中所涉及的编制、财政、人事、社保等纵横交叉的关系研究都需要系统分析法。在实践方面需要针对西部地区事业单位改革和西部民族地区事业单位改革与发展模式，结合地方政府推进事业单位改革中各种典型案例进行系统分析研究。

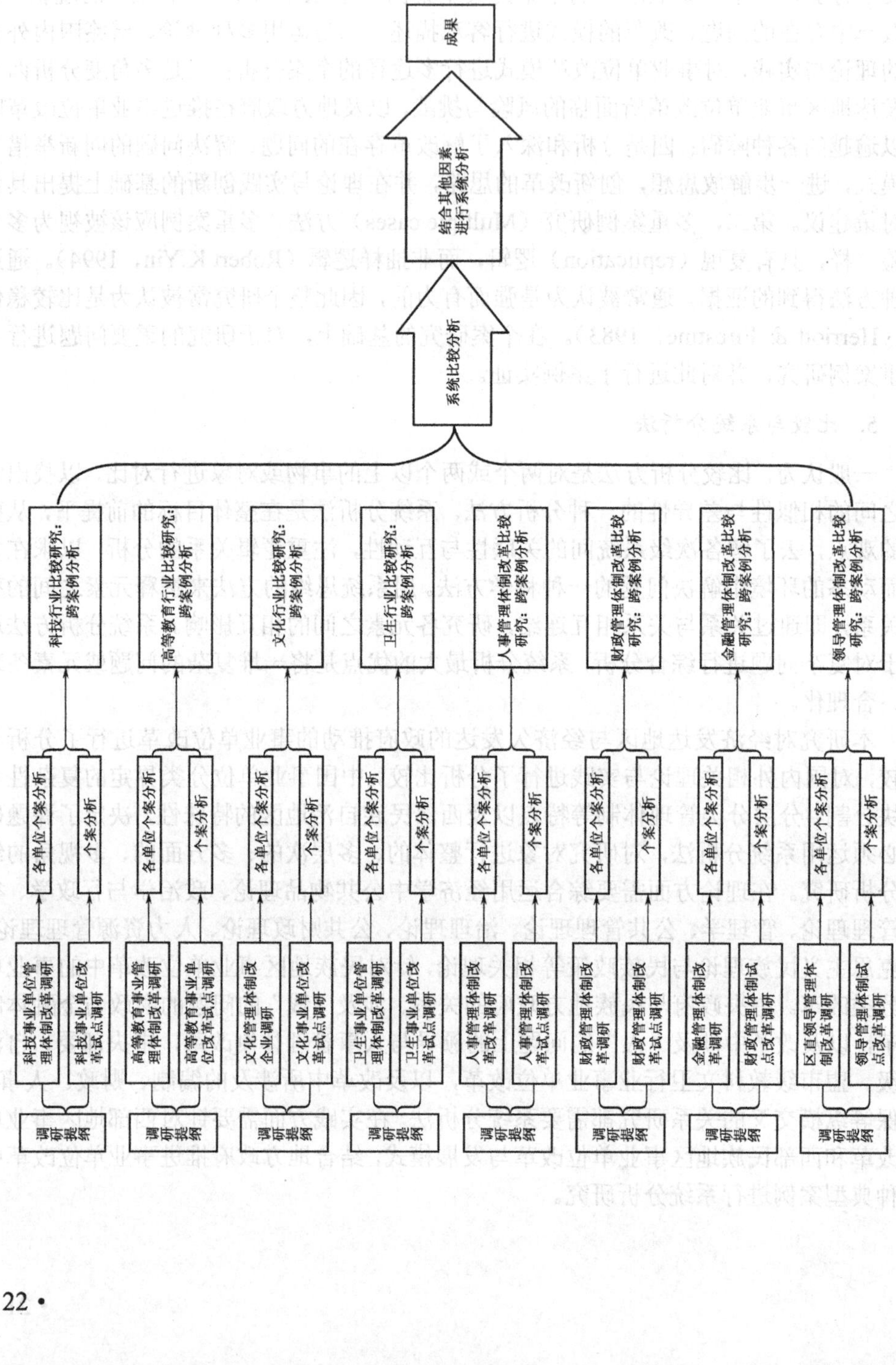
成果
结合其他因素进行系统分析
系统比较分析
科技行业比较研究：跨案例分析
高等教育行业比较研究：跨案例分析
文化行业比较研究：跨案例分析
卫生行业比较研究：跨案例分析
人事管理体制改革比较研究：跨案例分析
财政管理体制改革比较研究：跨案例分析
金融管理体制改革比较研究：跨案例分析
领导管理体制改革比较研究：跨案例分析
各单位个案分析
个案分析
科技事业单位管理体制改革调研
科技事业单位改革试点调研
高等教育事业管理体制改革调研
高等教育事业单位改革试点调研
文化管理体制改企业调研
文化事业单位改革试点调研
卫生事业单位管理体制改革调研
卫生事业单位改革试点调研
人事管理体制改革调研
人事管理体制改革试点调研
财政管理体制改革调研
财政管理体制改革试点调研
金融管理体制改革调研
财政管理体制试点改革调研
区直领导管理体制改革调研
领导管理体制试点改革调研
调研提纲

（二）信度与效度

1. 信度

信度是指使用相同的研究方法重复测量同一对象，得到相同研究结果的可能性（艾尔·巴比，1999）。信度是研究方法的可靠性和一致性，是通过对同一方法的多次反复使用而表现出来的（秦伟，吴军等，2000）。信度测试的目标就是要减少研究误差和偏见，后来研究者可以按照相同的方法、程序得到同样的结论，案例研究计划和案例研究资源库是提高其研究信度的主要途径（Robert K.Yin，1994）。本课题在研究过程中制定了详细的研究计划，科学设计调查问卷、访谈提纲、建立了案例库，并采用 SPSS 统计分析软件对调查问卷进行了分析，并进行信度检验，其目的就是为了保证研究信度。所引用资料来源均具有明确出处，并具有比较高的权威性，以确保资料可靠，具有比较高的信度。重要研究的结论，通过小组成员的共同认定和专家咨询确定，以提高其信度。比较分析方法是本研究应用的另一种主要研究方法，在对若干对象进行系统的求同和求异比较时，特别注意了比较对象具有相同或相似的结构。

2. 效度

效度是指实证研究在多大程度上反映了概念的真实含义（艾尔·巴比，1999）。效度是研究方法、研究结果的正确性和反映研究对象特征的精确性（秦伟，吴军，等，2000）。在案例研究方法中，决定效度的首先是案例（被研究对象）的选择，要与研究目的一致，确保研究结果的正确性，否则研究结论就会失去意义。本研究根据研究目标选定调研对象，进行问卷调查并运用 SPSS 统计分析工具和多重案例方法，保证了资料的真实可靠性。在问卷调查过程中，调查是在对被调查者讲明相关项目的含义之后，再进行问卷的填写，减少了误差，提高了效度。

第四节　研究结论与研究成果

一、研究结论

第一，新形势下人们对新一轮内蒙古事业单位改革的认识有了新的变化。不仅“加快推进事业单位分类改革”已经成为广大干部和群众的共识，而且形成了以科学发展观为指导，以人为本、全面协调可持续、构建和谐社会的新的事业单位改革观。改革是大势所趋——社会事业需要大发展，经济社会需要协调发展的大势，改革的目的是为了提供更好的公共服务这一根本，事业单位改革成功的关键，必须把事业单位改革与加强和改善公共服务密切结合起来，走了一条正确的道路。“公共服务只能加强，不能削弱；群众满意度只能上升，不能下降。”

第二，政事分开是推进事业单位管理体制分类改革的前提和基础，政事分开与事业单位管理体制分类改革问题，既涉及转型期政府社会管理和公共服务职能的重新界定，也涉及事业单位性质、作用的重新定位。因此，改革的前提必须明确界定政府机构与事业单位各自的性质、职能范围及其责任和权利。必须正确处理政府对事业单位改革的力度与被改革者的承受度的关系问题。必须正确处理事业单位改革中上级政府责任心与爱心、事业单位领导的事业心与决心，以及广大群众的信心与诚心的关系问题。

第三，作为由党和政府发起的事业单位改革，首要的还不是对事业单位本身进行改革，而是要通过政府改革，特别是转变政府职能，推进政事分开。因此，只有把政府有关部门的改革与事业单位改革结合起来，才能有效地从根本上推进事业单位改革。在民族地区市场经济与、第三部门发展不充分的前提下，成功推进事业单位管理体制改革中的政事分开、管办分开、分类改革、领导与人事管理体制改革、财政与金融体制改革等各项改革，必须发挥好政府的主导作用，建立公众、事业部门和政府三者间合作激励机制，只有将其结合起来，才能从根本上更有效地推进事业单位改革。

第四，对事业单位进行分类管理体制改革是事业单位改革得以顺利进行和走向成功的关键。以分类为前提和突破口，按照发展社会主义市场经济的要求，对整个事业单位的结构进行战略性调整，做到“政府的归政府，企业的归企业，社会组织的归社会组织”，使之各司其职、通畅有序、更有效率。因此，事业单位改革亟需进行战略调整与框架重构。

第五，改革的推进方式要由分散试点到统一行动。改革的推动者决定改革的动力，政府改革滞后与职能转变缓慢，不仅没有使其成为事业单位改革的推动者，反而使其成为改革的阻碍者，成为事业单位改革的阻力。在事业单位改革过程中，不同的利益主体会因在改革中的受损程度而决定对改革的认识和态度，并展开各种利益博弈。事业单位管理体制的改革与政治体制、经济体制、科技体制、文化体制、教育体制、财政体制等方面的改革是密切联系的。因此，事业单位改革决不能单兵独进，而应当与其他体制改革联动进行。

第六，事业单位改革有两个脉络：财政来源改革和干部人事制度改革。事业单位管理体制改革中单纯的“撤并”和“转制”，以及削减财政预算拨款，“裁员”、“减人”将事业单位“推向市场”，是做“减法”；而提供公共服务的事业领域，构建一套能够有效地向社会大众提供公共服务的机构体系和机制，“增资”、“增员”、“进人”是做“加法”。就内蒙古而言，迫在眉睫的不是单纯地解决事业单位改革的问题，而是各项社会事业的发展，特别是少数民族教科文卫事业的发展问题。为此，政府必须做好“加法”。一方面，改革公共财政体制，以基本公共服务均等化为目标，重视改革整体推进中的地区差别，实现基本公共服务均等化。明确政府在公共服务提供中的责任，明确各级政府的财权和事权划分，保证公共资源分配的优先次序。经济相对落后的西部民族自治地区，要在现有财政支付体系中通过转移支付等手段，争取国家对自治区教育、卫生等公共服务不足的领域的财政支持，突出解决西部欠发达地区社会事业发展这一条腿短的问题，保证公共资源分配的优先次序。要做好“加法”，就是“让钱花得更值”，把满足社会需要作为正确衡量事业单位改革标准和基本尺度，不能把财力即有多少钱办多少事作为事业单位改革的基本尺度，比如义务教育、公共医疗等，就是再穷也要保证、也要发展。另一方面，改革领导和人事管理体制最后，要重视培养、使用少数民族领导干部和专业技术人才，解决好岗位聘任、领导任用、绩效考评与薪酬激励等问题，特别是改革中的人员分流问题。尤其要建立一个既适用于事业单位职工、又适用于劳动力队伍的统一的全国性养老政策框架，以化解改革的矛盾与风险。

第七，经济欠发达的西部民族地区事业单位改革，急需逾越三大障碍（资金、行政管理体制与事业单位管理体制和技术），并化解两大风险（毁掉和丢失公共事业和影响社会稳定）。改革最大的风险不在事业单位本身，整个社会成为事业单位改革风险的主要承担者。改革成功，社会事业繁荣发展，社会结构分化不会十分剧烈、社会各群体间的矛盾不会马上激化，整个社会变革在相对稳定之中进行，因此，改革应避免剧烈的社会动荡。

第八，民族地方政府推动的事业单位改革，必须坚持马克思主义民族理论与民族政策。一方面，坚持把事业单位改革与民族地方经济社会发展的实际、与各民族教科文卫等社会事业的发展实际结合起来。正确处理民族地区事业单位改革与民族地区教科文卫等公共事业发展的关系问题，把着眼点放在促进社会事业大发展上和加快发展少数民族教科文卫事业的发展上。另一方面，要正确处理中央政府与地方民族自治地方政府的关系，充分发挥和运用转移支付制度和民族区域自治制度在事业单位改革中的作用。

二、研究成果

序号	成果名称	成果形式	作者	出版社及出版时间或发表刊物及刊物年期
1	“事业单位改革所面临的问题及其思考——以内蒙古实践为例”	论文	孔春梅，李春林，张战勇，张国强，任梅	《中国行政管理》2007年第2期
2	“事业单位分类改革中面临的深层次问题及其启示——来自鄂尔多斯市和包头市事业单位分类改革的调研报告”	研究报告	李春林，张国强，赵首军	《中国行政管理》2008年第8期
3	“公共服务供给机制创新研究——兼评事业单位改革”	论文	贾志莲，孔春梅	《中国行政管理》2009年第4期
4	“乌海市事业单位管理体制分类改革研究”	研究报告	张国强，任梅	《内蒙古行政管理》2008年第7期
5	“赤峰市事业单位分类改革的探索实践”	研究报告	张国强	《内蒙古行政管理》2008年第7期
6	“锡林郭勒盟事业单位改革实践”	研究报告	张战勇	《内蒙古行政管理》2008年第7期
7	“内蒙古文化事业单位管理体制改革历程与现状”	研究报告	曹鲲	《内蒙古行政管理》2008年第7期
8	“刍议地勘行业改革中的内蒙古模式——内蒙古地勘事业单位管理体制改革研究”	论文	孔春梅	《内蒙古行政管理》2008年第7期
9	“内蒙古事业单位改革的挑战与风险分析”	论文	孔春梅，张国强张战勇，任梅	《内蒙古财经学院学报》2010年第1期
10	“事业单位改革的战略调整与框架重构”	论文	曹鲲	《中州学刊》2010年第2期
11	“内蒙古投融资体制存在的问题及改革建议”	论文	石全虎	《前沿》2007年第10期
12	“西部文化产业发展的SWOT分析”	论文	曹鲲	《内蒙古师范大学学报》2008年第2期
13	“内蒙古广播影视资源产业化整合策略探析”	论文	曹鲲	《内蒙古财经学院学报》（综合版），2009年第7卷，第2期
14	《内蒙古广播影视产业2007年度发展报告——内蒙古广播影视产业发展现状与对策研究》	著作	曹鲲参编	中国广播电视出版社，2008年10月第1版

主要阶段性成果的重要转载、引用和应用情况				
序号	成果名称	成果形式	作　者	重要转载、引用、应用、立项、获奖
1	“事业单位分类改革中面临的深层次问题及其启示-来自鄂尔多斯市和包头市事业单位分类改革的调研报告”	研究报告	李春林，张国强，赵首军	被中国人民大学复印报刊资料《公共行政》2008 年第 12 期全文转载
2	“公共服务供给机制创新研究——兼评事业单位改革”	论文	贾志莲，孔春梅	被中国人民大学复印报刊资料《公共行政》2009 年第 7 期全文转载
3	“事业单位改革所面临的问题及其思考——以内蒙古实践为例”	研究报告	孔春梅，李春林，张战勇，张国强，任梅	《呼伦贝尔学院学报》2009 年第 3 期； 《中国管理信息化》2009 年第 16 期； 《传承》2008 年第 10 期
4	“事业单位改革进程中的认知态度与所面临的挑战风险分析——以内蒙古事业单位改革的实践为例“	研究报告	孔春梅，李春林，张战勇，张国强，任梅	中国行政管理学会 2006 年科研招标课题（编号：06ZXF0501）
5	“事业单位分类改革中面临的深层次问题及其启示——来自鄂尔多斯市和包头市事业单位分类改革的调研报告”	研究报告	李春林，张国强赵首军	中国行政管理学会 2009 年科研招标课题（编号：09ZXZBT2）
6	“内蒙古广播影视产业现状与对策研究”	研究报告	曹鲲	2007 年内蒙古财院与内蒙古广播电视局横向课题
7	“民族电影制片厂转企改制问题研究”	研究报告	曹鲲	2008 年内蒙古财院与内蒙古广播电视局横向课题
8	“刍议地勘行业改革中的内蒙古模式—内蒙古地勘事业单位管理体制改革研究”	论文	孔春梅，张战勇，张国强	2008 年第九届中国人力资源开发教学与实践研究会年会暨学术研讨会入选与宣读论文
9	“内蒙古事业单位管理体制改革研究—锡林郭勒盟直属事业单位改革的探索实践”	论文	张战勇	建设服务型政府的理论与实践”研讨会暨中国行政管理学会 2008 年年会论文集入选论文并获优秀论文三等奖
10	“西部文化产业发展的 SWOT 分析”	论文	曹鲲	2007 年中国西部文化产业发展高峰论坛入选论文并获优秀论文奖
11	“内蒙古事业单位与事业单位人事领导体制报告”	座谈报告	李春林，孔春梅张战勇，赵首军	2010年5月28日中组部事业单位改革情况调研组内蒙古财院座谈会内蒙古财经学院网下载
12	“关注民生，促进和谐——内蒙古教科文卫事业的发展与改革建议”	座谈报告	孔春梅	2008 年 10 月 28 日内蒙古自治区党委实践科学发展观活动征求意见座谈会内蒙古新闻
13	内蒙古党委宣传部全区文化体制改革和文化产业发展情况调研《全区文化体制改革和文化产业发展情况调研报告》	调研报告	孔春梅，曹锟，张战勇	2006 年内蒙古日报社、自治区文化厅、广电局、新闻出版局调研参与人之一

第一章　新一轮内蒙古事业单位改革实践

第一节　新一轮内蒙古事业单位试点改革的基本情况

一、新一轮内蒙古事业单位试点改革的背景与历程

内蒙古自治区共有事业单位28891个，各类事业编制706556名，在职人员69万余人。其中，自治区直属事业单位752个，编制79023名，在职人员68156人。这些事业单位主要分布在政治、经济、科技、教育、文化、人民生活和社会发展等的各个领域，主要承担着教育、科研设计、文化艺术、新闻出版、广播电视、卫生、体育、农、林、牧、水、城市公用、社会福利、交通等职能，集中了大量的专业技术人才和先进的设备、设施，是自治区科学研究、理论宣传、文化教育等方面的骨干力量。同时，它们又是第三产业的重要组成部分，在推动自治区科技进步、文教事业发展、改善人民生活、增加就业岗位、促进经济建设、维护社会稳定和推进社会发展等方面发挥着重要作用。尽管如此，内蒙古现有的大多数事业单位毕竟是在计划经济时期组建的，随着社会主义市场经济体制的逐步建立和经济社会的不断发展，这些事业单位体制和机制上的弊端逐渐显露出来，具体表现为：政事不分，事企不分，职能交叉，功能定位不清；人浮于事，效率低下，用人机制不活，规范公平的分配机制尚未形成；布局结构和资源配置不够合理，资金使用效率不高；缺乏竞争机制和自我发展、自我约束机制；养老保险制度尚未建立，社会保障体系还不健全；活力不够等。这些弊端既制约着事业单位本身的发展，不利于调动事业单位自身的积极性，也与发展着的社会主义市场经济不相适应，影响着内蒙古经济社会的快速发展。

为此，从2005年3月，为贯彻党的十六大和十六届三中全会关于改革事业单位管理体制的精神，内蒙古自治区党委和政府按照中央关于政事分开与事业单位管理体制分类改革的要求，加快了推进本地区事业单位管理体制改革的步伐，开始了新一轮事业单位改革工作。内蒙古自治区事业单位改革以2005年为分界线，之前的改革主要贯彻落实中央事业单位改革的指导意见和主要精神。2005 开始启动新一轮事业单位改革主要分三个阶段：

第一阶段为事业单位改革的启动阶段。以2005年3月14日，中共内蒙古自治区

委员会办公厅下发文件《内蒙古党委办公厅、政府办公厅关于自治区直属事业单位改革试点工作的意见》（内党办发[2005]13 号）文件的下发为标志，意味着内蒙古在以往事业单位改革的基础上，又一次吹响了内蒙古事业单位改革的号角，开始启动新一轮的事业单位改革。它主要选取了内蒙古工业大学、内蒙古商贸技术学院、内蒙古附属医院、内蒙古第三医院、内蒙古歌舞剧院、内蒙古乌兰牧骑六家事业单位为第一批试点单位先行试点。

第二个阶段为扩大试点逐步推进阶段。2006 年是落实“十一五”规划的开局之年，改革攻坚任务繁重，一些关系全局的重大体制改革渐次展开，改革在经济、政治、社会、文化等各个领域取得了全方位的异彩纷呈的新进展。以《关于自治区直属高等院校（高等职院）、医院、演出团体全部进行改革试点的通知》（内事改字[2006] 02 号）文件精神为标志，在第一批选择的六家事业单位先行改革试点工作取得一定经验的基础上，进一步扩大了试点工作。第二批改革试点工作涉及自治区 7 个厅局所属的包括 20 所高校、8 所医院、2 个演出团体、科研院所等 128 个事业单位。

第三个阶段为结束试点全面总结阶段。2007 年底开始对两个批次三个方面展开的试点改革工作进行总结，对各盟市事业单位改革工作进行总结。

二、改革的指导思想与目标

新一轮内蒙古事业单位改革坚持目标明确、建立机制、综合配套、逐步推进的原则，充分调动事业单位改革的积极性，促进事业单位服务社会、自我发展、自我约束、自我改革机制的形成。按照内党办发[2005]13 号文件，新一轮内蒙古事业单位改革的指导思想与目标是，以邓小平理论和“三个代表”重要思想为指导，落实党的十六大和十六届三中、四中全会精神，按照完善社会主义市场经济体制的要求，坚持政事分开、事企分开的事业单位社会化的发展方向，建立符合事业单位自身发展规律、充满生机与活力的事业单位管理体制、运行机制和自我约束机制。

三、改革的主要内容与相关配套政策

新一轮内蒙古事业单位改革的推进思路，主要以财政补助方式改革为切入点，机构编制、人事改革、社会保障等方面的改革积极跟进，综合配套。在工作程序上，财政拨款方式改革与机构编制核准备案工作同时进行。而后依次推进人事制度改革和社会保障工作。具体内容包括：

一是改革财政补助、编制和进人管理方式，提高事业单位自主改革发展和自我约束能力。以后的财政供给与人员编制脱钩，不再按编制、实有人员、新增人员、工资水平核拨经费；凡列入政府财政补助方式改革的单位，扩大用人自主权，内设机构、人员编制实行核准备案管理；自收自支（除政策性收费）事业单位和列入“放活一面”的单位用人自主。

二是推进经营性和从事有偿服务的事业单位加快转企改制。进一步推进开发类科研机构整体转制为科技型企业或进入企业集团；深化内蒙古地质矿产勘查开发局、有色地质勘查局和煤田地质局的改革；推进内蒙古公路工程局企业化改造；整合自治区直属事业性质的出版单位及部分社会办的出版发行单位，组建企业性质的出版集团和发行集团。

三是调整整合事业单位，促进事业单位分类改革。自治区直属大中专院校、医疗卫生单位、文化艺术单位和非开发类科研单位，按照资源合理整合配置的原则，进行调整合并；自治区政府各部门管理的中专院校下放到其所在地盟市，大专院校和职业高等院校划归教育行政部门管理。

四是推进事业单位人事制度和社会养老保险制度改革。全面推行聘用制，实行单位领导、专业技术人员、管理人员、工勤人员岗位管理，按需设岗、按岗聘任、期满考核，合理流动。事业单位（不包括自收自支事业单位）编制内实行聘用制的新进人员参加事业单位社会养老保险，单位与个人分担缴费。原有在职人员，待国家事业单位养老保险办法出台后改按新办法实行。

相关配套政策。为使试点改革顺利进行，内蒙古党委和政府先后制定下发了 8 个配套文件，被称之为“1+7”文件。1.《内蒙古党委、政府办公厅关于自治区直属事业单位改革试点工作的意见》（内党办发[2005]13 号）主文件；2.《内蒙古自治区直属事业单位推行聘任制度实施意见》（内党办发[2005]16 号）；3.《内蒙古自治区直属事业单位未聘人员安置办法》（内党办发[2005]17 号）；4.《内蒙古自治区直属事业单位新进人员管理办法（试行）》（内党办发[2005]17 号）；5.《内蒙古自治区直属事业单位补充工作人员公开招聘办法》（内人发[2005]22 号）；6.《自治区直属事业单位机构编制核准备案及新进人员列编注册管理暂行办法》（内机编发[2005]27 号）；7. 社会养老保险制度改革工作按照《内蒙古自治区直属事业单位新进人员基本养老保险制度改革试行办法》（内劳社字[2005]1 号）；8.《内蒙古自治区直属事业单位转制为企业后参加企业职工基本养老保险试行意见》（内劳社字[2005]2 号）。

第二节 新一轮内蒙古事业单位试点改革实践的成效分析

内蒙古自治区直属事业单位改革在经历了 2005 年 3 月—2007 年年底的两个批次三个方面试点工作完成的基本情况：一是对 20 所自治区直属高等院校（高等职院）、8 所医院、2 个演出团体进行了财政补助方式改革、机构核准备案、人事制度改革和社会保障制度改革；二是对自治区农牧业厅所属的 53 个事业单位进行了整合；三是完成了三个地勘单位和自治区公路工程局的转企改制工作。直属事业单位改革试点工作涉及自治区7个厅局所属的128个事业单位，占区直事业单位的17%。内蒙古各盟市也在2006年陆续开展事业单位试点改革工作。根据新一轮内蒙古事业单位改革的指导思想与改革目标、改革的主要内容和任务完成的情况看，总体上，新一轮内蒙古事业单位管理体制改革，基本按照完善社会主义市场经济体制的要求，坚持了政事分开、事企分开、事业单位社会化发展这一改革事业单位的预期目标；达到了通过事业单位改革调动事业单位积极性，促进事业单位服务社会、自我发展、自我约束、自我改革机制的要求；达到了建立符合事业单位自身发展规律、充满生机与活力的事业单位管理体制、运行机制和自我约束机制的预期目的，完成了任务。

一、新一轮内蒙古事业单位分类改革取得成效

（一）事业单位分类改革取得初步成效

分类和分类改革是事业单位改革的基础，对事业单位进行功能分类和相关分类改革是目前事业单位改革的一个基本共识。对此，新一轮内蒙古事业单位分类及相关分类改革主要是盟市所做的实践探索。

内蒙古乌海市是分类改革探索的先行者，它们按照政（企）事分开原则、职能分类原则、动态管理原则，重新确定事业单位的类别，将事业单位分为行政执行类、完全公益类、公益服务类、经营开发服务类四类。分类改革从理论设计上来看，有利于改变以往政事企不分的状况，为“政事分开”、“事企分开”提供了过渡的空间；有利于建立一个适宜社会主义市场经济体制下的公共服务体系。

内蒙古包头市采取对事业单位模拟分类改革措施，提出市属事业单位模拟分类的原则和标准。其模拟分类坚持五个基本原则：一是坚持立足现状、着眼规范的原则；二是坚持政事分开、事企分开的原则；三是坚持以主要职责划分类别的原则；四是坚持有利于改革、有利于管理的原则；五是坚持先易后难、力求准确、稳步推进的原则。包头市按事业单位主要功能进行初步模拟分类，广泛征求意见，并做出相应调整。通过政策的“上下来去”，使分类工作扎实有序，操作尽量公开透明。包头市初步将事业单位模拟分为四大类：行政类（包括行政管理类和行政执行类）、公益类（包括纯公益类、强公益类和弱公益类）、经营类、其他类。

内蒙古鄂尔多斯市在多次调研的基础上，坚持立足现状、着眼规范，政事分开、事企分开，先易后难、力求准确，以功能划分类别，按照便于改革、易于管理的原则，将事业单位划分为三大类，即“行使行政职能的事业单位”、“从事公益活动的事业单位”、“从事生产经营活动的事业单位”。

内蒙古赤峰市按照事业单位在社会政治经济生活中的不同功能、地位、承担的公益性任务以及收益情况，将市直属事业单位分为行政执行类、社会公益类、生产经营

类、中介服务类四个类型，并确定各类事业单位的改革方向。从内蒙古事业单位分类及其分类改革的实践探索上可以看出，分类是事业单位改革的难点与重点，是事业单位改革的基础，需要由中央统一制定事业单位的分类标准，出台相关的法律与制度及其政策规范。

（二）事业单位分类整合效果明显

内蒙古直属事业单位的分类整合，一是对基础科研单位的分类整合。按照事业单位分类改革的要求，对自治区农牧业厅所属事业单位进行了调整理顺隶属关系、撤并指挥机构、精简人员编制的改革试点。通过改革，农牧业厅所属事业单位由改革前的53个调整整合为29个。其中下划12个，并入高校1个，撤并整合11个。除农牧科学院以外，人员编制由改革前的1786名下划、并入、精简为795名，其中，下划、并入851名，精简140名，应分流人员78人。二是对自治区部门所属高、中等职业院校的布局结构的调整。职业院校下划属地化管理，实现了非职能部门不再办学；整合事业资源，1+1＞2，实现结构与功能的优化。按照自治区党委办公厅《关于自治区部门所属高、中等职业院校的布局结构调整的意见》（厅发[2006]9 号），由教育厅牵头，财政编制等部门密切配合，克服布局结构调整工作涉及面广、政策性强、难度较大等各种困难，较圆满地完成了厅发[2006]9 号文件规定的各项工作任务。按照非职能部门不再办学的原则，自治区直属、中等职业院校的进行结构调整工作，8所职业院校（内蒙古外经贸学校因条件不成熟暂未划转）相应划转到5个盟市；按照整合教育资源、做大做强职业学校的原则，6所职业院校整合到自治区4所高等院校；按照鼓励行业、企业继续举办职业教育的原则，保留了内蒙古电力（集团）有限责任公司举办的内蒙古电力学校，继续由企业举办；按照推进成人（干部）学校转变办学性质的原则，1所干校已经完全更名为本系统的培训中心，为完成转变办学性质工作迈出了必要的一步；为提高办学质量，3所特殊行业职业院校实行了原主管部门与自治区教育部门共建共管的管理体制。

内蒙古高等教育事业单位的分类调整与整合的效果显著，内蒙古财经学院是高等教育整合的典型代表。整合后内蒙古财经学院无论从办学规模、学生规模、学科专业等方面有重大突破，学校的整体办学水平不仅上了规模而且上了层次，整体实现了跨越式大发展。内蒙古乌海市职业技术学校、锡林郭勒盟职业技术学院是高等职业技术类学校整合的典型代表。乌海市政府将乌海市工业学校（挂职工中专的牌子）、乌海市职业高中以及由原建委、农林、工业、交通、商粮等五所技校整合成立的乌海市技工学校合并，整合组建为乌海市职业技术学校。此举涉及教职工近400人，优化国有资产近6000万元，并利用这部分盘活的国有资产兴办了内工大乌海学院，按照乌海市构建“小三角区域中心”的经济社会发展需求重新设置了专业，提高了区域服务能力，增强了学校的竞争力。

二、新一轮内蒙古事业单位管理体制改革与机制创新成效显著

（一）政事企分开，创新事业单位管理体制

1. 政事分开，还政于政

作为自治区综合执法试点城市，乌海市在2003年整合原属事业机构的市容管理、园林监察、环卫监察等九支监察队伍，将原由工商、卫生、公安、交通和城市规划部门行使的城市管理行政执法权统一划归，成立“乌海市城市管理综合执法局”，通过城市管理综合执法局，进一步理顺关系，明确责任。在完善城市管理执法体制、改善执法环境方面，取得了较好成效。从根本上消除了城市管理领域存在的“多头执法”和“执法死角”，扭转了在部分领域由事业单位执法“名不正言不顺”的现状。

2. 管办分离，管养分离，还企于企

内蒙古新闻出版系统和地勘行业管办分离，还企于企的改革探索。整合自治区直属事业性质的出版单位及部分社会办的出版发行单位，组建企业性质的出版集团和发行集团。内蒙古新闻出版系统改革，组建内蒙古发行集团和内蒙古出版集团。内蒙古发行集团实行“党委领导，政府管理，行业自律，企事业单位依法经营”的文化管理新体制，内蒙古出版集团公司实行“党委领导，政府管理，行业自律，企业自主经营”的宏观文化管理体制。内蒙古地勘事业单位改革，坚持“尊重历史、照顾现实、统筹兼顾、循序渐进”的原则，正确处理改革、发展和稳定的关系，在“牌子不变、身份不变、经费不变”的前提下，先从内部管理体制改革入手，转换经营机制，实现内部企业化管理。变一步到位为两步走，使其逐步与市场经济接轨，最终组建三个有限责任公司，建立法人治理结构和现代企业制度，实现了地勘改革的平稳过渡。这种做法得到了国土资源部的高度评价，被誉为“内蒙古模式”。

3. 创新事业单位管理模式

多元并举，引入民间资本。在部分条件允许的行业和领域，引进民间资本举办社会事业，实现事业单位投资多元化。2004年，乌海市乌达区人民医院医疗卫生体制改革的新探索——委托管理模式。乌达区政府在保证国有资产保值增值的前提下订立委托管理合同，将乌达区人民医院委托给乌海市樱花医院有限公司管理，妥善安置富余人员后，将受聘人员、现有资产及债权债务一次性交给受委托方自主经营管理，收到了良好的效果。有效盘活了医疗卫生资源，增强了市场竞争力，为医疗卫生事业单位改革提供了宝贵经验。

内蒙古大学以“去行政化”为主要目标的校院系三级管理体制改革，以经济学院改革为先行试点，下放财务、人事等管理权限，全面推进内部管理体制改革，积极探

索高校内部管理体制改革和机制创新，同样取得显著效果。

（二）创新财政与人事单位管理体制与机制

1. 财政补助方式改革，变“养人”为“办事”

财政补助方式改革，变“养人”为“办事”，实现管办分离，在转变政府举办社会事业方式的探索上迈出了重要一步。乌海市在对事业单位分类的基础上，出台《关于对实行“花钱办事”管理体制事业单位改革的实施办法》，建立“以事定费”和“花钱办事”的全新的财政拨款管理体制，建立“以钱养事”的新型公益事业服务体系，对部分事业单位采取“花钱买服务”的工作机制创新，从体制上实现由“花钱养人”向“拿钱办事”的转变。加大了事业单位的用人和分配自主权，实现了事业单位用人社会化、有效激发了事业单位的活力。赤峰市采取从社会公益Ⅱ类事业单位中有服务收入的单位入手，推进政府财政补助方式改革，进一步分清政府与事业单位各自的权利与责任，促进政事分开，落实事业单位相应的权利，调动事业单位改革发展的积极性。

2. 机构编制管理体制改革，变“身份管理”为“岗位管理”

机构编制管理体制改革，变“身份管理”为“岗位管理”。新一轮内蒙古事业单位机构编制核准备案改革，通过编制内、编制外两种不同的人事管理方式和社会保障方式改革，“管住一头，放活一面”，严把人员“入口关”。单位用人成本核算，变单位用人政府买单为用人单位自己买单，促进了单位用人和进人由政府埋单转向单位进人考虑支出成本，进一步分清了政府、事业单位、企业各自的权利和责任，为扩大用人自主权，形成自主发展、自我约束的机制奠定了体制基础。乌海市针对人才短缺的实际，近年来出台了一系列人才资源开发的优惠政策，特别是编委会以《纪要》的形式确定了人才储备的具体操作办法。对急需专业人才的单位，经编委会审核，对国民教育本科以上学历的专业人才，有空编优先进入，测算了三年内可以空出的编制数，按照三年内基本可以与编制平衡的原则，没空编的先聘用，一有空编优先进入。此举对引进人才、解决“有用的进不来、没用的出不去”，协调好人才储备与编制管理关系有着巨大的积极意义。

3. 机构编制核准备案管理体制改革，实现“加法”改革

机构编制核准备案管理体制改革，进一步分清了政府、事业单位、企业各自的权利和责任，为扩大用人自主权，形成自主发展、自我约束的机制奠定了体制基础。通过编制内、编制外两种不同的人事管理方式和社会保障方式改革，促进了单位用人和进人由政府埋单转向单位进人考虑支出成本。通过改革，自治区直属事业单位改革试点单位的内设机构，由改革前的 783 个增至 909 个，内设机构领导职数由 2026 名增

至 2221 名，事业编制由 25088 名增至 28064 名。其中，高等院校（高等职院）的内设机构由改革前的 496 个增至 567 个，内设机构领导职数由 1466 名增至 1655 名，事业编制由 18496 名增至 20446 名；医院的内设机构由改革前的 271 个增至 326 个，内设机构领导职数由 520 名增至 526 名，事业编制由 6135 增至 7161 名；两个演出团体的分别保持了原来的 16 个内设机构、40 名内设机构领导职数和 457 名的事业编制数。可见，机构编制管理改革做的是“加法”。不仅如此，机构编制资源重点向关系民生领域倾斜，同时充分考虑到了民族自治地方政府发展少数民族教科文卫事业的需要，少数民族领导干部培养与民族地区人力资源发展的实际，体现了各民族相互团结、共同繁荣、共同发展和构建社会主义和谐社会的主旨思想。

4. 淡化行政色彩，取消套用行政级别

事业单位内设机构不定级别，取消套用行政级别，实现由“身份管理”向“岗位管理”转变。乌海市干部管理体制上引入聘任制，处级以下事业单位的干部要层层签订聘任合同，科级干部全部实行聘任制，并明确聘期和解聘条件，颁发聘书。组织部门参照自治区有关文件精神，结合乌海实际制定并由两办印发了《乌海市市属准处以上事业单位领、导人员作用管理办法》。改革领导干部任用制度，实现单位领导、专业技术人员、管理人员、工勤人员岗位管理，按需设岗、按岗聘任、明确任期、期满考核、合理流动，实现了人力资源的有效激励。乌海市实行“新人新办法、老人老办法”，规定 2004 年 1 月 1 日以后事业单位新进人员一律参加养老保险，以前的财政供养人员维持不变，逐年消化。市直事业单位 90%以上的人员签订了聘用合同，并在人事部门进行了合同鉴证，明确聘期、岗位和工资待遇。此次改革岗位和编制重新设定后，让所有职工一次性全员离岗，一律打破身份界限，成为单位内部自由人，重新申报岗位，按岗定责定薪，通过笔试、面试竞争岗位，极大地激发了职工的工作热情和责任感，优化了系统内部人员结构，也理顺了多年来的“混编混岗”现象。

5. 岗位动态管理，全面推行竞聘上岗

实行岗位动态管理，全面推行聘用制，建立竞聘上岗，择优聘用，公开、平等、竞争、择优的用人机制。包头市实行岗位动态管理，全面推行竞聘上岗，择优聘用，公开、平等、竞争、择优的用人机制逐渐形成。通过中小学设立教授破解了基层教师激励不足的问题。乌海市实行“新人新办法、老人老办法”综合配套改革，把所有事业人员全部纳入聘用制的实施范畴，以“新人新办法、老人老办法”的方式，将部分单位的原有在编人员保留事业身份，退休退入财政，同时每退一人核减一名编制，并将现有空编全部收回；新进人员则全部实行完全聘用制，确定了单位与个人新的人事关系，实现事业单位用人自主，体现了用人的公正、公平，优化了人员机构。

6. 岗位绩效与分层级管理，实施薪酬激励

深化薪酬制度改革，体现岗位绩效和分层级管理，兼顾按劳分配与按生产要素分配，努力构建和谐利益格局。鄂尔多斯在全市教育系统全面推行以校长聘任、教师聘用和分配改革为主要内容的教育人事制度改革，并迈出实质性步伐。进一步激活了内部运行机制，较为灵活的用人机制，有效的激励机制，形成了各地区、各学校争先创优，比学赶超，重视抓管理和教学质量的浓厚氛围，提高了教学质量。乌海市事业单位分配制度上，推行事业单位经费总额包干，在现行工资制度的基础上将工资总额包干与事业单位经费包干相结合。展开以总额包干制为核心的分配制度改革，推行多元化分配办法，鼓励技术、管理等生产要素参与收益分配，成效显著。

7. 妥善安置未聘人员，创新人员分流模式

妥善安置未聘人员，创新人员分流模式。“钱从哪里来，人到哪里去”是我国以往国企改革所面临的突出问题，同样的问题一样摆在事业单位改革面前。内蒙古自治区直属试点单位对未聘人员坚持以内部安置为主，开展就业培训以及鼓励自谋职业等方式，尽量使未聘人员在本单位内部得到妥善安置，积极维护职工的合法权益。乌海市更是创新人员分流模式，确立了 A+X 管理的未聘人员分流模式。它们对改革中撤并机构的多余的人员，编制上实行 A+X 管理，将未聘人员即连人带编充实到需要加强的单位，人在编在，人走编销。此举对妥善安置人员、抑制编制膨胀和化解人员分流所引发的社会风险有着积极而深远的意义。

（三）事业单位社会养老保险制度改革实践取得初步成效

1. 探索建立事业单位养老保险制度

乌海市在事业单位改革中建立事业单位养老保险制度，对事业单位社会保险制度进行了有益的探索。建立事业单位社会保险制度，可以在一定程度上缓解传统事业单位管理体制的一些积患：缓解事业单位从业人员退休对国家及地方财政造成的巨大压力；缓解事业单位人员因工作调动手续烦琐而给人员流动带来的障碍；为事业单位人事管理从“身份管理”向“岗位管理”的过渡奠定基础。但是，事业单位社会保险制度的建立尚处在一些地方政府进行局部改革试点的阶段，而且地方试点也多从对养老保险制度的探索入手。

2. 探索“新人新办法”、“老人老办法”，养老保险制度改革

探索事业单位新进人员养老保险制度和事转企养老保险改革。自治区直属事业单位社会保障制度改革，是按照《内蒙古自治区直属事业单位新进人员基本养老保险制度改革试行办法》（内劳社字[2005]1 号）、《内蒙古自治区直属事业单位转制为企业后参加企业职工基本养老保险试行意见》（内劳社字[2005]2 号）规定进行的，参加改革

试点的高校（高职）、医院、演出团体在编制内新聘用的人员参加事业单位社会养老保险，编制以外自主聘用人员企业养老保险。转企改制的三个地勘单位、公路工程局的现有人员视同缴费，新进人员实行企业养老保险。截至 2007 年 12 月，参加改革试点的高等（高职）院校、演出团体和医院共 30 个试点单位中人员基本参加了事业单位社会养老保险和企业养老保险。三个地勘单位中有 12676 人（地勘局 7514 人，有色局 1696 人，煤田局 3466 人）参加了企业养老保险、公路工程局共有 706 人参加了企业养老保险。统一规范的事业单位养老保险制度的建立，不仅对于深化改革，而且对于防范和有效化解事业单位改革所带来的影响社会稳定的风险有重大意义和作用。

综上所述，新一轮内蒙古事业单位改革进行直属先行，盟市跟进，三级联动；勇于创新，“以事定费”，政事分开、管办分离、管养分离；“转企改制”，大胆尝试，先易后难，小步快走；优化整合，公益优先，增量改革，典型引路，体制机制突破；综合配套，成功推广；化解风险，促进和谐等一系列事业单位改革探索，是符合本地区实际，实现了预期目标，获得了成就，创新了经验，为全面推动事业单位改革积累了一定的经验，也为探索西部欠发达的、少数民族地区事业单位改革提供了可资借鉴经验。在取得一定经验的同时，内蒙古事业单位改革实践过程中也面临一些挑战与深层次问题。

第三节　新一轮内蒙古事业单位改革实践的深层次问题分析

一、事业单位改革的认知与态度问题

事业单位改革认识和态度对推进政事分开与事业单位管理体制分类改革具有重要的意义。不同的认识，产生不同的态度，不同的态度就会有不同的行为和结果。如果政府对事业单位的认识是效率低、活力差的花钱单位，是政府的包袱和负担，那么政府对事业单位改革的定位和态度必然是甩包袱和“减负”。同时被动接受改革的事业单位也会因对改革有所预期，而改变其对事业单位改革的态度。美国经济学家卡尔波曾说过，人们根据改革可能出现的结果采取相应的态度。绝大部分人受损，肯定遭到反对，如果部分受益，部分受损，人们就会观望。为此，课题组对正在进行改革的内蒙古事业单位各类人员认知与态度进行了问卷调查与座谈。课题组对自治区直属事业单位各类人员发放了 300 份调查问卷，回收 290 份，其中有效问卷 278 份，有效率为 92.7%。同时举办了七场座谈会。

调研数据显示：事业单位多数人对事业单位改革的大趋势是认同的，但对事业单位改革方向比较迷茫，有的人甚至认为，事业单位改革，说到底就是政府把事业单位当作包袱甩。从调查问卷看，有 80%的人是愿意并支持和配合事业单位改革的，但表

示被动接受的占其中的40%。从中可以看出，尽管大多数人认为事业单位改革是大势所趋，且有53%的人有相关心理准备（见图1-1）。但同时多数人表示改革的准备不充分。大多数人对当前事业单位改革的前景感到比较迷茫，普遍信心不足，担心不少。调查数据显示（图1-2、图1-3），有60%的人表示基本了解改革，30%的人表示不了解改革。主要是不了解自己所在的事业单位究竟朝哪个方向改、如何改、会改成什么样？在座谈中，大多数单位领导和干部群众表示，事业单位改革是必须的，但怎么改法需要认真研究。调研数据还显示：人们对改革后的事业单位发展预期缺乏必要的信心，认识茫然、担心多。其中64%的人对改革预期表示无法推断（见图1-4）；55%的人认为事业单位的改革不一定有利于自己的发展（见图1-5）；43%的人担心收入会减少；26%的人担心会下岗失业；31%的人担心会影响自己的职业生涯（见图1-6）。倘若实行提前退休又不影响收入的情况下，近86%的人赞同提前退休（见图1-7）。在对事业单位人员认知与态度的调研中，课题组发现：

第一，无论是事业单位改革的积极支持者，还是被动接受者，多数人已接受事业单位改革是一种客观需要和发展趋势。在调查中，我们还明显地感觉到，事业单位的领导人虽然被动接受改革，但也希望通过改革激活事业单位而不是等死，即使早死、找死，也希望通过改革实现生存和发展的目的。

第二，改革单位在不同程度上对改革的担心，等待观望的态度与悲观情绪，不仅反映了事业单位改革的艰巨性和复杂性，而且，反映出全面推进事业单位改革的条件还不成熟。被动地接受改革的事业单位表现出对利益受损上的担心，表现出等待和观望的态度，而以往事业单位改革推进中的利益受损者，则表现出更多的悲观情绪。等待观望特别表现在：地方政府一直在等中央政府在事业单位改革的指导思想与方针政策，中央政府也在等地方政府在事业单位分散试点改革上的经验与总结。因此，明确事业单位改革目标、整体目标设计和重构事业单位改革框架，统一事业单位改革的指导方针与政策，加强事业单位改革的理论研究和政策宣传对于坚定改革的信心，端正改革的态度都具有重要意义。

第三，不同主体间存在利益博弈。不同利益主体对改革的不同预期和认识，导致改革态度、立场和利益的博弈。一方面，政府与事业单位之间存在一定的博弈，比较典型是政府编办部门卡编，被改革的事业单位千方百计要编，形成“一人挡门，万人推门”的局面，几乎没有一个改革单位不争机构规格和级别、不争编制、不争钱、不进行讨价还价的。另一方面，事业单位干部群众、专业技术人员与事业单位领导之间的存在博弈。简单化一直以来是事业单位领导解决人员分流时的主要办法。事业单位中哪类人员比较好做工作，比较容易改就先改谁，事业单位的主体是专业技术人员，内蒙古70%以上的科研人员、95%以上的教师和医生集中在由政府出资举办的各类事业单位，事业单位改革事实上演变成为主要是针对专业技术人员的改革，在不同程度上对许多伤害了专业技术人员工作积极性。这在调研中反映的非常明显。当专业技术人员发现改革将使自己的处境变得艰难时，他们对改革必然会持消极观望态度，有的则会成为改革的反对派。同时，组织发展需要留下的人员被分流，组织发展不需要的人员没有得到真正分流，留下了一批棒打不走，势与组织共存亡的人员，不仅导致事业单位专业技术人才人员的大量流失和事业单位事业的夭折，使得事业单位事业的缺失，没了事业。因此，事业单位改革应成为专门针对事业单位专业技术人员的改革，应当避免国企改革中曾经犯下的一些简单化的错误，减员增效不应在事业单位改革中重演。

第四，政府部门的改革立场和态度，直接影响事业单位领导对改革的信心。事业单位的领导对改革本来是持积极态度的，他们普遍认为，只有通过改革才能解决事业单位发展中的一系列深层次矛盾和问题。但是，他们心目中的改革与政府正在推动的改革有很大的不同。在事业单位的领导人看来，改革最重要的是给事业单位放权，使事业单位有充分的自主权。而恰恰是在这个方面，党委和政府及各有关部门最难做到。这是因为，一方面，在客观上事业单位作为我国重要的公共部门，其所承担的重要的公共管理或公共服务职能必然要求各级党委政府及其相关部门对其进行监管乃至直接控制，比如教育、医疗和文化等事业单位即是如此。而在另一方面，也确实存在着某些政府职能部门出于维护其既得利益的考虑不给事业单位放权的问题。种种迹象表明，在这次改革中，政府有关部门不是要放权而是在收权。政府部门的这种立场和态度，使事业单位的领导人对改革失去信心，他们对这次改革明显地倾向于持消极观望的态度。

第五，事业单位改革首先应该改政府。政府要从认识上根本解决改革对事业单位改革的认识定位与态度问题。政府眼中的事业单位是什么，决定着其改革定位。如果在政府眼里事业单位是效率低、活力差的花钱单位，是政府的包袱和负担，那么甩包袱、减机构、减编制、减人员、减财政支出，“减负”做“减法”就会是政府对事业单位改革的态度和定位。因此，事业单位改革应该避免简单地做“减法”，否则不仅会使个人失去岗位，单位失去事业和整体的优势，社会增加了就业压力，还会使改革的社会风险加大，公益事业丢失。

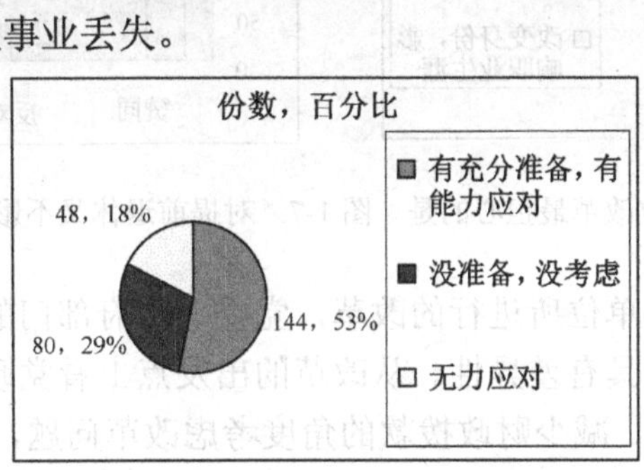

图 1-1　您对事业单位改革是否有精神准备

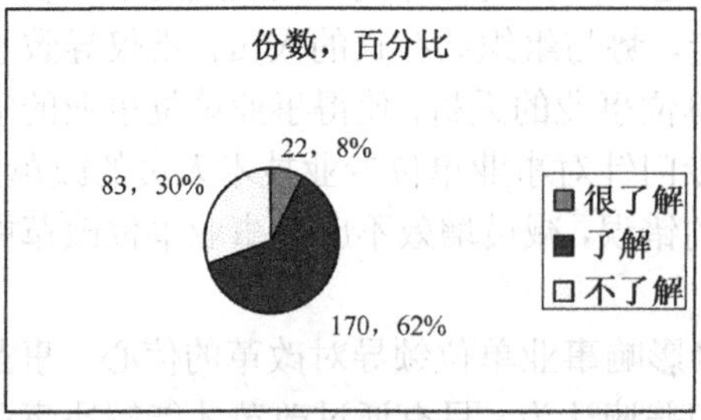

图 1-2　您对事业单位改革是否了解

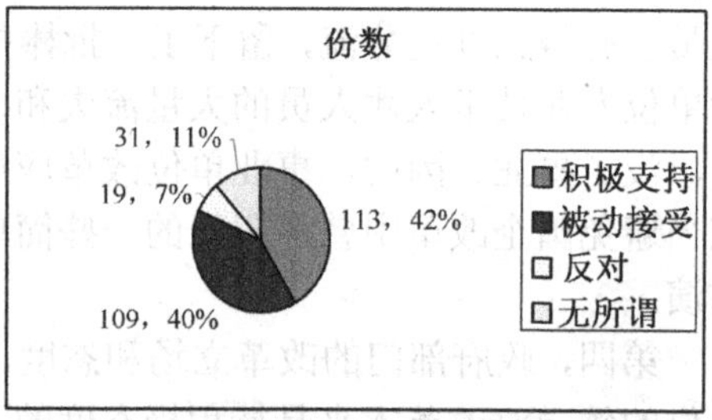

图 1-3　在事业单位改革中将会采取的态度

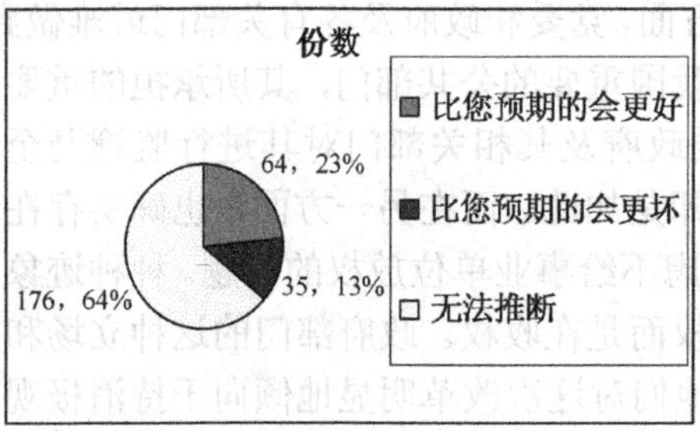

图 1-4　您相信这次事业单位改革会

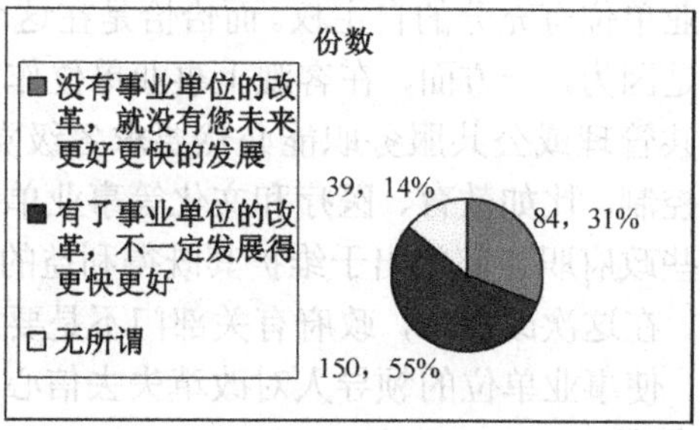

图 1-5　您认为事业单位改革对您的结果

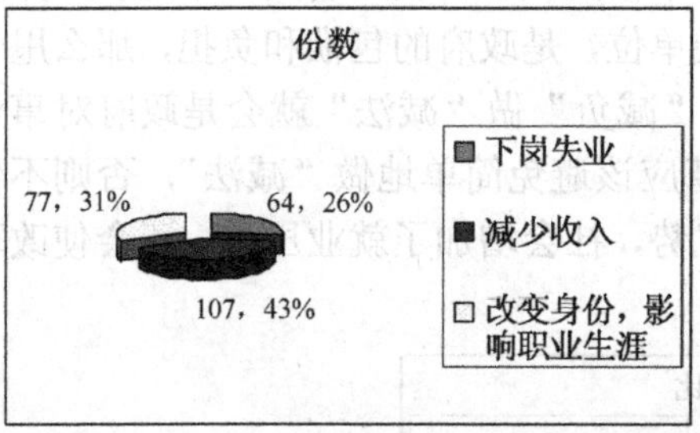

图 1-6　您对事业单位改革最担心的是

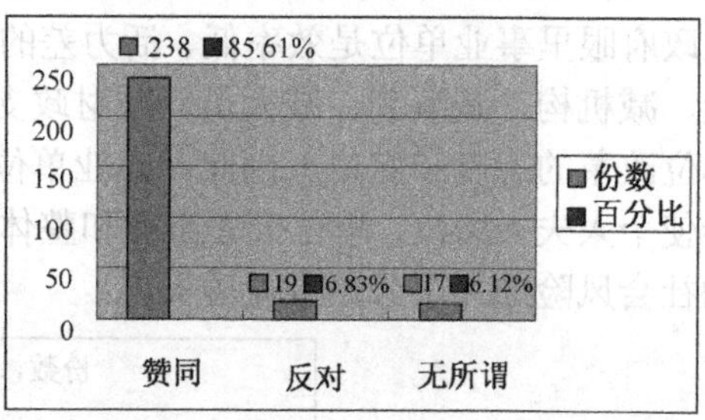

图 1-7　对提前退休又不影响您收入预期制度的态度

我们发现对于事业单位所进行的改革，党委、政府部门的主要领导与改革试点单位领导对改革的认知具有差异性。从改革的出发点上看党政部门的领导更多地是从压缩编制、节缩开支、减少财政拨款的角度考虑改革问题，努力作“减法”；事业单位的领导则更多地是从增加编制、增加经费、争取更多优惠政策和解决本单位的矛盾与问题角度考虑问题，努力作“加法”，形成了双方在改革过程中的讨价还价与博弈。

政策宣传是政策执行过程的起始环节，也是极其重要的一步。对事业单位人员改革心态的问卷调查，充分反映出该群体对改革认知存在偏差，也暴露出改革政策宣传不到位、民主参与不充分等问题。被调对象中有60%的人基本了解改革，30%的人不了解改革，有近50%的人对于本单位的改革持认为没必要或无所谓的消极态度。虽然认识到事业单位改革是大势所趋，但有64%的人对改革预期表示无法推断，55%的人认为事业单位的改革不一定有利于自己的发展。这就是说，一方面事业单位广大职工对改革缺乏应有的和足够的了解，另一方面，不管是积极支持，还是被动接受，事业单位改革是一种客观发展需要，但事业单位改革后意味着什么无法预料。有43%的人担心收入会减少，26%的人担心下岗失业，31%的人担心会影响自己的职业生涯。倘若实行提前退休又不影响收入的情况下，近86%的人赞同提前退休。这些在一定程度上反映出政策宣传的不到位。

由政府自上而下推动的事业单位改革，由于参与改革的渠道不畅通，同时也由于政策宣传的不到位，事业单位人员对改革的应知中出现未知，致使事业单位和其他社会团体参与不充分，也导致改革的源动力不足，难以形成改革的合力。

二、事业单位改革的战略目标与推进方式问题

（一）有必要确立事业单位公共化改革战略目标

关于事业单位改革的路径选择问题，学术界和实务界还存在较大的争议，其中“市场化”和“社会化”是两种对决策层产生重要影响的方案。总的来说，“市场化”、“社会化”改革方案虽然都有其一定的合理性、可行性，对推进事业单位改革和公共事业发展也起到了积极作用，但因为市场逐利的“天性”和我国社会不发达的现实条件限制，以“市场化”或“社会化”作为事业单位改革的主导战略在现实当中都是行不通的，其要害在于放弃了政府的责任，夸大了市场和社会在公共事务领域中的作用。政府有必要改变在事业单位改革过程中存在的目标偏差和在推进社会事业发展中的自我定位存在偏差，推进以事业单位公共化改革为战略目标的事业单位改革。

所谓“公共化”，有两层含义：一是利益取向的公共化。政府的存在是受托于全体人民以管理公共事务、提供公共产品和公共服务，它应该致力于实现社会整体的公共利益。以政府为核心的公共组织要以其所提供的公共产品和服务，去推进、实现和维护公共利益的最大化。二是参与过程的公共化。打破政府部门和事业单位垄断公共服务的格局，引入其他类型的服务组织以及公民个人，共同参与公共服务的提供、监

督和管理。[2]

政府是推进事业单位改革的主体，是事业单位改革过程中的舵手。这意味着在改革之前，政府就应勾勒出在改革之后新型的事业单位发展的蓝图，即“摸着石头过河，首先要明确河对岸在哪里”；也意味着政府在改革中需要向相关的行政部门、事业单位和社会力量指明相关事业的兴办方式和发展方向。当前，以政府为主导，以公立事业单位为主体，同时充分发挥市场和民间力量的积极性发展公共事业，重构中国的公共服务体系，为深化事业单位改革提供了新的路径选择。从理论基础和现实背景看，正在形成中的事业单位公共化改革战略更具有合理性和可行性。

（二）有必要由“分散试点”到“全面行动”

长期以来，事业单位改革由于缺乏总体的目标和政策安排，只能处在“摸着石头过河”的状态，改革只是限于局部的研究、讨论和一轮又一轮的分散试点当中。正如原全国人大副委员长成思危所描述的那样，“事业单位改革是摸着石头过河，但至今连对岸在哪里还不清楚”。客观地说，“分散试点”改革模式是由事业单位改革本身的复杂性和艰巨性决定的，这种改革推进方式有其积极的一面，也有着致命的缺陷。因为，分散试点改革模式基本上还是在原有体制框架内的改革，再加上改革缺乏全面系统的指挥和制度安排，改革在取得局部成绩的同时，也付出了沉重的代价。最典型的教训就是，前期事业单位改革由于过于依赖“市场化”手段，弱化了事业单位的社会服务功能，极大地损害了社会和公民的基本权益。另外，在分散试点过程中，事业单位改革的“政治风险”和“责任风险”往往要由试点地区和单位去承担，这使改革在推进过程中遭遇了极大的阻力。人们在面对事业单位试点改革时，“上改下不改，改了也白改”、“谁先改，谁吃亏”成为一种普遍的心态。

美国经济学家卡尔波认为，“人们根据改革可能出现的结果采取相应的态度。绝大部分人受损，肯定遭到反对，如果部分受益，部分受损，人们就会观望”。英国经济学家西克斯认为：政府根据一项改革对整体有效程度，以及投入产出的结果采取相应的态度，一项改革对整体有效，产出大于投入就要支持；投入大于产出就要反对；投入与产出持平，政府就要慎之又慎。政府最初对事业单位改革的想法与做法，是对事业单位做减法，减人、减机构做瘦身。政府在事业单位改革进程中发现中国社会事业落后与经济发展不相适应，形成了一条腿长一条腿短的情况。事业单位改革更重要的是为了更好地发展社会事业而不是为了改革而改革。当前事业单位改革需要解决的是事业单位的布局、结构及其利益上的调整。正确处理中央与地方政府的关系，中央

[2] 孔超. 事业单位改革和发展的政治逻辑——“公共化”改革战略的内涵及其制度安排，《天津社会科学》，2009(2).

与各部门之间的关系，政府与事业单位的关系。政府在事业单位改革过程中的认识偏差导致事业单位改革进程中面临诸多的问题与困难。在机构、编制、拨款方式等方面政府与事业单位存在不同程度上的博弈现象。

在事业单位前期改革成果和经验总结的基础上，从适应我国社会发展形势出发，公共化改革战略已经成为事业单位改革的必然选择。同时，改革的推进方式从“分散试点”到“统一行动”的时机也已经逐渐成熟。2004 年，国务院责成中央机构编制委员会办公室牵头，组成“事业单位改革小组”，成员由人事部、财政部、劳动和社会保障部等部门参加，对事业单位改革提出一个总体改革文件和配套改革措施。该小组经过两年多的研究，提出了“一加五或一加六”的文件框架，即一个改革的总体文件，加上五个或六个配套改革措施文件。这些文件吸收了政府部门和专家的研究成果。虽然文件尚未出台，但是 2006 年 9 月 25 日中央机构编制委员会办公室副主任黄文平在“公益机构改革与发展国际研讨会”上的主旨发言中，透露了事业单位改革的基本思路和主要政策。其事业单位改革的目标是：建立公益目标明确、布局结构合理、投入机制完善、治理结构规范、微观运行高效、监管制度健全的现代事业单位管理体制和运行机制，构建基础优先、服务公平、区域均衡、门类齐全的公益服务体系，这些为全面推进内蒙古事业单位改革具有重要的指导意义。

三、事业单位改革的总体框架问题

随着事业单位改革战略调整，其基本的框架也将从整体上进行重新构建。与“分散试点”模式下的事业单位改革所表现出来局部性、分散性和短期性特征相反，这一框架将力图把事业单位改革置入一个系统的、整体的和长期性的框架中进行。

（一）事业单位分类标准问题

对事业单位采取分类改革的方式是事业单位前期改革取得的重要成果，但对于分类改革的基本内涵却存在很大的争议。在理论探讨和改革实践中，关于事业单位的分类有“二分法”、“三分法”、“四分法”、“五分法”、“七分法”及多重分类法，具体有行业分类法、经费分类法、行政隶属分类法、行政级别分类法、性质分类法、职责分类法、职能分类法。经过多年的改革实践，以产品性质划分事业单位功能分类的方法已经得到越来越多的认同。而就这一方法的具体执行标准也存在一定的争议，主要体现在三分法和四分法之争，争论在理论和实践上都有所表现。例如中山大学教授王乐夫主张按照事业单位的功能，将事业单位分为三类：一是行政执行类，二是企业经营类，三是社会公益类。中编办事业单位登记管理局副局长左然提出，按照事业单位目前的功能，可以把事业单位分为行政类、行政与公益混合类、公益类、经营类四类。在 2001 年浙江推行事业单位改革时，则将事业单位分为行政执法单位、社会公益单位、市场中介、经营类单位四类。

三分法和四分法之争也体现在内蒙古事业单位分类实践中。乌海市将事业单位分为行政执行类、完全公益类、公益服务类、经营开发服务类四类。赤峰市分为行政执行类、社会公益类、生产经营类、中介服务类四个类型。鄂尔多斯市拟分为三大类，即“行使行政职能的事业单位”、“从事公益活动的事业单位”、“从事生产经营活动的事业单位”。其中“从事公益活动的事业单位”又被分为“公益Ⅰ类”和“公益Ⅱ类”。包头市也是按事业单位主要功能进行分类的，但在具体类别及其标准规定上又略有不同，包头市将事业单位分为四大类：即行政类（包括行政管理类和行政执行类）、公益类（包括纯公益类、强公益类和弱公益类）、经营类、其他类（指以上几种类别的特征并存，主要功能难以界定的事业单位）。尽管上述盟市都对事业单位进行了比较细致而严格的类别界定，而且在界定时均充分考虑到了照顾现实和可操作性，但是，在具体实施中，究竟应当把某个事业单位归于哪一类，则需要经过认真的分析研究，其中自然少不了来自事业单位及其主管部门的激烈争论和讨价还价。正因如此，鄂尔多斯市编办拟定的分类方案目前尚处于保密状态，而包头市编办则干脆将《模拟分类的原则和标准》印发市委各部门、市直属机关和事业单位，广泛征求意见。同时还印发《市属事业单位模拟分类意见报送表》征求事业单位及其主管部门对本单位应划入类别的意见。最后将各主管部门、事业单位的模拟分类与编办模拟分类进行比照，对有分歧的单位认真分析，并做出相应调整（见表 1-1、表 1-2）。从表中可以看出，对事业单位的分类，编办与事业单位及其主管部门的界定是存在很大分歧的，这种分歧不仅是认知上的，更是利益上的，有的还是价值上的冲突。而包头市通过政策的“上下来去”对事业单位的分类做出最后的界定，是搞了许多折中的。从积极的方面看，这样既做到了方案的合理化，又提升了人们的满意度，减少了改革的阻力，不失为推进改革的一个良策。但是，从另一方面看，这样做显然有失科学性和权威性。说到底，这样做实际上是一种不得已的妥协而已。

表 1-1　包头市直属事业单位模拟分类情况统计表　　（%）

类别 / 结果	行政类		公益类			经营类	其他类
	行政管理	行政执行	纯公益类	强公益类	弱公益类		
编办模拟分类结果	5	9	25	28	13	12	8
主管部门、事业单位模拟分类结果	28	22	27	15	3	3	2
编办修改后的结果	13	18	24	25	11	9	0.3

表 1-2 乌海市事业单位分类及经费形式统计表（2006 年）

经费形式分类	全额	差额	自收自支	专项	合计
行政执行类	23	0	0	0	23
完全公益类	55	12	26	3	96
公益服务类	28	10	14	0	52
经营开发类	0	0	5	0	5
合计	106	22	45	3	176

资料来源：根据乌海市编办提供的资料整理。

可见，在实践中不解决事业单位的分类标准问题，是难以解决事业单位管理体制分类改革的问题的，因此，事业单位分类标准亟需突破。“分类标准”作为事业单位改革整体推进的前提条件，目前已经从政策层面取得了实质性的突破。2008 年 12 月 3—4 日，中央机构编制委员会办公室（下称“中央编办”）、财政部、人力资源和社会保障部与上海、重庆、浙江、广东、山西、深圳等 12 个省（市、区）编办在山西太原召开事业单位改革分类目录研讨会，会议对推进事业单位改革分类目录工作作了统一安排部署。此前的 2008 年 11 月份，由中央编办印发并内部传达的《关于事业单位分类试点的意见》（下称《意见》）为目录编制和分类改革步骤提供了原则指导。根据《意见》，上海、重庆、浙江、广东、山西 5 省市于 2009 年率先在全国进入分类改革试点，分类改革试点于 2009 年 1 月起实施，省直事业单位改革于 2009 年底完成，市、县、乡镇事业单位改革于 2010 年底完成。《意见》将现有的事业单位划分为三个大类：承担行政职能的、从事公益服务的和从事生产经营活动的，然后再细分。“分类标准”以中央文件的形式出台，使从中央到地方在涉及劳动人事、收入分配、社会保障、财政投入方式等相关配套改革时，制定政策都有了基本的依据。可以预见，通过 5 个省市的分类试点经验总结，由中央统一规划的事业单位改革将在全国范围内展开，我国事业单位改革长期缺乏总体目标和政策的局面将得到根本改观。

（二）事业单位管理体制问题

我国现行的事业单位管理体制还是传统体制的延续，事业单位还是各级政府和各个政府主管部门的附属品，没有独立的法定地位、法定职责和法定权利。同一类型公益性事业单位分属不同的政府部门，造成事业单位机构臃肿、人员庞杂、效率低下，且各机构都具有强烈的自我扩张冲动。同时，如同国有企业原先所面临的情况那样，由于没有一个统一的“出资人”行使资产所有者的权利，造成管人、管事、管资产相脱节。通过加强立法、统一监管、政事分开等手段构建科学合理的事业单位管理体制，重新调整和界定国家、社会和事业单位的关系已经是大势所趋。建立科学合理的管理体制要从几方面入手：第一，实行管办分离的新型管理体制，真正实现政事分开。建立统一的有权威的事业法人监督管理机构，统一代表国家行使事业单位的出资人权利，统一管理和监督事业法人。第二，实行统一的法律、统一的体制和制度，避免按所有制划分为“民办”或者“国家举办”而采用两套管理机构、两种管理体制和两个法律制度。第三，按照事业法人承担公权力和公益性程度的不同，对事业法人实行分类管理。[3]主要问题是：

第一，政事分开难，内蒙古事业单位改革实践中政事分开的尝试无法突破体制性束缚的现实。我国行政管理体制改革也一再强调政事分开，而事业单位拥有行政执行职能的现象也受到不少质疑。对此，乌海市将承担较重的行政处罚或经济社会管理职能的单位单独划类，并尝试依据法律、法规、规章授权或委托相关事业单位承担此类职能，但支撑这种“委托授权”形式的具体保障和约束措施却有待完善，其实际效果还有待观察。除占总数的13%的行政执行类事业单位外，事实上还存在一些承担了部分行政处罚或经济社会管理职能的单位仍未划入行政执行类的事业单位，这些单位的相关职能的规范监管面临更多问题。这些现象都体现了政事分开的尝试无法突破体制性束缚的现实。如乌海市在以城市执法部门为试点的还政于政的探索中，将多个有城市执法职能的机构整合，但整合后的“执法机关”的性质却是事业单位，执法人员编制是事业单位人员编制。这样的机构及人员身份对其履行职能和职责会带来诸多问题。对此，乌海市能够做的只能是将“城市管理综合执法局”当作行政组织管理，将其工作人员的待遇参照公务员标准执行，但对其在行政体制内的“合法性”问题则无法从根本上予以解决。

第二，条块体制难以突破。我国在文化事务的管理上还没有大文化的管理体制，而是由若干个部门分工管理相应的文化事务，并按照中国国情在它们之间建立相互的工作协调机制。比如说政治局常委里有分工管文化事业的，中共中央宣传部也是文化战线的协调者，承担这样的角色，另外国务院领导成员中也有分管文化事务的。[4]这种现行的文化管理体制，让人感觉“眼花缭乱，不得要领”，在实际工作当中难免产生“以党代政”的嫌疑，同时多个政府文化管理部门之间难免存在职能交叉与职责不清的情况。这种体制由于过多的权力“委托—代理”层级，一方面必然加大权力运行的社

---

[3] 参见左然. 构建中国特色的现代事业制度———论事业单位改革方向、目标模式及路径选择，《中国行政管理》，2009(1).

[4] 根据“文化部：目前还没有大文化管理体制”（文化部长蔡武在新闻发布会上的发言）整理，星岛环球网 www.stnn.cc，2009/9/4。

会成本，另一方面也不利于政府对文化事务的管理和文化市场的有效监管。为了解决我国政府部门设置过多、职能交叉的情况，我国在 2008 年 2 月召开的党的十七届二中全会后掀起了“大部制改革”的热潮。“大部制改革”是以 2008 年 12 月 11 日发布的第六次《国务院机构改革方案》为标志开始正式实施的。在《方案》发布之前，人们对按照职能有机统一的原则组建精简的政府部门报以热切期望，“大交通”和“大文化”是学者和官员在各种场合论及“大部制改革”时所举的典型例子。然而，《方案》公布后，涉及调整变动的机构有 15 个，正部级机构减少 4 个，其中新组建的交通运输部合并的原交通部、民航总局和邮政局，虽然没有按照人们原有的设想把铁道部也归并进来，但让人感觉已经有了“大交通”的基本框架。但人们对“大文化”的期望却落了空，《方案》丝毫没有涉及文化管理部门，也许国家是出于稳妥考虑作出了这样的安排，但不能不说是本次大部制改革的遗憾，由此对文化事业单位改革和文化体制改革产生的不利影响也显而易见。

文化管理体制改革的实质其实就是打破原有的利益格局，进行相关利益主体间的利益再分配。而这种利益的再分配不是简单的“划地盘”，其目的是要打破计划体制下形成的“条块分割”式的文化事业格局，以公共文化服务体系建设和大文化产业发展为目标整合现有文化资源。但由于文化事业单位改革和文化体制改革中的利益主体关系复杂，改革过程不可避免地伴随着不同层级政府间、不同政府部门间、不同事业单位间多个层面的利益博弈，这种利益博弈将不同程度地影响着文化资源整合的效率和效果。如广电系统的改革就存在不同层级政府间的利益博弈。电台、电视台在体制上是受党委政府和广电局双重领导，而其利益更多地与各级党委政府联系在一起。按照产业发展的规律，自治区电台、电视台在今后的发展中，势必要对各盟市电台、电视台进行纵向的资源整合，但由于现有利益格局的障碍，遇到的阻力将会很大，如何破解这种阻力将成为十分重要的课题。在内蒙古报业资源的整合中则存在政府部门间的博弈。筹建中的内蒙古报业集团（内蒙古日报社）意图整合内蒙古新闻出版局下属新华报业中心旗下的以内蒙古晨报为首的十多家报纸，面临着从利益到产权等一系列的问题。在文艺演出团体改革的过程中则存在文化事业单位间的利益博弈。在内蒙古区直事业单位试点改革中，政府本来意图把参与试点的内蒙古歌舞剧院和内蒙古自治区直属乌兰牧骑艺术团本着“节约资源，优势互补”的原则整合为一个艺术院团，但由于两个院团分别强调自身的历史地位和不可替代性，两个院团合并的方案只好作罢。

（三）事业单位运行机制问题

事业单位能否优质高效地为社会提供公共服务和公共产品，取决于两方面的条件。一方面是在事业单位外部是否存在一个有利于事业单位依法独立运作的宏观管理体制；另一方面是在事业单位内部是否存在一个能够形成有效激励和约束的运行机制。在通过加强立法，统一监管和政事分开建立起科学的事业单位宏观管理体制与之相适应，在事业单位内部模仿现代企业制度建立法人治理结构，是完善事业单位内部运行机制的有效手段。事业单位法人治理结构建立的目的，是规范出资人和事业单位管理者及社会公众之间的权利和义务关系，保障事业资产的安全和事业单位职能的有效发挥。事业单位法人治理结构的核心是在事业单位内部推行董事会或理事会架构。事业单位的董（理）事会在出资人和事业单位管理者及社会公众间的起到桥梁与纽带的作用，一方面代表出资人和社会公众行使事业单位的重大决策权，另一方面对事业单位的管理人员行使监督权。为了防止内部人控制的现象发生，事业单位董（理）会成员应该由出资人代表、职员、受益人和外部专家等构成，外部独立董（理）至少应该占所有成员的 1/3。需要说明的是，在一些准公益类事业单位中，政府只是部分的出资人，理事会的建立一方面有利于吸引其他社会主体投资于公共事业中，弥补政府资金的不足，另一方面理事会架构也有利于政府出资人和其他出资人之间的协调和平衡，使两者更为有效地沟通并提供公益类服务。[5]

从整个国有资产管理体制上来看，原来的国有资产管理体制下出资人由多个部门承担，使得管资产与管人、管事等环节相脱节。形成了各个部门只有权利，没有责任和风险，更没有人或机构对国有资产真正负责。这种问题严重影响了国有企业改革和政府职能的转变。为了解决政府部门对国有企业的错位、越位问题，十届全国人大一次会议后，国务院成立了国资委，作为代表国家履行出资人职责的特设机构。文化领域拥有庞大的国有资产，如何妥善处理这批国有资产是当前文化体制改革中的一个重大挑战。而我国的国有文化资产管理体制采用的依然是旧体制下的分散委托监管方式，这种分散委托方式造成监管盲区和空白点，一部分国有资产处于无人管理状态，同时也不利于形成文化发展合理布局。另外，这种监管方式还存在政企不分，与市场经济原则相背离，被授权者自己监管自己，整个监管覆盖不完整、责任不明确等诸多问题，迫切需要进行监管体制与机制的改革。国有文化资产管理的混乱与文化事业单位改革中存在的各利益主体间无序的利益博弈有着直接的联系。

政事企分开难，从地勘改革的内蒙古模式可见。按照内蒙古党委和政府的文件，内蒙古地勘属于“开发类科研机构整体转制为科技型企业或进入企业集团。首先进行

[5] 参见庄序莹:《事业单位改革与发展》，上海财经大学出版社，2009 年月版，第 45 页。

财政补助方式改革，推进内部管理体制改革，新进人员不再核定事业编制，按企业员工签订合同，参加企业养老保险，组建内蒙古自治区地质矿产（集团）有限公司，转为企业”。所谓“内蒙古模式”实质上是事企两种管理体制模式：一是对离退休、下岗人员和基地物业等实行事业体制；二是对从事生产经营的实体和公司实行企业体制。其主要特征是“事业单位戴上企业的帽子”、“一马双跨”、“一个单位两块牌子”。在“三不变”原则的情况下，又冠上一个企业的名称。事业单位牌子不变，职工事业身份不变，事业费投资不变，推进地勘单位内部企业化，按照企业机制进行管理和运作，可以用企业的名义在市场上承揽事业体制难以承揽的业务。“内蒙古模式”值得借鉴的地方：一是地质工作一盘棋，通盘考虑；二是公益性、商业性分开；三是大力加强矿业权的市场化建设；四是离退休人员统一管理；五是新人新办法，老人老政策（属地化时过来的职工，该闯市场闯市场，退休之后再回来，以后再进的人，就是企业身份）；六是剥离社会职能，注入必要的资金。地勘费不减，事业帽子不摘，职工身份不变。大家拧成一股绳，事企分开，搞公益性地质工作的就好好做公益性，搞商业性地质工作的就集中精力创市场。但“内蒙古模式”难以化解许多问题。第一，事业单位戴上企业的帽子，这种一马双跨似乎化解了国内实施企业化管理事业单位中所存在的共性问题，但引发的更深层次问题的问题不是一个模式就可以轻松化解的。这种模式在改革发展的过渡期有巨大推动作用，但这种过渡期要维持多久都是问题；这种模式中所存在的双重法人的做法是否适宜，也值得思考。第二，事业牌子和企业化经营的关系。地勘企业仍然保留事业性质的本身就是一项重要政策，它有可能造成负面影响，甚至形成层层向上要的一种机制。在处理向上要和向市场要的关系上要充分考虑可能出现的几种结果：一是向上要影响了向市场要，即由于向上要，强化了干部和职工的等、靠、要的意识，弱化了闯市场的劲头；二是向市场要影响了向上要，即由于对上边的工作没有做好，造成市场增收，而相应减少财政拨款；三是向上要和向市场要互不影响，即向上要有专人疏通，向市场要有广大职工共同努力；四是向上要增强了向市场要的实力，即把向上要的钱利用的好，能够产生长期效应。我们应当努力争取第四种结果，至少要达到第三种结果，一定要防止第一种和第二种结果的出现。第三，事企混合体制问题。经过近二十年的改革，地勘行业管理体制，既不是纯事业单位体制，也不是纯企业体制，而是一种事业向企业过渡的体制，大多为事企混合体制。对事业部分实行企业化管理，有助于提高经济效益，具有积极意义。但它的不规范、不稳定，缺乏破釜沉舟参与市场竞争的坚决性，遇到大的风浪就退回到事业单位的怀抱，重新享受下岗、生活等各种补贴的等问题，“内蒙古模式”还有待于实践考验和检验。第四，政府和国有地勘企业关系必须理顺，必须从三个方面分开，为建立现代企业制度提供前提条件。首先，政府与国有地勘企业要在行政关系上分开；其次，要在社会关系上分开；最后，要在产权关系上分开，形成一种新型的政府、企业和市场的关系和新的矿业权市场运行模式。对事业单位改革特别是事转企的关键在于依法和规范操作。搞好资产重组、切实防止国有资产流失。企业改制过程中，均要坚持盘活存量与优化增量相结合的原则，搞好资产重组。同时资产重组中还要注意与增量投入相结合，积极跻身资本市场，按照投资主体多元化的要求，吸纳增量、盘活存量、加快企业化步伐。国有资产流失是调整、改组、改革过程中最易被忽视的问题，在企业化中特别要注意防止国有资产流失，要加强对国有资产的评估工作，按国家和部门的有关规定正确处置国有资产，杜绝任何流失国有资产的行为发生。避免以往国有企业改制中出现由"国—股—私"的改革过程中所造成的国有资产流失和国家财富的流失问题。如何避免改革中内部人控制现象？如何规避事转企过程中因不规范，甚至违法操作而产生"成就一批富翁，造就一批下岗职工"现象？如何避免事业人员因转制身价随身份的转变倍增的问题？这些都有待于"内蒙古模式"在进一步的改革和发展过程中解决。"内蒙古模式"在多大程度上解决了事业单位管理体制上的政事、事企和管办分离的问题有待于通过深化改革来验证。

（四）公共服务供给机制问题

为适应市场经济体制和满足社会发展的需求，党和政府在十六大前后提出了公共服务体系建设的伟大构想。事业单位是在计划经济体制下建立和发展起来的公共服务提供机构，是政府承担公共服务职能的主要载体，其主要任务就是承担着整个社会绝大部分公共服务的供给。从事业单位分布的范围看，事业单位的主体主要分布在教育、卫生、科研、文化、农技服务行业中，其中教育、卫生、科研和文化是规模最大的四个行业。因此，事业单位的主要职能就是提供教育、医疗、科研、文娱、体育等公共服务。与传统事业体制相比，公共服务体系的内涵要丰富得多，这一体系是在市场经济体制下进行构建，政府、非政府组织、企业、公民等多元主体将在统一的法律框架内分工合作，共同为社会提供公共服务。虽然一些非政府组织和部分企业已经在参与公共服务的提供，但相对公共项目，企业对赢利多的商业项目更感兴趣，而非政府组织的规模在我国还相当弱小，目前社会需求的绝大多数公共服务还是由政府出资举办的公益性事业单位在提供。

计划经济体制下形成的事业单位机构臃肿、效率低下，已经难以适应中国市场经济发展的需要，也严重制约了经济和社会的协调发展。因此，事业单位改革从宏观方面讲，既是公共服务体制改革的关键内容，也是实现公共服务体制创新，改善公共服务供给的重要途径。从某种程度上讲事业单位体制实际上就是计划体制下建立起来的公共服务体系，因此，事业单位改革的实质就是在市场经济条件下重构公共服务体系。公共服务体系建设为事业单位改革指明了正确的方向，通过分类改革筛选留下的公益性事业单位将按照公共服务体系建设的规划，在全国范围内进行规模、功能、布局的整合，转变成为市场经济体制下的公共服务提供的主要载体和合格主体。

公共服务供给机制创新。公共服务体系建设是我国经济社会结构进行调整的一项长期工程，公共服务体系建设中的财政资金投入是根据国家经济社会发展规划和地区或城乡对公共服务的差异化需求进行分配的。也就是说，公共服务体系在各地区和城乡之间的内容和标准是存在差异的。而我国当前的现实矛盾是城乡之间、地区之间经济社会发展极不平衡，各级各地政府提供公共服务的财政支付能力差距悬殊，广大农村和欠发达地区的公共服务实际提供水平与需求相比存在巨大缺口。这一状况严重制约了我国经济社会的协调发展，也不利于社会的长期稳定。党的十六届五中全会、六中全会和党的十七大都把实现基本公共服务均等化放在了重要的位置。基本公共服务指覆盖全体公民、满足公民对公共资源最低需求的公共服务，涉及义务教育、医疗、住房、治安、社会保障、基础设施、环境保护等方面。内涵包括全体公民享有基本公共服务的机会均等、结果大体相等。因此，在基本公共服务均等化视域下，事业单位改革的方向和内容在城乡和地区之间是有区别的。在经济发达的城市和地区，事业单位提供的公共服务包含基本公共服务，还包含大量可供本地或本城居民通过支付一定费用享受的具有排他性的公共服务。而在广大农村和欠发达地区，事业单位改革的目标指向就是基本公共服务均等化的实现，事业单位的布局调整和人财物资源整合都必须向基本公共服务项目绝对倾斜。基本公共服务属于纯公共品的范畴，属于国民待遇，它提供的是公共服务中最基本的那一部分，是公共服务体系建设的基础条件和初始阶段，同时也是我国建立公共财政体制的突破口。

合理配置各级政府的财权和事权是保证基层政府公共服务供给能力的重要前提。明确各级政府承担的支出责任，配备相应的财力保障。不仅要明确各级政府各自负担的比例，而且要细化到支出项目，对于利益外溢比较多、能够体现公平的价值取向的基本公共服务，以中央和省级政府为主承担；对于地方性公共产品和公共服务，以地方政府为主承担。对义务教育和公共卫生这两项基本公共服务，应由中央、省和县三级政府共同承担，各级政府承担的比例，应视各地经济发展水平而定。在经济贫困地区，应全部由中央与省级政府承担，通常情况下，以省级政府为主；在经济中等发达地区，应由三级政府共同承担，但中央和省级政府应负担 50%以上；在经济发达地区，应由三级政府共同承担，但以县级政府承担为主。

虽然，公共服务体系建设、公共服务供给制改革取得了一定的突破，但是在这一过程中出现了一些偏离改革目标的现象，这也是新一轮改革着力解决的难点所在。

第一，财权事权不匹配，基层公共服务供给不足。中央和地方政府之间职责不专，事权不明，存在“职责同构”现象。每级政府都管理大体上相同的事情，却又没有明确各自具体负担哪些项目，负担多少。财政支出责任下移，政府对基本公共服务的供给不足。以公共卫生为例，据统计，国家拨款的 68%用于医疗，只有 22.7%用于公共卫生项目。卫生部 1998 年国家卫生服务调查的统计数据显示，国家对卫生防疫部门和妇幼保健机构的财政拨款不足计划的 50%。从支出结构上看，中央政府仅占卫生预算支出的 2%，其他均为地方政府支出，而在地方政府支出中县乡两级支出了卫生预算的 55%～60%。基层地方政府成为公共卫生的支出主体。

第二，公共资源投入不足与浪费并存，资源配置不合理。大量优质的教育、医疗卫生资源集中在城市，而农村却缺乏教育与医疗服务的基础条件。大城市医院拥有先进的医疗设备，高学历、高水平的医护人员，县以下公共卫生机构特别是农村卫生医疗机构却缺乏基本的医疗设备，医护人员的素质较低，而且还存在着流失的现象。许多乡村卫生机构特别是贫困地区的乡村卫生机构条件极差，设备简陋老化，基本和必要的医疗条件匮乏。

第三，公共品供给市场化导致了向企业和居民转嫁供公共服务成本的倾向。由于国家财力不足，政府部门通过收费取得资金弥补公共品供给的不足已成为各级政府通用的做法。由于预算外资金和自筹资金缺乏制度的约束和监督，造成公共品生产成本向企业和居民转嫁的结果。政府承担的基本公共服务供给的范围越来越小，居民承受的负担越来越重。以医疗卫生为例，1996—2003 年间，我国卫生总费用共计增长 3726.9 亿元，其中，政府公共卫生仅增长 656 亿元，对总增长贡献率仅为 17.6%，社会卫生支出增长了 944.1 元，贡献率为 25.3%，个人卫生支出增长了 2126.9 亿元，贡献率为 57.1%，可见我国卫生总费用的增长，是通过政府支出降低，社会支出同时减少，个人被迫提高卫生支出来实现的。

第四，"公立偏好"影响着公共部门的决策和个人的选择。长期的计划经济体制形成的"公立偏好"依然影响着公共部门的决策。国家的政策允许并提倡私人资本进入公共品供给领域，但是在某些领域政府没有完全放弃传统的公共品垄断供给的做法。以医疗保险和农村新型合作医疗为例，该制度实行的"定点报销"的制度规定，参保（合）人只能到定点的医疗机构就诊才能得到医疗费的报销，到非定点的医疗机构就诊或者不予报销，或者报销比例很低。但是定点机构的确定往往锁定公立医疗机构，私立医疗机构基本被排除在外，这对医疗卫生服务市场的公平竞争环境造成了很大的破坏，不利于医疗卫生服务效率的提高，也对医疗服务的多元化供给产生了负面影响。

第五，城乡居民享受基本公共服务差距悬殊。城乡二元发展格局导致了城乡事业发展的差距。且不论公共服务的质量和多元化方面的差距，仅看政府对城乡基本公共服务的投入，其差距就极其悬殊。以义务教育为例，2003 年，农村初中生均公用经费只有 307 元，低于初中生均公用经费 550 元的基本需求。2003 年全国农村初中预算内公用经费生均只有 85 元，占初中生均公用经费的比例只有 27.69%。农村小学生均公用经费只有 200 元，低于小学生均公用经费 330 元的基本标准，其中政府拨款部分，全国农村生均只有 61 元，政府拨款占小学生均公用经费的比例只有 30.5%。

（五）社会保障体系问题

由于目前不少事业单位的医疗、养老等社会保障体系尚未完全建立，人事制度改革缺乏社会保障体系的支撑，人员出口不畅，很难真正使“单位人”变成“社会人”，很难形成出口和入口的良性循环，导致人事制度改革往往流于形式。

不同性质单位社会保障制度的“三不同”和不衔接，影响人才流动。人才能够流动的一个必要前提是社会保障制度的完善。而政府、企业、事业单位人员的社会保障制度三不同，三方社保关系不衔接直接影响人才流动。事业单位发展在吸引外来人才时，社保关系如何处理？原来从业于企业或行政单位，因竞聘转到事业单位的人员社保关系如何衔接？诸如文化行业的舞蹈、杂技演员和体育行业的运动员这样的职业生涯具有特殊性的事业单位从业人员，如何在职业生涯基本结束但未到法定退休年龄时通过社保制度的支持摆脱单位“富余人员”的尴尬身份？这些具体问题的解决都迫切需要完善的事业单位社会保障制度。事业单位人员的养老保险制度问题虽然被讨论了很久，但国家目前仍未出台具体的政策。对改革的推进而言，不解决人员“出口”问题，人事制度改革就只能流于形式。对此，乌海市只能暂时建立本市的事业单位养老保险，待国家的政策出台后再予以衔接。

（六）法律法规和政策设计问题

法律法规和政策不健全，在很多方面无法可依，事业单位人事制度改革需要在法制上早日取得新突破。制定人事制度改革方案，不仅要符合政府和事业单位总体改革方案的需要，有利于增强公共服务，而且要以劳动法、工会法为基础性的法律依据。并要与劳动合同法等配套法律法规的基本精神和主要内容保持一致，符合其规范。改革中遇到的诸多问题没有依据，具体执行和操作过程中困难较多。事业单位没有形成一套系统完整的相关法律法规体系，人事管理方面的单项政策规定也不健全。

例如，在2006年3—4月，全国人大常委会公开在全社会征求对《劳动合同法》修改意见。在全国人大常委会法工委行政法室认真整理出来的八方面意见中，名列第一的就是很多群众建议扩大草案的适用范围。有人表示，为保护与国家机关、事业单位、社会团体建立劳动关系的劳动者的合法权益，结束目前聘用制人员“无法可依”的状态。在此之前，近3000万人的事业单位中，“无法可依”的“聘用制”已经进行多年。

作为推动此次事业单位改革的主体——政府而言，虽然将“调整整合事业单位，促进事业单位分类改革”作为此次试点工作的主要内容，但是从制度设计来看，支持试点单位改革的政策似乎只是集中在人员聘用、基本养老保险制度和机构编制管理这三个方面，具体的措施也是原有改革方法的进一步延续和深入，至于对事业单位如何重新分类、对各类事业单位的职能范围的如何重新界定，却仍未涉及。作为涉及面非常广泛的事业单位改革，虽然在改革全面推进之前不可能设计出完善的政策法规体系，但是，对于一些改革前就能够预测到，并必将在改革的全程中影响到改革全局的重大问题，却必须在改革全面推进之前予以充分考虑和严格规制，例如投融资制度，产权制度和事业单位的运行和监督机制。终究这场改革没有成功范例可供借鉴，需要在探索中逐步完善相关政策法规。

（七）财政投入和融资渠道问题

政府投入是事业单位发展的基本保证，在事业单位投融资中，政府投入起着重要的作用，特别是对非营利性事业尤为如此。现阶段内蒙古事业单位经费投入仍主要依靠财政，资本融资、项目融资、融资租赁等融资方式的发展较慢，造成事业单位融资渠道狭窄，多融资渠道尚未形成。准入机制有待完善。社会事业的不少领域，既有意识形态和公共物品属性，又有市场竞争和商品价值属性。这是在社会主义市场经济条件下的一种既有社会效益，又有潜在经济效益的产业。然而，由于部门利益机制和政策方面的原因，社会资本进入社会事业仍然有许多限制。事业单位改革中存在着经营过程中，资产产权关系不明，资产安全、保值意识淡薄，自身缺乏竞争机制，管理成本居高不下等问题。

（八）体制内与体制外双轨制用工问题

用人机制编制管理上体制内与体制外双轨制用工影响人事管理体制改革。为配合事业改革，一方面，从 2004 年开始，内蒙古自治区事业单位堵死了“入口”，即暂时冻结进人，卡死编制，虽可一事一议，但必须经过审批，新聘入事业单位人员不再赋予事业编制的身份；另一方面是改革试点单位在新的改革政策中，仍没有找到期盼已久的解决富余人员的“出口”，在改革后因没有能够胜任的岗位而滞留在各事业单位中的所谓富余人员，视所属单位的不同，领取数额不等的基本生活费。人到哪里去的问题依然是改革的难点。

另外，改革试点单位的一些特殊性需求也没有被政策制定者所关注，如在艺术院团中歌舞演员的艺术生命受生理原因的影响，能够留在舞台上的时间有限，身体条件好一些的舞蹈演员能跳到四十岁，差一些的上了三十岁就跳不动了。这些人员在走下舞台但未到退休年龄这段时间里的安置问题没有相应政策给予，“新人进不来，老人出不去，负担沉重”已经成为阻碍艺术院团发展的“老大难”问题。本次成为内蒙古直属事业单位试点改革单位的内蒙古民族歌舞剧院现有编制数为 410 人，其中专业技术人员占 90%。从人员规模和人员组成结构上看，内蒙古民族歌舞剧院的编制数已经足够，但实际上因为大量歌舞演员已经过了从事舞台表演的黄金年龄，而进行合理的分流又没有相应的政策依据，只能由单位养起来，并占用着有限的编制。迫于无奈，内蒙古歌舞剧院只能自筹资金聘用了90多名编外人员作为补充。

现在内蒙古自治区政府堵住事业单位的“入口”，而各单位为了自身的发展却并未停止吸引人才的步伐，于是这一批体制外从业人员至今身份尴尬，只能支付基本的劳动报酬，而各项基本社会保险则无从谈起，结果只能是这些从业人员支付了部分改革成本。“双堵”仅靠离退休自然减员，短期内可抑制事业单位人员膨胀，但这种“需要的人进不来，富余的人出不去”的尴尬局面，以及这种等待和消极解决问题的方式，实际上带来了人为或政策上的人才断层，势必造成其内部人员结构的不合理，无法从根本上解决问题。因此，事业单位双轨制的用工制度，造成体制内有编制身份的人员与体制外无编制的身份的编外聘用人员权力地位的不平等。

既然事业单位人事制度改革推行“全员聘任”，就应该打破编制的束缚，真正地“按事设岗，按岗聘人”，同时做到“无事无岗，无岗无人”，切忌“因人设岗，有岗无事”。当真正有社会需要时，还应该允许多设岗、多聘人。毕竟，事业单位的工作绝大多数是专业技术服务，而公益性事业单位，如医院、学校、福利机构等，更是一种人对人提供的专业性服务。所以，提供专业服务的人是第一要素。国际上通行的做法是，政府对这些服务机构给予支持，主要体现在人工成本的支持，即政府买服务。政府通过对有关社会服务进行政府采购，非营利机构来投标，中标者按协议保质保量提供专业服务。事业单位改革最终是让其真正在社会上承担独立的法人资格，按其社会职责，根据相关的社会科学规律，以专业技术和价值理念，为社会、大众提供优质的专业服务，迫使“编制”贬值。

（九）岗位设置管理问题

人事制度改革，是内蒙古事业单位改革的一个重点。在这方面的改革主要是落实国家、自治区有关事业单位人事制度改革的政策，核心是全面推行聘用制，实施岗位管理。在这一过程中，内蒙古均有结合自身实际进行大胆探索和尝试的成功典型，同时也产生了许多新的矛盾和问题。例如，按照国家人事部和自治区人事厅的有关规定，事业单位专业技术岗位在盟市及旗县区高中比例偏低，职称聘任压力比较大；专业技术岗位1:3:6岗位设置比例，到了盟市及旗县比例偏低，能够获得高级专业技术职务的人员有限，缺乏对基层专业技术人才的激励，影响基层对优秀人才的吸纳和基层各项社会事业的发展。工勤技能岗位结构比例控制标准偏低，现聘人员大大超出控制数量，还有相当数量的人员无岗可聘；行政和专业技术“双肩挑”人员的管理问题尚需进一步明确；政策性安置（如安排复转军人）和人才引进（如引进高学历人才）等因素所导致的事业单位超编人员的聘用和管理问题更亟待解决。此外，取消学校校长行政级别引出了领导干部身份和待遇问题。鄂尔多斯市公开聘任的中学校长与原来组织部任命的校长谁作为代表出席市或教育局等部门组织的会议存在无章可循的尴尬局面。

实行岗位管理，变因人设岗为因事设岗，是事业单位人事制度改革的前提和基础，是一项科学性、专业性极强的工作，但真正在全局操作起来难度很大，即使在一个具体单位内部要完全实施也非常困难。最近几年的事业单位人事制度改革虽然是以全面推行聘任制作为先导，但对于我国的人事管理体制而言，核心问题在于岗位管理。美国的公共部门人力资源管理体制是在人事管理的基础之上发展起来的，其在人事管理阶段就已经做好了基础的管理工作——职位分析。以职位分析得到的信息为基础，为人员规划、人员培训、绩效管理和薪酬管理等职能提供必要的信息。虽然这种管理模式在当代有所变化，但对于行政类的职位依然很有管理效力。

我国的行政组织和事业单位组织在职位分析这项工作中还有所不足，而职位分析恰恰是进行科学设岗的重要基础依据，会决定岗位管理的成败。如果这项工作没有做好，会对人事制度改革产生整体性的影响，对影响到分配制度、聘用制等相关改革的进一步展开。对于这一点，中央政府已经有了比较明确的认识，人事部副部长王晓初在中组部、人事部召开的事业单位岗位设置管理工作座谈会中指出："在事业单位实施岗位设置管理，建立岗位管理制度，是事业单位人事制度改革的重要举措和创新，是由身份管理向岗位管理迈出的重要一步，对建立符合社会主义市场经济体制要求和事业单位特点、充满生机与活力的事业单位人事管理制度，具有非常重要的意义。"（《中组部、人事部召开座谈会提出加快事业单位岗位设置管理实施工作》）王晓初副部长的这些观点恰好说明了事业单位人事体制改革中对于岗位管理重要性的说明，同时在会上提出的关于岗位管理的六个坚持，即"坚持重在确立事业单位岗位管理基本制度，坚持与收入分配制度改革相配套，坚持与现行政策规定相衔接，坚持统一规范与分级分类管理相结合，坚持因事设岗与尊重人才成长规律相结合，坚持政府宏观管理与落实事业单位自主权相结合。"这些方面充分说明了岗位管理在整个人事管理体制中的基础性作用及其与其他人事管理职能的相关关系。

我们在调研中发现，虽然事业单位中集聚了大量的从业人员，但是人员结构不合理致使事业单位效率低下。首先，是年龄结构不合理，比如内蒙古高等院校中，专业教师，年轻的多；行政干部，年老的多。尤其是近几年，很多高校为了满足扩招和教育部的评估指标中对教师学历的要求，大量引进新毕业大学生，导致教师数量和学历结构表面上看很合理，可是年龄结构却不合理，学科梯队建设难。其次，是冗余人员减不掉，编制空不出来。事业单位中存在大量的非专业技术人员，存在不少闲人和素质不高、能力不够的人员。造成这种情况的因素有很多种，如改革开放后一些因相关国家或地方政策（落实知识分子政策人员的子女、复转军人、占地工等）进入事业单位的人员，占用了大量编制，出现"需要的人进不来，富余的人不出去"的尴尬局面，致使事业单位的人员结构不合理，从业人员素质低下，直接影响到事业的发展。

（十）内部评价体系和社会化人才评价体系问题

我国事业单位改革后人员将分为工勤人员、行政人员和专业技术人员。职位分析对这三方面人员都会产生影响。对专业技术人员的管理更为重要的是对他们的专业技术能力进行管理。如何确定单位内部不同工种人员的评价指标，如何科学评价不同人员的工作业绩，怎样实施考评，都是当前亟待解决的问题。而这些方面的问题同样会成为科学设岗、进行岗位管理的重要条件。但目前的问题是我国的公共部门缺乏合理的内部评价体系和社会化人才评价体系，原有的评价体系在与社会和市场的评价体系中存在很大的不一致与不协调。这一部分是由于组织性质和工作性质的差异导致的，但建立或完善对人才的评价体系已经变成了事业单位内部管理的一个不可忽视的方面，尤其是对于专业技术人员的评价体系。因为专业技术人员与其他人员不同，在设岗时要更多考量其学识、能力等方面，走的是有别于行政人员的另一条职业通道，其所处的职位对其的作用相对会小一些。而其所占的比例会使这一问题凸现出来。

第二章　内蒙古高等教育事业单位改革

第一节　改革的背景与历程

一、改革的背景

（一）我国高等教育管理体制改革的背景和历程

1. 我国高等教育管理体制改革的背景

当前，我国教育呈现鲜明的阶段性特征。最基本的阶段性特征，就是进入了从人力资源大国向人力资源强国转变的新阶段，进入了全面提高教育质量的新阶段。教育发展到一个新阶段，就必然面临新的问题，高等教育事业单位作为事业单位的一个重要组成部分，加快其改革任重道远。我们要以党的十七大精神为指导，进行深入细致地调查研究，积极探索改革发展的新思路。

2. 我国高等教育管理体制改革的必要性

我国高等教育事业发展中存在着突出的问题：在政府与学校的关系上，政事合一，政事不分的现象普遍存在，地方管理、指导高等教育的权限亟待扩充；在事业发展上，有些部门和地区出现了片面追求数量，盲目追求高层次，学校及专业重复等现象；在高校合并、撤销过程中，盲目追求大而全，不考虑特殊专业的客观规律，造成结构性浪费；国家对高等教育的宏观规划、指导与调控缺乏应有的前瞻性和施行力度，导致教育质量受到影响；高校自主权有待进一步扩大，高校主动适应社会发展的能力有待进一步提升。特别是我国高等教育原有的条块分割的管理体制，不仅与社会主义市场经济体制下对人才的培养和使用的基本趋势不相适应，与政府机构改革、职能转变以及企事业单位管理体制改革不相适应，而且对于现有教育资源不能合理配置和充分利用，导致资源浪费现象严重。因此，进行高等教育管理体制改革势在必行。

（1）高等教育管理体制要适应社会主义市场经济体制的需要。在社会主义市场经济体制下，经济发展在国家宏观调控下主要按区域进行规划和组织，相应的人才培养也应在国家宏观调控下以区域为主进行规划和培养，同时兼顾部门和行业的需要。因此，必须改革高教管理体制、调整学校培养人才的方向，更好地为区域经济发展服务。

（2）高等教育管理体制要适应经济增长方式从粗放型向集约型转变，必须更加注重提高质量、效益和优化结构。在原有的高教管理体制下，高等教育结构和布局不合理，在低水平上重复设置高校和专业，单科性学校过多，学科上缺乏文理交叉、理工渗透的学术优势等，难以提高质量和效益。没有优势学科就没有重点大学。因此，必须通过改革高教管理体制，优化高教结构和布局，调整高校和专业的设置，增强学科优势，改革人才培养模式，才能有利于提高办学水平和效益。

（3）高等教育管理体制要适应高教自身发展规律和当今世界高教改革的趋势。原有的高教管理体制束缚了中央部门所属高校面向社会自主办学和参与地区经济建设，妨碍着这些高校社会职能的充分发挥，也不利于教学和人才培养模式的改革。

总之，进一步推进高教管理体制改革，是高教适应经济体制和经济增长方式两个根本性转变的需要，是实现江泽民总书记提出的两个“全面”（教育要全面适应现代化建设对各类人才培养的需要；要全面提高办学的质量和效益）的要求的需要，也是高教自身改革和发展的迫切需要。此外，高等教育管理体制改革也是国际潮流，是大势所趋，是高等教育与国际接轨的客观要求。

3. 我国高等教育管理体制改革的发展历程

回顾事业单位管理体制改革的发展历程，我国的高等教育管理体制改革也经历了一个过程，具有明显的阶段性特征：

（1）1985—1992 年，尝试改革阶段。以中共中央发布《关于教育体制改革的决定》（1985）为标志，我国高等教育开始进入尝试改革时期。1985 年中国推进的教育体制改革开启了高校改革的新征程。当时在《决定》中提出了“坚决实行简政放权，扩大学校的办学自主权；调整教育结构，相应地改革劳动人事制度”等要求。强调要扩大高校办学自主权，要改变中央管得太多、统得太死的局面，要调动各级政府的办学积极性，实行中央、省（自治区、直辖市）、中心城市三级办学的体制等。

（2）1993—1997 年，正式和发展阶段。这一阶段的标志性文件是中共中央和国务院颁布于 1993 年的《中国教育改革和发展纲要》。《纲要》在谈到中央与地方的关系时指出，要进一步确立中央与省（自治区、直辖市）分级管理、分级负责的教育管理体制，在中央大政方针和宏观规划指导下，把地方举办的高等教育的领导和管理、责任和权力都交给省级政府。因此，根据这一精神，中央要进一步简政放权，扩大省（自治区、直辖市）的教育决策权和包括中央部门所属学校的统筹权，以及决定地方高等学校招生规模和专业设置等的自主权。

1994 年 12 月，在上海召开了全国高教体制改革座谈会，其后，高教体制改革迈出了较大的步伐，取得了显著成绩。各个高校在办学体制、管理体制、投资、招生缴费和毕业生就业制度、学校内部管理制度等方面的改革，都取得了不同程度的进展。在办学体制改革方面，以公办高校为主，民办高校、民办公助、与境外合作办学为辅的办学格局正在形成；在投资体制改革方面，逐步改变了单一的依靠财政拨款的体制，多渠道筹措资金的路子越走越宽；在招生收费和毕业生就业制度改革方面，招生并轨工作加速推进；在高校内部管理体制方面，改革进一步深化，学校主动适应社会需要的能力有所增强，学校自我发展、自我约束的机制逐步形成（《深化高等教育体制改革进一步提高教学质量和办学效益》李岚清副总理在高等教育管理体制改革工作座谈会上的讲话，1996 年 8 月 5 日《进一步推动高等教育管理体制改革》，高等教育出版社 1997 年 5 月）。

1996 年 8 月，国家教委又在北戴河召开了高教管理体制改革工作座谈会。会议交流了上海会议后高教管理体制改革的新情况和新经验，研究了在改革过程中存在的困难和问题，讨论了进一步推动高教管理体制改革和扎实深入开展的相应措施。进一步明确了我国高教管理体制改革的指导思想、目标及实现目标的途径和措施，对深入贯彻落实《中国教育改革和发展纲要》精神，加快高教管理体制改革，实现 90 年代高教改革和发展的战略目标，以新的姿态迈入 21 世纪，起到了十分重要的作用。

（3）20 世纪 90 年代后期，改革深化阶段。1998 年以来，我国高等教育迎来了跨越式的发展，一方面由于教育管理体制的改革，使得一批高校通过调整、共建、合并等方式形成了综合性大学的基本构架；原行业高校通过划转，全国高校实现了中央和地方两级管理体制。另一方面由于连续几年的扩招和办学条件的迅速改善，我国高等教育的办学规模实现了跨越式发展。此外，大批民办学校和独立学院的涌现，使我国高等教育的办学体制出现了新的成分。而这一时期的高等教育改革也进入了一个深化阶段，其标志性法规文件是 1998 年全国人大常委会通过的《高等教育法》和 1999 年国务院批转教育部颁发的《面向 21 世纪教育振兴行动计划》。前者已达到法律的高度，只是其规定笼统，没有具体规定权力的归属。而后者则提出，要加快高等教育改革步伐和深化高等教育改革，以及要继续实行“共建、调整、合作、合并”的八字方针，并提出此后 3～5 年的基本目标和任务是基本形成中央和省级政府两级管理、分工负责，在国家宏观政策指导下，以省级政府统筹为主的条块有机结合的新体制，以及提出了除少数关系国家发展全局和行业性很强、需由国家有关部门直接管理的高等学校外，其他绝大多数高校由省级政府管理或者以地方为主与国家共建。

管理体制改革是高教体制改革的主要内容，也是重点和难点。高教管理体制改革的基本思路和五种有效的探索途径和机制得到了普遍的认同。

4. 我国高等教育管理体制改革的方向、特征及成效

（1）方向。

1985 年的《中共中央关于教育体制改革的决定》、1993 年的《中国教育改革和发展纲要》等教育文件中对高等教育改革的方向都作出了明确规定，即：改革单一的办学体制，扩大高校的办学自主权。而目标则是建立中央和省级人民政府两级管理、分

工负责，以省、自治区、直辖市人民政府统筹管理为主，条块有机结合的新体制。高教管理体制改革的总目标是争取到 2000 年或稍长一点的时间，基本形成举办者、管理者和办学者职责分明，以财政拨款为主、多渠道经费投入，中央和省、自治区、直辖市人民政府统筹为主，条块有机结合的体制框架。

（2）特征。

改革总体上呈现出灵活、多样、竞争的特征。

（3）成效。

① 高等教育管理体制实现了深刻的变革，建立了中央和省级政府两级管理，以省级政府管理为主的高等教育管理的新体制。

② 大改革促进了我国高等教育的大发展。中国的高等教育在改革中发展，在制度创新中进步，高等教育办学规模不断扩大，办学水平不断提高。

③ 教育体制在深化改革中进一步完善，依法治教向深层次推进。

④ 以高水平大学和重点学科建设为龙头，带动高校办学质量和学术水平不断提高，教育服务能力明显提升。

（4）不足。

改革存在的主要不足体现为改革尚不够彻底，许多地方出现问题反弹现象。可见，把握改革的方向，巩固改革的成果，将改革不断推向深入，尤其是使得教育管理体制不断完善和成熟，仍然是一项长期、艰巨而复杂的任务和工作。深化高等教育管理体制改革，我们还有很长的一段路要走，还有很多的工作要做。

（二）内蒙古自治区高等教育管理体制改革背景

1. 内蒙古自治区高等教育发展现状

近年来，伴随着经济的发展，我区的高等教育也取得了突飞猛进的发展。2005 年，我区教育改革和发展积极推进。年末全区共有普通高等学校 33 所，比上年增加 2 所；全年招收学生 7.09 万人，比上年增长 1.1%；年末在校学生 23.09 万人，比上年末增长 16.2%，其中，少数民族在校学生 6.29 万人，在少数民族在校学生中有蒙古族 5.23 万人，分别增长 18.2%和 14.7%；全年毕业学生 3.95 万人，增长 27%。年末全区有研究生培养单位 8 个，全年招收研究生 2965 人，比上年增长 23.4%；年末在校研究生 7110 人，比上年末增长 33%，其中，少数民族在校研究生 2366 人，在少数民族在校学生中有蒙古族研究生 2130 人，分别增长 34.4%和 32.9%。

2. 内蒙古自治区高等教育管理体制改革的原因

作为事业单位的重要组成部分，我区高校也普遍存在着一系列弊端，严重制约和阻碍了高等教育的发展。因此，我区的高等教育管理体制改革势在必行，迫在眉睫。

必须通过改革高教管理体制，优化高教结构和布局，调整高校和专业的设置，增强学科优势，改革人才培养模式，才能提高办学水平和办学效益，加强学校面向社会自主办学的权力和能力，积极为社区经济和社会发展服务。

二、内蒙古高等教育管理体制改革的发展历程

（一）改革的发展历程

与内蒙古自治区事业单位改革的整体同步，高等教育管理体制的改革也经历了三个阶段，每个阶段都有显著的特征。其中，2005 年为试点阶段，内蒙古工业大学和内蒙古商贸职业学院作为教育系统的试点院校首先开始改革（由自治区教育厅负责研究制定进一步深化改革的方案，并组织实施。其改革是从第一方面的改革内容入手，即改革财政补助、编制和进人管理方式，提高事业单位自主改革发展和自我约束的能力）。2006 年为扩大试点，逐步全面推开阶段，区内 18 所院校全部定为试点单位。根据自治区直属事业单位改革试点工作领导小组《关于自治区直属高等院校（高等职院）、医院、演出团体全部进行改革试点的通知》（内事改字[2006]02 号）的精神，为顺利推进自治区直属高等院校的改革试点工作，经自治区事业单位改革领导小组办公室（编办）同意，内蒙古自治区教育厅下达文件《关于自治区高等院校机构编制等改革有关问题的通知》（内教人字[2006]4 号），将改革试点高校扩大到除工业大学、商贸职业学院以外的所有自治区直属高等院校。这意味着自治区直属 20 所高校，已经全部列入改革试点单位。2007 年则为（试点结束，全面总结）深入阶段，各盟市高校也纷纷进入改革阶段。

（二）改革的指导思想、原则和目标

（1）指导思想：以科学发展观为指导，贯彻落实自治区直属事业单位改革试点工作的有关精神，坚持政事分开、事企分开、宏观控制、微观搞活的发展方向，以合理配置高等学校教育资源、优化结构、全面提高教育质量和办学效益为核心，努力建设符合高等学校自身发展规律，充满生机与活力的高等学校管理体制和运行机制。

（2）原则：坚持依法管理和依法办学，坚持有利于高等学校教育资源的优化配置，有利于提高教学水平、科研水平、管理水平和办学效益，有利于调动学校的办学积极性，改善师生员工的学习、工作和生活条件，坚持区别情况，实行老人老办法和新人新办法，坚持维护学校的权益和社会的稳定。

（3）目标：通过规范政府和高等学校的职责权限，理顺政事关系；重点下放管理权限，落实高等学校办学自主权，为高等教育的改革和发展创造良好的社会环境；进一步健全高等学校内部竞争机制和激励机制，转换人事管理运行机制，搞活用人制度

和分配制度，完善养老保险制度，促进高等学校自我发展、自我约束、服务社会机制的形成；进一步增强高等教育为经济社会服务的思想，逐步建立规模、质量、结构、效益相协调，学科专业设置与经济社会发展相适应，具有鲜明办学特色和较高人才培养能力的高等教育。

第二节　改革的成效

一、调整整合促进高等教育分类改革的成效

早在 2005 年之前，改革试点工作尚未开始，我区一些高校就针对条块分割的状况，进行了合并工作。例如：内蒙古大学合并了内蒙古艺术学院、内蒙古交通学校、内蒙古农业学校；内蒙古师范大学合并了内蒙古教育学院；内蒙古财经学院合并了内蒙古经济管理干部学院；包头钢铁学院、包头师范学院、包头医学院三所院校合并为内蒙古科技大学；内蒙古民族师范学院、内蒙古蒙医学院、哲盟畜牧学院合并成为内蒙古民族大学；内蒙古林学院与内蒙古农牧学院合并为内蒙古农业大学。2005 年开始的事业单位改革试点工作中，也对自治区部门所属高、中等职业院校布局结构进行了调整。按照自治区党委办公厅《关于自治区部门所属高、中等职业院校布局结构调整的意见》，由教育厅牵头，财政、编制等部门密切配合，克服布局结构调整工作涉及面广、政策性强、难度较大等各种困难，较圆满完成了厅发[2006]9 号文件规定的各项工作任务。

本次部门所属高、中等职业院校布局结构调整工作，按照非职能部门不再办学的原则，8 所职业院校（内蒙古外贸学校因条件不成熟暂未划转）相应划转到 5 个盟市；按照整合教育资源、做大做强职业学校的原则，6 所职业院校整合到自治区 4 所高等院校（如内蒙古财经学院于 2006 年合并了内蒙古财税职业学院和原内蒙古工商学校，并入后分别成立内蒙古财经学院职业学院和内蒙古财经学院赛罕校区）；按照鼓励行业、企业继续举办职业教育的原则，保留了内蒙古电力（集团）有限责任公司举办的内蒙古电力学校，继续由企业举办；按照推进成人（干部）学校转变办学性质的原则，一所干校已经完成更名为本系统的培训中心，为完成转变办学性质迈出了必要的一步；为提高办学质量，3 所特殊行业职业院校实行了原主管部门与自治区教育部门共建共管的管理体制。

高校的调整整合，逐步建立起与全区经济社会相适应的高教结构，教育资源得到优化和较充分的利用。提高了办学规模效益、教育质量和办学水平，使高校更自觉地为地方经济社会发展服务。通过共建等多种方式办学，很多高校提高了科研水平。共建的效果，已远远超过学校获得中央和地方政府增加几千万元投入所带来的好处，它

使高校更自觉地服从和服务于地方经济建设，积极探索和培育与地方经济发展共存共荣的结合点和生长点，形成教育必须为社会主义现代化建设服务，社会主义现代化建设必须依靠教育这样一种教育与经济社会发展互相依存的机制。

内蒙古财经学院是高校调整整合中成功的典型，为今后高校合并工作提供了思路和经验。该院始建于1960年，是内蒙古自治区唯一一所独立设置的以本科教育为主的全日制普通高等财经类院校。2000年与原内蒙古经济管理干部学院合并组建成新的内蒙古财经学院。合并后，学院办学规模扩大，办学层次逐步提高，实力显著增强，并于2005年取得硕士学位授予权。2006年，原内蒙古财税职业学院和原内蒙古工商学校并入内蒙古财经学院（分别成立内蒙古财经学院职业学院和内蒙古财经学院赛罕校区），这使得学院的整体办学实力又上了一个新台阶，同年，以良好的成绩顺利通过国家教育部本科教学工作水平评估。学院现设有12个二级学院，4个直属系，1个直属教学部，7个科研教辅机构。有41个本科专业（含7个蒙语授课专业）和17个高职高专专业，5个硕士学位授权点，5个中外合作办学专业。有5个自治区重点学科，2个自治区重点培育学科，1个国家级高等学校特色专业点，8个自治区品牌专业，14门自治区精品课程。目前，学院有全日制硕士研究生、普通本专科生14000多人，教职工1343人，其中专任教师755人。具有硕士学位的专任教师398人，具有博士学位的专任教师80人，具有硕士以上学位的教师占专任教师的比例达到51.9%，具有高级职称的教师324人，占专任教师的43%。另外，先后聘请外籍专家41名。学院有自治区突出贡献中青年专家8名，享受政府特殊津贴6名，自治区“新世纪321人才工程”一、二层次人选10名，自治区高等教育人才培养“111”工程人选5名，师资学历层次和水平显著提高。近5年来，全院共承担各级各类科学研究项目356项，教育教学研究课题106项，出版学术专著60部、教科书20余部，发表论文2288篇，获得国家和省部级优秀科研成果奖励81项。此外，学院建筑面积，图书馆藏书，教学科研仪器设备总值也有了很大的提高。在“十一五”期间要把学院建设成为一所以经济学和管理学为主，法学、文学、理学、工学等多学科协调发展，经济学和管理学两大主干学科居于自治区领先水平，具有民族和地区特色的多学科教学型财经大学。

显然，内蒙古财经学院实行的合并，实现了真正意义上的实质性合并，资源得到优化和合理充分利用，内部机构、人员得到合理的安置和组合，促进了教学、科研等方方面面的发展。

在盟市，对赤峰农牧学校、内蒙古纺织工业学校等中专和技工学校的整合，抓住了国家大力发展职业技术教育的先机，实现了强强联合、强弱联合、优势互补、资源共享，同时也极大地提升了赤峰职业技术教育的层次，为培养更多合格的的职业技术人才奠定了基础。通过对赤峰农牧学校、内蒙古纺织工业学校的重组和同步进行财政补助方式、内部人事制度等配套改革，解决了全市职业技术教育小而全的分散办学局面，减少了资源浪费，扩大了办学规模，强化了优势专业，提升了办学的综合竞争能力。内蒙古纺织工业学校的整合工作，得到国家教育部职教司的肯定，已经跻身于全国 2000 个职业教育实训基地的行列，国家已经投入 440 万元用于纺校的数控机床项目和实训基地的基础建设，2006 年被列入全国 200 所示范性职业技术教育学校，国家还将有更大的支持和投入。

二、生均定额补助方式改革的成效

财政补助方式改革是事业单位改革的一项重要内容，对整个改革的发展具有重要意义。1980 年，我国财政体制由中央“统收统支”，即中央政府统一管理国家全部财政收入与支出、统一核算的中央财政体制，改为“划分收支，分级包干”，即中央与地方分级管理财政收入与支出的财政体制，并在 1985 年和 1988 年进行了两次调整。新体制明确划分中央与地方财政的收支范围，并有选择地把一部分发展社会事业的权利和责任交给地方政府，实行由地方负责、分级管理的原则。从教育来看，1985 年，《中共中央关于教育体制改革的决定》提出高等教育除中央一级院校仍由中央政府负责外，地方高等院校的管理权利和责任全部交给地方政府来办。这样地方政府就可以根据本地区社会经济发展调整本地区的教育结构，调动地方办学的积极性。

（一）内蒙古自治区财政补助方式改革基本情况

财政补助方式改革作为事业单位改革的重要内容，于 2005 年在内蒙古工业大学、内蒙古商贸职业技术学院启动试点，之后在区直高等院校全面推开。

这次改革的具体做法是在调整布局、改善结构、优化配置的基础上，实行“核定基数，固定比例增长”的财政补助政策，即以某年度经费预算或决算为基数，核定财政补助基数。基数确定后一定三年不变。根据事业单位发展的需要、自治区财力和单位创收情况，核定以后年度定额补助的增减幅度或定项、定额补助方法。财政供给与人员编制脱钩，不再按编制、实有人员、新增人员、工资水平核拨经费。离退休人员经费按单列核拨。财政供给制度改革后，单位在财务管理、工资分配、编制管理、人员聘用、履行职责等方面建立起内部监督和自我约束机制，自治区组织、人事、编制、财政等部门制定了相关办法进行监督。

（二）内蒙古自治区高校财政补助方式基本情况

1. 自治区财政教育事业费用支出情况

改革开放以来，自治区教科文卫事业费用支出总体呈上升趋势，尤其是进入 21 世纪后，伴随着自治区财政收入连年大幅增收，政府对各项社会事业的投入也逐年增加，但各项社会事业支出的总额占地方财政支出的比重却并没有相应上升，教育亦不例外。从部门结构看，教育事业财政供养人数为 408600 人，占财政供给总人数的 59.18%，而财政支出在最近几年却仅仅徘徊在 10%左右。因此，提高教育费用支出，成为一项非常紧迫和重要的任务。

2. 高校财政补助方式基本情况

过去，自治区财政对高等学校预算核定方式主要是以编制内教职工、离退休人员和计划在校生人数为依据，根据国家以及自治区规定的人员标准和助学金标准安排人员经费和学生助学金，同时，按计划在校生人数及相应标准安排学校公用经费。随着高校各项改革的逐步推进，过去的财政补助方式已不适应形势发展的要求。例如，财政按高校编制和实有人数核定经费，高校为了扩大规模争取投入，竞相争取增加新编制，增加人员，这样客观上形成了鼓励进人的局面。近年来，尽管财政对高等教育投入的事业经费有较大增长，但由于我区高校师生比例高于全国平均水平，所以增加的事业经费大部分被人头吃掉，总支出中用于事业发展的经费比例不断下降。随着高校改革的不断深入，现行的财政拨款方式已经严重制约着高校的发展。为了调动高校自主办学的积极性，优化办学资源，提高办学效益，高等教育拨款制度改革势在必行。

以作为改革试点单位的内蒙古工业大学为例，该校现有编制 1802 人，2004 年在职人员 1409 人，离退休人员 622 人。2004 年该校标准学生数为 15886 人，2005 年为 18785 人。具体测算及生均定额情况见下表：

项目＼时间		2003 年	2004 年	2005 年	2004 年比 2003 年增长%	2005 年比 2004 年增长%
当量学生数	内蒙古工业大学	12645	15886	18785	25.6	18.2
	区直属高校	84381	105004	118597	24.4	12.9

项目＼时间		2003 年	2004 年	2005 年	2004 年比 2003 年增长%	2005 年比 2004 年增长%
财政拨款	内蒙古工业大学	3975.1	5103.3	5613.7	28.4	10.0
	区直属高校	34880.8	41673.9	43232.8	19.5	4.7
生均财政拨款	内蒙古工业大学	3144	3212	2988	2.1	-7.1
	区直属高校	4133	3968	3645	-4.0	-8.2

注：

① 标准学生数折算：1 个博士生=3 个本科生，1 个硕士生=2 个本科生，1 个专科生=0.9 个本科生，1 个中专生=0.6 个本科生。

② 支出数不包括离退休支出、学生医疗费、医疗保险等社会保障支出。

③ 财政拨款数不包括离退休等社会保障经费、基建经费、大型设备购置等专项

经费拨款。

④ 本表区直高校为11所院校。

从上表测算分析可以看出，由于近年来全区高校招生规模增长很快，尽管同期财政教育经费拨款有所增长，但按生均计算，无论是内蒙古工业大学还是区直各高校生均定额均有不同程度的下降。

而另外一所试点高校内蒙古商贸职业学院的情况是，现有编制 529 人，2004 年在职人员 316 人，离退休人员 162 人。2004 年自治区财政补助该校 1390.5 万元。2005 年该校在校生人数专科 1743 人、中专 1638 人，折合标准学生数为 2552 人。

（三）改革内容

改革后，自治区财政对内蒙古工业大学和内蒙古商贸职业学院以及其他高校的财政补助实行按学生生均综合定额办法核拨经费（依据：《内蒙古自治区人民政办公厅关于印发内蒙古工业大学等六家区直改革试点事业单位财政拨款方式改革方案的通知》内政办字[2005]164 号，《内蒙古工业大学财政补助方式改革方案》、《内蒙古商贸职业学院财政补助方式改革方案》)。

1. 财政补助方式改革考虑的主要因素

其一是学生人数。安排年度预算时按照自治区发展和改革委员会批准的年度在校生人数计算。鼓励学校按自治区人民政府批复的在校生总规模全额招生，实现规模办学效益。其二是高校事业收入。在财政补助额一定的情况下，事业收入是高校办学经费的另一重要来源。要采取措施，鼓励各学校按国家和自治区的有关政策足额收取学费。其三是财力水平和事业发展需要。财政预算安排，既要考虑本地财力状况，又要兼顾事业发展的需要。同时，还要考虑高校的发展规模、管理水平、学生就业状况等因素。

2. 财政补助方式改革的基数核定标准和办法

参加财政补助方式改革的事业单位的财政制度费用包括三个部分：拨款基数、定向补助（补贴）、离退休人员单列核拨经费。

一是生均综合定额，对区直高职院校先后推行了生均综合定额补助改革。按国家教育部规定的标准生折算标准，将各类学生数折算成标准生。按照每个标准生每年度 3600 元的基数对各学校进行财政定额补助。在此基础上，结合民族类学校、工科和文科类学校的不同要求，适当调整了补助标准。比如，民族类学校定额已达到了 4000 元；内大、医学院在生均拨款的基础上实现了补差优惠政策。二是财政补助经费，以当年生均综合定额乘以本年度标准学生人数确定。三是财政补助方式，一定 3 年不变。

例如，从 2005 年起，内蒙古工业大学的标准由过去的 2988 元/生•年，提高到

3500 元/生·年，达到区直同类高校（8 所）2005 年的平均水平。在此基础上，每年增加 100 元/生·年。内蒙古商贸职业学院生均定额也按 3500 元/生·年核定、增加。据此测算，2005 年该院学生按 2552 人计算，所需补助为 893.2 万元，本年度预算已安排 1095 万元，需调减财政补助 201.8 万元。为支持该院改革，2005 年实际补助确定为 1095 万元。

按上述生均定额核定预算，有以下好处：一是有利于鼓励学校扩大规模、加快发展；二是教育投入与自治区财力增长相适应；三是有利于高校控制人员增长；四是有利于学校加强管理，提高理财的积极性。

（四）改革成效

通过财政补助方式改革，参加改革试点的高等院校（高等职院）的财政拨款数由 2006 年的 76244.9 万元增至 2007 年的 92599.4 万元，纯增 16354.5 万元。因此，“核定基数，固定比例增长”的财政补助政策，拓宽了高校财政来源的途径，在一定程度上弥补了长期以来我区教育事业单位经费不足的缺憾。作为准公益事业的高等教育，其财政补助方式的改革，改变过去的综合定额拨款的方式，采取了生均拨款加专项补助的方式，将拨款与学生人数紧密结合起来，改变了过去各个高校盲目进人的弊端。财政补助方式的政策无形中也起到了精简教师队伍，提高工作效率的作用，同时也对各个高校起到了一定的激励作用，有利于调动高校自主办学的积极性，有利于优化办学、提高办学效益。

政府财政供给与人员编制脱钩，不再按人员编制、实有人员、工资水平核拨经费，这是对传统经费划拨形式的重大改革。它的意义在于开始走出政府花钱养人的误区，而是把着眼点放在发展社会事业上，这实质上是转变政府举办社会事业方式的一种有益尝试。

另外，通过推行政府财政补助方式改革，进一步分清了政府与高校各自的权利和责任，充分调动了高校改革发展和自我约束的积极性，促进了高校自主改革发展、自我约束机制的形成。而重新调整责、权、利关系，一直是我国教育事业单位改革的核心问题。

三、机构编制核准备案改革的成效

根据改革文件精神，凡列入政府财政补助方式改革的单位，扩大用人自主权，内设机构、人员编制实行核准备案管理。单位按照中央和自治区颁发的定编标准和有关规定提出人员编制、内设机构意见，报机构编制部门核准备案。编制的约束作用在于编内新进人员实行聘用制，参加事业单位养老保险；编外进人实行劳动合同制，参加企业养老保险。

（一）机构编制核准备案的政策依据和内容

为做好机构编制核准备案工作，专门拟制出台了《自治区直属事业单位机构编制核准备案及新进人员列编注册管理暂行办法》（内机编发[2005]27 号）。核准备案的内容包括内设机构、人员编制、人员机构、内设机构领导职数。

（二）机构编制核准备案的办法及标准

1. 编制核定办法

以总量控制、微观放权、规范合理、精简高效为原则。大中专院校的编制数在全国未下发新的定编标准之前，将学生人数按国家教育部规定的标准折算成标准生后，结合各学校类别和规模按以下办法测算：工科、农科、文科、综合、师范、民族类院校专任教师编制按生师比 14:1～17:1 配备，医学、体育、艺术类院校专任教师编制按生师比 9:1～10:1 配备；专职科研人员编制根据科研项目的需要配备，一般不得超过 30 名；教学辅助人员编制按专任教师与科研人员之和的 20%～25%配备；党政管理人员编制按专任教师与科研人员之和的 15%～20%配备；附属人员编制根据实际情况按规定配备；后勤工作社会化，不核定人员编制。

2. 内设机构的设置（核准标准）

党政机构按照专科院校和高等职业技术学院（高职高专）6～10 个，本科院校 12～21 个设置，教学教辅机构根据学科建设的需要设置。

3. 内设机构领导职数配备办法

党政机构按机构与职数比 1:2～1:2.5，教学机构按机构与职数比 1:3～1:5 配备。各高校（高等职院）的内设机构领导由学校自主聘任，实行能上能下，工资待遇随职务变动而变动，任职经历记入个人档案。

（三）实施情况及意义

具体实施中，高校应在编制定额范围内，从学校实际出发，实行固定编制和流动编制相结合，专职教师与兼职教师相结合。

机构编制核准备案工作，充分体现了构建社会主义和谐社会，机构编制资源向关系民生领域倾斜的原则。通过重新核定，高等院校（高等职院）的内设机构由改革前的 496 个增至 567 个，内设机构领导职数由 1466 名增至 1655 名，事业编制由 18496 名增至 20446 名。

机构编制核准备案，采取了编内、编外两种不同的人事管理方式、社保方式，为高校扩大用人自主权，形成自主发展、自我约束的机制奠定了体制基础，使单位用人从单位进人政府埋单转向单位进人考虑支出成本；使单位进关系人转向进有用人，注重进人质量。另外，高校编制的核定，改变了高校编制十几年来受诸多因素制约而无法有效调整的局面，对规范高校机构编制管理、优化高等教育资源配置、改善用人环境、增强办学活力、提升办学水平和提高教育质量发挥了重要作用。

四、学校内部管理体制改革的成效

（一）执行体制和领导体制改革成效

根据《关于高等学校内部管理体制改革的意见》，要进一步完善高校领导管理体制。高校领导管理体制在实行党委领导下的校长负责制的前提下，一般实行校、系二级管理，规模较大的院校，可建立二级学院，实行校、院、系三级管理，院一级作为办学实体。高校对院（系）实行目标管理，下放管理权限，扩大院（系）办学自主权，充分调动院（系）一级在教学、科研工作中的积极性，实现治事用人相结合，责权利相统一。

内蒙古大学、内蒙古工业大学、内蒙古师范大学、内蒙古医学院以及内蒙古财经学院等，均实行了校、院、系三级管理。改革之后，各高校在学校、学院与系三级管理机构之间的关系有了很大改变，学院与系特别是学院这个二级单位的权力扩大，管理（人事、财务）、学术等方面的自主权得到显著提高，极大激发了积极性，提高了办事、办学效率和质量。其中，内蒙古大学经济管理学院是内蒙古大学实行内部管理体制改革的试点单位，探索和尝试新型管理模式，在领导体制以及校、院、系关系上做了很多工作，力度很大，取得初步成效，引起强烈反响。《关于在经济管理学院进行综合改革试点的意见》（内大党发[2007]3 号）明确提出：深化学院管理体制和运行机制改革，进一步理顺校院关系，扩大学院办学自主权，下移管理重心，促进学院实体化，充分发挥学院办学能动性，切实强化学院学科建设与教学科研学术功能，实现民主管理和科学决策。具体包括：① 学院自主设置和调整内部教学科研组织等学术机构，创新管理体制。② 学校每年根据当年财力将包干费用下达学院。③ 学校积极为改革创造良好的制度和政策环境。各职能部门进一步转变职能，将部分管理权限分解下放至学院，积极从过程管理为主向目标管理为主转变。④ 学校能够赋权给学院的就下放到学院。同时，学院的领导体制、决策方式和组织形式实行院务委员会基础上的院长负责制。院务委员会是学院改革、建设与发展中重大事项决策机构，是学校建立“党委领导，校长负责，教授治学”新型管理模式的重要基础，是保证教授依法履行学术职责，建立学院自我发展、自我约束、自我完善机制和实行民主管理、科学决策的必要组织形式。

改革后，院务委员会和院长办公会会议制度化、规范化，学院各部门形成了多层面、全方位的制度体系，学院制度化建设有了明显提升。院系领导团队的共识形成了，更加富有战斗力和建设力，全体教职工工作的指向性和目标性更加明确。这无疑是内蒙古高校管理体制改革的亮点，同时也是今后区内其他高校改革的发展方向和趋势，具有重要的示范意义。

（二）全面推行聘任制的成效

高校人事制度改革的目的在于合理设置教育人力资源、优化高校人员结构、全面提高教育质量和办学效益，为高校的改革与发展提供强有力的组织保证和人才支持。因此，要积极推进事业单位人事制度改革，引入竞争机制，调动各类人才的积极性。

1. 中央及其自治区政策和文件精神

中央政策和精神：2000 年中共中央组织部、人事部、教育部共同印发的《关于深化高等学校人事制度改革的实施意见》和 2002 年 7 月国家人事部《关于在事业单位试行人员聘用制度的意见》这两个政策文本剖析了国家教育行政部门和高等学校在权力规范与限制之间的矛盾和冲突给聘任制实施带来的困境。两个“意见”作为国家教育行政部门对聘任制改革的指导性政策文件，提出要全面推行聘任制，代表了政府对高等学校教师聘任制改革的态度和要求，是目前高等学校实施教师聘任制改革的直接法律依据。

自治区配套政策和文件：《国务院办公厅转发人事部〈关于在事业单位试行人员聘用制度的意见〉的通知》（国办发[2002]35 号）和《内蒙古党委办公厅、政府办公厅关于印发〈内蒙古自治区事业单位人员推行聘用制度实施意见〉的通知》（内党办发[2005]16 号）

2. 自治区高校聘任制情况

我区最早实行聘任制的高校是内蒙古大学，早在 2001 年，他们就已经实行了教师的聘任制度，而这一制度是和定岗定编联系在一起的。其他高校则是在全面实行管理体制改革和人事制度改革之后，作为人事制度改革的一项重要内容开始实施聘任制的。典型者如内蒙古工业大学、内蒙古财经学院、内蒙古科技大学等，都取得了显著的效果。

3. 推行聘任制的成效

高校人事管理体制改革的核心内容是“三定一聘”，即定编、定岗、定职责，实行教师聘用制和全员聘用合同制。另外，还要公开招聘，要面向社会公开招考、择优聘用。实行聘任制，进一步转换高校用人机制，使得高校教师的管理由“身份管理”转向“岗位管理”，行政任用关系向平等协商的聘用关系转变，由国家用人向单位用人转变，由行政管理向依法合同管理转变。截至 2007 年 12 月，参加改革试点的高等（高职）院校、演出团体和医院共 30 家区直单位的人事制度改革试点方案已经全部核准。共有 10 家单位完成或基本完成试点改革任务，有 20 家已经开展了公开招聘人员的工作，共计公开招聘录用工作人员 2167 人。其中，内蒙古大学经济管理学院以“定岗聘人、全员聘用、择优上岗”为宗旨，建立“总量控制、按需设岗、公开招聘、平等竞争、择优聘用、分级流动、岗位管理”的人员聘用制度，实现从身份管理向岗位管理的过渡，成效显著。

新进人员实行公开招聘、凡进必考，改变了原来进人的随意性，把住了进口，体现了用人的公正、公平，在用人制度改革方面迈出了实质性步伐，也为提高高校教师整体素质和水平奠定了基础。而实行全员聘用，更是搞活了用人机制，增强了全体教师的竞争意识。

（三）岗位设置工作成效

1. 我国高等教育事业单位改革岗位设置现状及其意义

实施岗位设置管理制度是人事制度改革的重大改革和创新，是当前教育系统人事制度改革工作的重中之重。根据事业单位岗位设置工作的整体部署，2006 年 7 月，人事部印发《事业单位岗位设置管理试行办法》及实施意见，从 2006 年 4 月起，教育司以教育系统岗位设置管理研究课题为依托，在认真分析教育系统各类人员结构比例和教育特点的基础上，组织有关高校并会同教育部相关司局集中起草了人事部、教育部《关于高等学校岗位设置管理的指导意见》。2007 年 5 月 7 日，两部联合下发了《高等学校、义务教育学校、中等职业学校等教育事业单位岗位设置管理的三个指导意见》（国人部发[2007]59 号）。

按照人事部部署，事业单位岗位设置工作 2007 年在全国全面推开。这是一项政策性很强的工作，也是难点热点。岗位设置是人事制度改革的基础性工作，是深化收入分配制度改革的迫切要求，被视为人事制度的重大改革和创新。

2. 内蒙古自治区高校岗位设置情况

早在 2001 年，我区的唯一一所国家重点大学，“211”工程学校——内蒙古大学就已经实施了岗位管理。至今已经历时八年，方案几经调整，这期间，既有成功的经验，也有失败的教训。对其他高校具有很强的借鉴意义。试点工作开始后，实施岗位管理成为我区高校人事制度改革的一项重要内容。按需设岗，明确各级各类岗位职责、任职条件，淡化身份，强化岗位管理，各高校由“身份管理”转向“岗位管理”。

据内蒙古大学 2007 年 11 月 9 日《关于 2008 年专业技术岗位聘任办法的通知》（内大发[2007]82 号）精神，为深化学校人事分配制度改革，进一步转换用人机制，做好

2008 年校本部专业技术岗位聘任工作，学校结合《内蒙古大学学科建设和师资队伍建设规划》的实施和 2001 年以来专业技术岗位聘任与管理工作的经验，制定了《内蒙古大学 2008 年专业技术岗位聘任办法》。具体内容如下：依据自治区机构编制委员会核准的学校人员编制，学校对各单位专业技术岗位实行总量控制和动态管理。学校依据各单位所承担的本科生教学任务量和研究生数量，按生师比 14:1 核定各教学单位教学科研岗位总数；各单位专职科研岗位和教辅系列岗位数按现有岗位数核定。特点为：坚持科学合理、精简效能的原则进行岗位设置；贯彻按劳分配、优劳优酬的分配原则；实现岗位管理重心和管理权限下移；由注重过程管理向注重目标管理转变。岗位类型分为专业技术岗位、教学科研岗和教辅系列岗。教学科研岗位分为教学科研型和专职科研型两种类型。每个单位可根据实际情况设置不定级岗位。

内蒙古工业大学按"相对稳定、合理流动、专兼结合、资源共享"的原则，建设相对稳定的骨干教师和管理队伍，形成出入有序的流动层，并建立能上能下、能出能进的用人机制。由此，形成了分编设岗、全员聘用、考核、未聘人员的分流与安置等人事制度改革的完整的链条。

与聘任制和岗位管理相联系的还有一个考核问题，即对教师的评价问题。这既是决定是否继续聘任和定岗的依据，也是薪酬分配的重要依据，故非常重要。因此，各个高校应建立既科学又便于操作的考核评价体系，采取定性定量相结合、民主评议与领导考核相结合的办法，对校内各单位和教职工履行岗位职责的情况进行考核，考核结果作为职务聘任、实施奖惩的依据。

3. 成效

设置岗位，定岗、定编、定职责，实现了设岗、选人、做事的有机统一。同时，以岗位管理代替身份管理，按需设岗、以岗定酬，一方面精简了机构和人员，达到减轻财政负担的目的，同时也起到了重要的激励作用。积极推进人才评价制度改革，完善教师考核评价标准和评价机制。针对不同类别、不同层次岗位要求，不断完善以业绩为核心，由品德、知识、能力等要素组成的教师考核评价体系，逐步形成科学完善的教师培养、选用、评价、激励、约束机制。

（四）分配制度成效

关于收入分配制度改革，"十一五"规划纲要明确提出要"更加注重社会公平"。收入分配的公平性之所以重要，福利经济学中早已有了论述。根据庇古的"收入均等化"学说，一个人的收入愈多，货币收入的边际效用愈小；收入愈少，货币收入的边际效用就愈大。所以，即使在社会总财富保持不变的情况下，如果把富人收人的一部分转移给穷人，社会的总福利就会增大。

事业单位工作人员收入分配制度改革有三个重点：一是改革现行高度集中统一的

工资管理体制，赋予地方、部门一定的分配管理权；二是在制度形式和运行机制上与公务员工资制度脱钩，使现行的工资增长机制全面地与市场机制相衔接；三是建立重实绩、重贡献，向优秀人才和关键岗位倾斜的岗位绩效工资制度，以充分调动管理人员和高层次人才的积极性、主动性和创造性（国家信息中心经济预测部宏观政策动向课题组《中国证券报》2006 年 08 月 10 日《收入分配体制改革：一场“静悄悄的”革命》（下））。

根据《内蒙古自治区关于高等学校内部管理体制改革的意见》以及《内蒙古自治区高等学校改革工作操作方案》的精神，在分配问题上，区内各高校在完成定编、定岗、定职责和完善教师考核评估制度的基础上，要全面推行工资总额动态包干制度。工资总额基数的核定，以包干单位定编人数和包干单位上年度人均工资核定。工资总额基数一经核定，原则上不再改变。实行增人不增资，减人不减资，超支不补，节余留用。如因国家政策调整工资，包干单位编制调整及职工职务、职称变动增减工资，包干工资总额基数也要相应变动。

实行工资总额动态包干，学校要下放包干单位一定的人事权分配权，并制定相应的配套办法。强化分配的激励功能，激发教职工的工作热情。要建立体现岗位绩效和分层管理的分配制度。坚持按劳分配、优劳优酬的原则，将分配与工作岗位、个人考核结果、工作任务、贡献、效益等挂钩。适当拉开分配档次，逐步实行以岗定薪，岗变薪变，一岗一酬的制度。同时，将收入分配向优秀人才和关键岗位（突出贡献的专家、博士生导师、自治区学科带头人和学术骨干）倾斜，积极探索按生产要素分配的有效办法。

自治区各高校在人事制度改革的基础上，按照“多劳多得、优劳优酬、兼顾公平”的原则，进行分配制度改革，在分配制度方面作出了有益的探索。按照效率优先、兼顾公平的原则，将职工收入与所在岗位、实际贡献挂钩，取得了良好的效果。如内蒙古化工职业学院在工资分配制度改革中，体现岗位绩效和分层管理，在岗位津贴和课时补贴分配方面大胆改革，效果明显。内蒙古大学、内蒙古财经学院的改革力度也很大，成效显著。而内蒙古大学改革试点单位经济管理学院也积极完善强化岗位、淡化身份、以岗定酬、按劳取酬的分配制度。即以国家事业单位改革精神和学校人事分配制度为基础，以全员激励、突出重点、按劳分配、一岗一薪、同工同酬、岗变薪变为原则，在院内实行全员激励与津贴上浮制度，做全员适度加法；同时实施分类激励，对于高水平人才做加法（对优秀拔尖人才、学术带头人和中青年骨干教师采取重大措施，加大支持力度；对在教学科研方面做出重大贡献者，要给予重奖）；对于社会化服务项目与合同聘用人员实行市场化薪酬与激励体制。

总的来说，这样的分配制度，在包干经费内分配体现了多劳多得，激发了高校人员的工作积极性，改变了干好干坏一个样、干与不干一个样的现状，人人有紧迫感、危机感。不仅如此，该分配制度还推动了高校内部管理运行机制、用人分配机制的改革。在给高校进人权的同时，也给了责任，使得高校必须慎重考虑养多少人、养什么人？进高学历的人，进有用的人，最终促进了人员结构优化。

（五）用人制度和人才流动制度的成效

各个高校为了促进学校教学与科研的发展，加强学校整体实力，提高办学水平，都把对人才的重视提到了首位。除了对校内原有的人才要提供条件，将其留住，还要用优厚的待遇吸引外来人才。各自制定了相应的人才引进政策。其中，内蒙古大学经济管理学院制定了《内蒙古大学经济管理学院使用、引进学科带头人及高水平博士的实施办法》。通过一系列政策，学院人才培养与引进速度明显加快，2008 年学院有 5 位在职教师考取区外名牌大学博士研究生，同年有 4 位教师接受淡马锡基金等资助赴名牌大学访学，引进 5 位博士，派出 2 位教师到海外进修。学院整体实力得到显著增强，为持续、快速发展奠定了坚实的基础。

（六）解聘、辞聘、待聘制度的成效

精简富余人员，建立解聘、辞职、待聘制度（妥善安置未聘人员）是事业单位人事制度改革的一项重要内容。

各试点高校对未聘人员坚持以内部安置为主，开展就业培训以及鼓励自谋职业等方式，尽量使未聘人员在本单位内部得到妥善安置，积极维护职工的合法权益。在首次推行聘用制时的本单位正式职工，原则上不推向社会。继续探索多种安置渠道，鼓励未聘人员自行安置，并对年老体弱人员实行特殊政策予以妥善安置。具体地说，在内部采取转岗聘用的办法，实现系统、行业和单位内部人才资源的合理配置和合理流动；同时积极争取社会吸纳，鼓励未聘人员辞职自谋职业，积极探索多种合理配置和合理安置未聘人员的渠道；另外还把严格执行退休制度作为一项渠道。例如，内蒙古化工职业学院对未聘人员进行了强化管理与培训，有 10 余人通过培训合格后得到了妥善安置；内蒙古商贸职业学院通过制定一系列安置政策，16 人得到了妥善安置。

解聘、辞聘、待聘制度的制定和实施，为全员聘用和定岗工作解除了后顾之忧，稳定了人心，使得改革得以顺利进行。

（七）淡化高校的行政色彩方面的成效

改革后，高校内设机构如系、所、中心等教学、科研业务机构的设置，由学校根据普通高校专业目录和学科建设及事业发展的需要自行确定，要淡化教学、科研机构的行政规格。机构领导由学校自主聘用，实行能上能下，工资待遇随职务变动而变动，任职经历记入个人档案的政策。对于推动事业单位的人事制度改革，探索事业单位取消套用行政级别，实现由“身份管理”向“岗位管理”的转变有着重大意义。例如，

内蒙古大学经济管理学院为克服学术行政化倾向，作为学术组织的系、中心等机构不设行政级别，系主任、中心主任等负责人由学院任免、管理和考核，既可由学院领导兼任，也可另外聘任。单独聘任的系、中心主任的待遇按专业技术职务工资加岗位津贴体现。取消原有各系副处级行政建制。这种做法，显然使以政事分开为目标的我区事业单位改革迈出了重要一步。

第三节　问题与原因分析

一、改革过程中出现的问题

（一）调整整合中的“内耗”问题

为贯彻中央及自治区政府精神，整合教育资源，区内多所院校进行了合并整合。但由于种种因素，许多高校貌合神离，未能实现实质性合并。换言之，其合并基本是失败的。而院校合并不成功必然会产生一系列问题，特别是不同行政级别院校必然会随之产生机构规格、领导人事管理改革中的严重“内耗”问题。

第一，院校合并是一个复杂的系统工程，牵涉新旧机构交接、人员安排等诸多环节和方面，如果采取“松散联合、缓慢过渡”的办法，很可能导致管理混乱、多头对外，甚至可能使新校有名无实。其中最敏感、矛盾最集中的问题是新校机构设置和中层干部的配备问题。

第二，合并后学校势必会形成“一校多区”的办学格局，在行政管理、教学组织各方面就有可能造成人力、财力、物力的浪费。学校合并后，从学生数量、教职工队伍、校园面积、固定资产、学科定位等指标来衡量，规模和总量是加大了，但如果只是简单叠加，学校的水平和效益并不会有质的提高。如何解决集中统一管理与办学区域相对分散的矛盾，如何重新合理配置教育资源，使规模与水平、效益同步提高，还需要在实践中不断摸索。

第三，合并后的领导班子问题。即谁当领导？领导干部多出来怎么办？这些问题从高教管理体制改革一开始，就成为合并工作中的主要问题。

第四，专业问题。这是非常重要的、关键的因素。实施院校合并，首先考虑的就是专业特点问题，能够作为合并目标的，应该是专业相近、能够优势互补的院校。盲目选择目标，为合并而合并，势必会带来一系列问题，甚至失败。而包头医学院、包头钢铁学院、包头师范学院，三所学校专业上分属医学、工科和师范类，差异很大，教师的专业背景相差悬殊。强行合并后，最大的问题就是专业的设置问题，很难把三个学校的专业有机融合在一起，要实现实质性的合并，难度很大。故合并后，虽然在国家教育部备案为一所学校，但是实际上，这三所学校始终各行其是，各自为政，各招各的生，各办各的学，各挣各的钱。并未实现真正意义上的合并，自然也没有起到整合资源，优化结构的作用。

第五，规格和身份问题。一些不同性质的高校合并后，由于整合不到位，既有全额拨款，也有差额拨款和自收自支类，形成内部人员身份复杂多样的特点。这种一个学校内的职工不同身份的特点，人为造成了单位人事矛盾，产生一系列困难和问题，如工资及福利待遇如何发放的问题。不同身份的职工意见不同，不平衡心理加剧等，不利于改革的顺利进行，更不利于事业的发展。以内蒙古纺织工业学校为典型代表，2004 年赤峰电子职工中等专业学校并入内蒙古纺织工业学校，2005 年又有赤峰市财政学校、赤峰市黄金技校、赤峰市民族技工学校三所学校并入，五所学校分属教育、财政不同系统，其中赤峰电子职工中等专业学校改革前为差额拨款单位，赤峰市黄金技校为自收自支单位，其他为全额单位，属于全额、差额、自收自支等几个性质不同的学校合并。

（二）生均定额补助方式改革中具体政策不落实的问题

由财政拨款变为财政补助方式，按生均拨款，与招生情况密切联系。各高校生源增加时顾虑减少，但对以后的生源情况存在担忧。生源萎缩后怎么办？能否保证办学？在财政供给方式上，体现出投入不足的问题。如核定经费时不考虑电费、水费、取暖费等费用；辞职只给政策不给钱等。另外，在拨款方式上，有高校提出，文理院校不同的拨款方式不平等。内蒙古商贸学院提出，在预算管理上，3500 元/生×0.9（高职）或×0.6（中职）这一系数是怎么来的？不清楚；而高职、中职院校投入相对较大，这样的规定是否合理？与其他院校不同，高职实习、实训成本更高，理应适当增加投入，而每生每年增加 100 元，投入明显不足。同样，赤峰纺织学院提出，作为工科院校，需要大量设备，而这笔经费由谁来投入？单靠过低的学费显然无法满足需求。这已经严重影响了学校的运转。教育部门建议，要进一步提高生均拨款额度，加大政府财政对教育事业的扶持力度。

（三）岗位管理、聘用管理中的问题

1. 机构编制问题

如作为赤峰市改革试点单位的内蒙古纺织工业学校在改革过程中，感到面临的最大难点就是做不下事情，特别是内部人事改革单项推进进行不下去，需要综合配套，如编委、主管局、财政局等。问题具体主要体现在编制上，如核定编制 500 人，退一个进一个，但实际上做不到。退休人员仍然占编，故单位 3 年未进人。学校出现了大量退休人员，人头费实际上都变成了退休金。严重影响了在职（岗）人员的积极性。

而赤峰市农牧学校存在的问题是人员结构多。该校在职 287 人，管理岗位 51，

专业技术岗位 146，工勤岗 90。最突出的问题是：很多职工是 70—80 年代落实知识分子政策顶替进来的，这就把原来的干部编制，变成了现在的工人编制。按照市编委的定编，目前环节干部处于超编状态，但是专业技术岗位人员则明显不足。

2. 岗位管理问题

根据《意见》精神，事业单位所设岗位包括了工勤技能岗位管理，但是在实际运作中，大多数高校只设置了专业技术人员岗位和行政管理人员岗位，多没有设立工勤技能岗位，如内蒙古财经学院。这是改革不够完善的一个体现，是不稳定因素，如不解决，将影响改革的进一步深化，制约高校的发展。

同时，在高校中，每类岗位都规定了数量，即各个岗位都有指标、名额的限制，这显然是重新对人才的一种限制。因为指标限制，使得有人具备了条件而不能上到相应的岗位，拿不到相应的收入，极大伤害和影响了教师的积极性。这种岗位设置是否科学、合理、公平，是真正起到了激励作用，还是适得其反？是否应该像职称那样放开，或者适当放开，符合要求的就可以上岗？

另外，还存在分类管理有漏洞，人员结构不合理的问题。改革后，各高校对专业技术人员、党政管理人员、工勤人员实行分类管理，减少了人员混岗的现象。但仍有很多人有双重身份，凸显出人员结构不合理。例如内蒙古商贸学院由三所学校（二轻商贸学校、粮食学校与商贸学校）合并，行政人员多，专业技术人员明显不足，新人又进不来，故很多行政管理部门的老师去了各系教学岗，这严重影响了该校的教学质量。

3. 聘用管理中的问题

在内部人事管理中，各高校存在的普遍问题是退出机制缺乏。而干部退出机制缺乏，使得“能上不能下”的问题无法从根本上解决，改革无法彻底进行，成了针对一部分人、一部分事的改革。“对人不对事”，违背了改革的初衷。这也是广大职工对改革不热心或者干脆持反对态度的最重要原因。

4. 人才流失问题

即以距离改革试点开始最近的 2004 年为例，根据内蒙古自治区教育厅组织人事处所制定的《2004 年度自治区直属高等学校教师流失情况统计表》可以看出，近年来，自治区各个高校教师流失情况是相当严重的。在统计的 19 所院校中，其中，内蒙古大学 35 人，博士、硕士、本科生分别为 2 人、14 人、17 人，教授、副教授、讲师分别为 2 人、8 人、14 人，内蒙古师范大学 16 人，博士、硕士、本科生分别为 1 人、8 人、7 人，教师、副教授、讲师分别为 2 人、4 人、7 人。19 所高校全年教师流失合计 132 人，其中，博士、硕士、本科生分别为 13 人、34 人、66 人，教授、副教授、讲师分别为 8 人、41 人、45 人。而改革后，各个学校虽然制定了一系列政策，采取了相应的措施，使人才流失问题在一定程度上得到缓解，但是仍然没有得到彻底解决。

（四）社会保障中的问题

在我区的高校改革中，由于社会保障制度的不完善，相关政策不配套，导致很多人无法排除后顾之忧，顾虑重重，严重影响了改革的进程。最典型的例子就是未聘人员的分流问题，“想聘的人进不来，不聘的人出不去”的现象极其普遍，形成“有进口，没出口”的局面。大量未聘人员就被单位养起来，增加了高校的负担。显然并没有从根本上真正搞活用人机制和人才流动机制，必然导致改革的不彻底、不完全。而有些高校如内蒙古纺织工业学校由于合并后导致了单位内人员身份多样，有全额拨款、编制内合同工、自收自支合同工（有编无钱）、校内合同制工人（临时合同制）、临时工等，在养老保险问题上就出现了问题，有的有保险，有的无保险。没有保险的那部分人，该由谁来为他们缴纳保险金？显然是一个迫切需要解决的问题。另外，推进高校社会保险制度改革，执行“老人老办法，新人新办法”的入保原则。参加社保后，会给学校增加经费负担，带来新的问题。

二、原因分析

（一）客观原因

1. 体制制度不够完善，大环境尚未成熟

事业单位改革是管理体制和运行机制的全面改革，牵扯面广，矛盾错综复杂，困难和阻力颇多。改革是一项系统工程，必须具备一定的内外部环境，上下联动，配套改革。否则，改革将难以推开，也难以奏效。高等教育改革不能仅仅是政府对高校的改革，还应该有配套的改革运作。首先，也是最重要的一点，是要进行政府自身的行政管理体制改革。转变政府职能，将重心转移到社会管理和公共服务上来。科学界定政府提供公共服务的职能，建立健全公共服务的标准，按实现公益目标的需要合理分配公共资源，切实履行政府公共服务职责。按照政事分开，管办分离的原则，理顺政府与事业单位的关系，理清政府部门与事业单位的事权界限，推动政府部门由“办事业”向“管事业”转变。其次，还要深化经济体制改革，为事业单位改革奠定基础。经济发展是影响高等教育发展的基本因素之一，因为经济的发展不仅为高等教育提出了培养各种专门人才的需求，还有可能给高等教育带来更多的收入。

而我区属于西部少数民族地区，现实情况是政治、经济、文化等方方面面都落后于国内发达地区，行政体制改革和经济体制改革等均有待于进一步深入。同样，人们的观念也偏于保守、落后，对于变化、革新的适应能力较差。虽然具备了一定的条件，

但总体上改革各方面的条件较差，基础薄弱，高等教育亦不例外。这些都成为制约改革的客观因素，致使改革中出现一系列问题。

2. 相关配套政策不完备

从大的背景看，尽管国内一些地区很早就开始了事业单位改革的步伐，也积累了一定的经验，总结了一定的教训。但是，相关配套政策却始终不完备。如最关键的事业单位的分类标准，国家只是提供了指导性意见，但至今也未能出台一个可操作性较强的政策。因此，各地的做法很不一致，如上海市直接从产权和人事制度改革入手，推进事业单位改革；珠海市主要是先确定精简比例，由各主管部门再提出本部门事业单位改革方案；乌海市采取一事一议，成熟一个改一个的做法；深圳市采取首先分类，整体推进的做法。而且各地部分事业单位名称虽然近似，但划入的类别却又有不同。而自治区的情况也如此，故包头、赤峰等地事业单位进行了模拟分类，但缺乏具体有力的参考依据，给分类工作带来不便，也影响了改革的顺利发展。

另外，社会保障制度欠缺（未能为改革保驾护航）也成为影响整个内蒙古事业单位改革的关键因素，阻碍了改革大环境的形成，致使配套改革不同步。由于相当一部分事业单位没有纳入社会保障机制，使得许多机构的撤并转制都只停留在面上的改革，难以进行深化改革。而社会保障机制尚未完善，各高校离退休人员较多，负担较重，均制约着高校改革的深化，也影响了高校的发展。

因此，目前改革工作虽然取得了显著的成效，但从实质上说是处在一个摸索和尝试的阶段。高教改革自然也难以深入、彻底，出现一系列问题亦在所难免。

3. 政教不分，高校缺乏自主权

（1）我国政府与高校关系现状。

高校的自主权问题，一直以来都是高校管理体制改革中的一个重要问题。早在1985年教育体制改革即高校管理体制改革之初，《中共中央关于教育体制改革的决定》中提出了“坚决实行简政放权，扩大学校的办学自主权”。制约我国高等教育发展的体制性障碍主要表现在政府与大学的关系方面，政府角色错位，大学没有足够的“自治权”。因此，理顺政府与大学间关系，探寻政府与大学的良性互动模式是我国高教管理体制改革的基本内容和关键所在，也是我国高校管理的发展取向。

办学自主权是大学与政府经过长期的博弈而得到的，且这种获得的权力总是有限的、相对的。在政府与大学这对矛盾关系中，政府始终是矛盾的主要方面。所谓的高等学校办学自主权，是在有限的范围内，政府让渡给高等院校的一部分教育行政管理权。在以前的高校改革中，我国中央及地方政府也给各自管理的高校放了些权，但总是很有限。政府对高校的控制依旧太多、太细、太死，而政府的决策、权力影响面大且深刻，一旦失去必要的制约又出现决策失误，将给高等教育带来致命影响，将严重阻碍高校自我约束和自我发展能力的提高。

1998 年《高等教育法》的颁布和实施，首次以国家法律形式明确规定高等学校的办学自主权，该法明确了大学组织的基本性质为独立法人，可在民事活动中依法享有民事权利，承担民事责任。在人事上，该法规定高校“自主确定教学、科学研究、行政职能部门等内部组织机构的设置和人员配备；按照国家有关规定，评聘教师和其他专业技术人员的职务，调整津贴及工资分配”。1999 年，中共中央颁发的《关于深化教育改革全面推进素质教育的决定》又指出：高等教育由中央和省级人民政府两级管理、以省级人民政府管理为主，显然，给省级地方政府扩大了管理权限。而 2000 年《中共中央组织部、人事部、教育部关于印发〈关于深化高等学校人事制度改革的实施意见〉的通知》中则提出：要在国家政策指导下，进一步加大搞活学校内部分配的力度，扩大学校分配自主权，“学校作为具有独立法人资格的事业主体，依法自主、有效地管理学校内部事务，承担相应的义务和责任。各级政府及其职能部门，都不得干预学校自主办学范围内的事务”。

可见，随着我国改革开放以来以市场化为导向的经济体制改革的不断深化，经济制度和经济结构的多元化使大学过去那种政府高度集权划一的管理模式不能适应外界环境的变化，束缚了大学发展的活力。在外界环境的促动和社会呼吁的压力下，政府垄断高等教育的霸主局面被打破，政府承担的角色发生了转变，教育权力发生了转移，市场进入和政府淡出的现象开始在中国的教育领域浮现，竞争机制、效益观念、企业化经营方式、考虑消费者的愿望和需求等市场因素在高等教育改革中的体现愈益明显。大学办学自主权正是在高等教育的政策范式由国家本位转向市场本位的转换过程中凸显出来的，自主办学随之成为高等教育改革的圭臬。

因此，调整政府和高校之间的关系，简政放权，提高高校自主权，就成为一项长期的任务。

(2) 我区政府与高校关系现状。

为适应我国高等教育改革发展的总趋势，我区高校与政府之间的关系也发生了深刻的变化。政府的权力部分下放到高校，通过划转、撤并和共建等方式，提高了高校的自主权，提高了其自我发展、自我约束的能力。但在一些关键问题上，政府却依然没有放权。例如，财政补助方式改革后采取按生均拨款的方式，但是招生权依然掌握在自治区教育厅手中，各个高校没有自主招生的权力。显然，这将成为各个高校进一步做强、做大的桎梏和阻碍。此外，在大学办学自主权中，人事权始终是其中的一个重要方面，可以说，聘任制改革的每一步深化和大学办学自主权力的逐步扩大息息相关。而改革后的各个高校在编制问题、人员聘用等问题上却仍然没有自主权，仍需层层报批，不仅耗费时间，更直接影响到教学与管理。而批下来的编制又很可能不能满足以后的需要。这些都严重影响了高校改革的顺利发展和深化。我区高校的自主权，尚有待于进一步提高。

（二）主观原因

1. 理论准备不足，宣传不到位

在内蒙古事业单位改革过程中，最大的问题是内蒙古事业单位改革的理论准备不足，宣传不到位。一方面，没有开展关于事业单位改革理论的学习和研究，特别是把事业单位改革仅仅看作是机构、编制、人事、劳动等职能部门的事，没有把事业单位改革与又好又快地发展公共事业相结合，没有从经济社会发展的整体战略高度上，从构建全社会公共服务体系框架的布局上全面推进事业单位改革。另一方面缺乏各方面专家参与事业单位改革的指导与论证。事业单位改革没有事业单位所在的行业主管部门的参与、没有作为直线部门具体事业单位的参与是很难有实效的。特别是经过多次改革的历练，各方在改革过程中所具有的承受力、对改革的回应力、成熟度、博弈的能力逐步加强，才出现了“不改革是等死，改革是找死”、“谁先改革谁早死”的说法和意见。如果不从思想上解决对改革的认识问题，不从理论上研究公共事业的发展和公共服务体系构建，不从改革实践中进行总结提炼，仅仅依靠行政手段由上至下地推进，只能使事业单位的改革走过场，流于形式，白白浪费时间，做无用功。

对于正在进行的高等教育管理体制改革，许多高校的教职员工虽有所认识，但是又不准确、全面。例如，通过对改革试点单位内蒙古商贸职业学院的调研，我们发现，大多数人认可改革，认为不改革就没有出路，而改革就是改钱、改人。还有人认为改革吃亏，谁改革，谁吃亏。这种片面或错误认识的出现，显然主要是改革理论准备不足、宣传不到位的结果。

2. 改革思路上存在问题，顺序颠倒（本末倒置）

按照政府和市场的分工以及事业单位所提供的公共物品或公共服务的经济和技术属性对事业单位重新进行分类和定位，是事业单位改革的必要环节，这一点已在众多的改革研究中形成共识，也是中央的改革精神。但是，内蒙古的改革与中央并不一致，中央提出的是分类改革，而内蒙古名为事业单位分类改革，但实际上并未作分类，只是能做什么就做了些什么。一些盟市作了模拟分类，但不彻底，与分类改革存在性质上的差异。这就导致事业单位界限模糊不清，对改革的认识模棱两可，缺乏明确的可操作性强的方案，导致在改革中出现这样那样的问题。故严格地说，内蒙古自治区的改革，应该叫做事业单位改革，而非事业单位分类改革。

3. 政府部门效率低下

虽然在我国过去的五次大的机构改革中，改革的一项重要内容和目的就是改变过去的旧体制中存在的“机构臃肿、人浮于事、办事拖拉、不讲效率、不讲责任等现象”（邓小平），并取得了显著的效果。但是就内蒙古自治区而言，行政管理体制改革尚不够完善，机构改革成果不显著，特别是政府部门效率低下问题并没有从根本上解决，在这次事业单位改革中凸显出来，成为影响和阻碍改革进程的重要因素，也成为制约高校改革的绊脚石。

这次事业单位改革的目标之一就是要改变过去事业单位效率低下、人浮于事的状况，而在改革进程中，却恰恰使得政府机关这一弊端暴露无遗，严重影响了改革的进程。政府部门审批程序繁杂，高校报上去的改革方案迟迟不能实施（如干部聘用后报批需 1 个多月时间），致使改革试点单位迟迟感受不到改革的成效。既感受不到改革进程的加速，也感受不到作为所能够带来的实惠，恰恰感受到的是政府部门工作效率的低下：层层审批、层层卡；部门间工作相互扯皮与推诿；相互之间不沟通、不协调、不作为；事业单位改革过程中政府不放权、权利不下放；即使放权，也不明确放什么权利；政府机关办事效率低下、决策程序繁杂，分管领导不在，所有与之相关的工作就停滞，严重影响了改革进程。例如商贸学院上报财政、人事、劳动部门的“财务管理条例”，劳动部门却不知报给谁，去了多次没人要。显然，政府既是改革的倡导者，改革的推动者，也成了改革的阻碍者。要解决高校改革中存在的问题，必须先从政府方面着手。

4. 改革方案与具体操作脱节

高校改革，自治区有关部门出台了一系列文件，制定了详细的方案。而在具体的操作和实施中，却出现了许多问题，形成脱节。一些高校反映，改革的实施与政府的文件及初衷似不相符。现在的改革与当初所设想的改革有差距。实施中感觉政府要求学校做的，学校都做了，但政府职能部门没有跟上。例如，本来政府是要管住一头，放活一面，但做的不一样。不是把住一块，放活一面的问题，而是把住有用的一块（把住权利和利益），放活没用的一面（新解：卡机构、卡编制、卡进人、卡用人、卡干部任用、卡审批）。

5. 政策本身不够完善

改革方案及相关政策尚存在许多问题，缺乏配套机制，如干部退出机制缺乏，使得“能上不能下”的问题无法从根本上解决，领导体制和全面实行聘用制改革无法彻底、全面实行。改革无法彻底进行，成了针对一部分人、一部分事的改革，“对人不对事”违背了改革的初衷。这也是广大职工对改革不热心或者干脆持反对态度的最重要原因。而激励机制和人才流动机制的不完善，也打击了一些人的积极性，造成了新的人才流失问题。

第四节 可资借鉴的经验

高等教育管理体制改革，是一项长期艰苦的工程，也是一项重要的任务。对于内蒙古自治区来说，起步较晚，基础薄弱。要使改革顺利进行，达到既定目标，有很多东西需要学习，有许多东西需要探索，更有许多东西需要总结。具体地说，在国外，要参考发达国家的做法，在国内，要借鉴发达地区的经验。

一、国外经验借鉴

（一）国外高等教育改革现状

高等教育改革是国际潮流，是大势所趋。日本、美国乃至欧洲的许多国家都在进行高等教育的变革。国外高等教育体制改革的做法和经验对我国和我区的高等教育管理体制改革具有很强的借鉴意义，吸收借鉴世界各国教育体制改革的先进经验，以为我国教育体制改革所用。促进我国教育体制改革与国际趋势相融合，促进国内外教育市场、教育产品、教育投资、教育技术、教育活动、教育人的双向交流。对进一步发展我国的高等教育，推动高等教育管理体制改革，使我国的高等教育走向世界、与国际接轨，具有重要意义。

（二）国外高等教育改革经验及其对我国和内蒙古的启示

1. 欧洲及美国的高等教育改革经验及其启示

虽然欧洲各国的高等教育与我国高等教育的发展有着不同的背景，但在多元化、自主性、市场化、信息化等国际发展潮流下，都表现出一些共同的相互融合的趋势。通过对欧洲高等教育发展趋势的研究，可以对我国高等教育的发展作出如下启示：

（1）政府职能的转变与高等教育资金来源的多渠道发展。目前，我国中央政府在对高等教育的投资方面存在着经费投入不足、资源配置低效等问题。随着政府职能的转变和高等教育规模的扩张，中央政府不可能包揽所有的经费投入。因此，高等教育的发展一方面要依靠政府的宏观调配；另一方面必须适应市场化发展的要求，积极寻求多种途径的资金来源。而对于内蒙古来说，对教育尤其是高等教育经费投入严重不足，因此，积极探索多渠道的资金来源，缓解资金不足对高校发展的阻碍和影响，是各个高校共同面临的一个重要问题。

（2）多元化发展是高等教育大众化阶段的必然趋势。现代社会对大众化教育有着多样化、多品种、多类型、多层次的需求，要求高等教育的多元化发展。不同类型和层次的高校应该具有不同的特色和专业学科，具有不同的管理模式、办学方针和发展方向，并且具有不同的评价标准和评价体系。

（3）高等教育的发展应遵循市场需求和发展规律，以服务为导向，加强教学和科研的应用，增强高校功能的社会性。社会政治、经济与文化的发展与高等教育的发展有着密切联系，在政府宏观管理下，高等教育应积极适应市场经济的发展，对自身不断作出调整，以提高办学质量，服务于社会。只有根植于社会、服务于社会，高等教育才能永远充满活力。

（4）改革高等教育传统的办学模式，探索新的教学和科研方法，积极拓展远程教育，充分利用信息化平台，创造适合于我国高等教育发展特色的、与国际接轨的高等教育新模式。

（5）提高高校自治权。在政府与高校的关系上，西方发达国家虽然时有集权的趋势，但总的特点是政校分开，学校自治。例如，美国联邦教育部没有直接管理高等教育的机构，一般通过立法、资助等方式对大学实行间接管理。美国各州虽有管理高校的权力，但一般也只有高校设置审批权、董事会成员任命权和经费预算权等。法国早在 1968 年的《高等教育方向指导法中》就规定了大学在行政、财政和教育方面所享有的自治权。德国联邦教育科学部也不直接管理高校，它的职责主要是掌握联邦政府的高校拨款，规划国家高等教育的发展战略，协调各州的教育事宜，以及制定高等教育的一般原则。管理大学的职责虽然在各州，但各州除了在财权和人事权上行使一定的控制和监督权外，对大学内部的事务也不加以干预。

在以前的高校改革中，我国中央及地方政府也给各自管理的高校放了些权，但远远不够。进一步理顺政府与高校的关系，使政府在高校的管理上更多地发挥监督、服务和指导的职能，使我国的高校真正成为独立的法人实体，面向社会依法自主办学，仍然是我国高等教育体制改革的一项重要任务。同样，加强高校自主权，正确处理好政府和高校之间的关系，也是深化内蒙古高等教育管理体制改革的一项重要内容，也是解决高校经费不足的一个根本途径。如教育厅把招生权放给各个高校，通过增加学费收入，高校经费不足的情况会得到有效缓解。至于具体怎么放，放多少，还需要政府与高校之间进行协调。

2. 日本的高等教育改革经验及其启示

作为亚洲国家，无疑，日本的经验对我国的高教改革具有更为深远的意义。分析日本的高等教育在改革过程中如何处理变革与传统、自由与控制以及教育发展与经济发展的矛盾关系，能够给我国的高等教育改革与发展提供有价值的借鉴与启示，也必然会对内蒙古自治区的高校改革有所启发。其经验包括：

（1）经济发展的需要是促进高等教育改革的内在因素。

首先，经济发展是影响高等教育发展的基本因素之一。这不仅因为经济的发展为高等教育提出了培养各种专门人才的需求，还因为经济发展有可能给高等教育带来更多的收入。其次，经济增长虽然促进高等教育的发展，但由于经济发展的不同阶段对高等教育的需求不同，不同经济阶段的高等教育发展有着量的甚至是质的区别。再次，促进经济发展的因素多种多样，但在现代经济发展中，从大学培养科学技术人才与训练具有高等职业素质的劳动者这一点来说，高等教育是影响经济发展的一个重要因素。

反过来说，经济发展又成为高等教育管理体制改革的保障，二者是相辅相成、互相促进的关系。因此，教育管理体制改革绝不能脱离社会这个大背景而单兵独进，要以经济发展为基础和终极目标，与经济管理体制改革齐头并进、并驾齐驱。

（2）政策支持是推动高等教育发展的核心力量。

日本高等教育发展史其实也是高等教育法律法规不断完善、不断发展的历史。日本的高等教育法规有 80 多种，战后以来的高等教育改革和发展过程中，大大小小的法规法令就有几十条。正因为政策的指导作用和支持力量，改革的理念和行动才具有实实在在的载体。由此可见，在教育改革的过程中，政策的作用不能忽视。要随着时间、地点和条件的变化对其进行灵活地调整。

改革是一项艰巨的任务，需要方方面面的理解和支持。作为政府，更是要提供全面地支持，从政策、思路、措施等方面为高校管理体制改革提供帮助。而这种政策需要随着改革的步伐不断调整，不能一成不变。

（3）教育传统是影响高等教育改革的重要因素。

古代日本的高等教育体制效仿中国的教育传统；近代的日本以西方模式为蓝本，主要借鉴法国和德国的教育模式；战后的日本受美国教育的深刻影响，在教育理念和课程设置方面发生很大变动；而当代的日本为了向终身教育体系过渡，大学和社会之间的关系日益密切。尽管日本的高等教育是在不断地改革中前进的，但是一些传统的做法如讲座制被延续下来，构成日本教育的特色。

（4）管理体制改革是高等教育改革的主要内容。

权力与制约是高等教育管理的一对基本矛盾。权力与制约反映在政府与高校之间的关系上，表现为控制与自由这一对矛盾。因此要正确处理好控制与自由之间的关系，即国家的控制与大学的自由之间的矛盾关系。不是说只有自由没有控制大学就可以健康地成长，如果自由过了火同样对高等教育产生破坏作用。必须考虑大学所在的国家背景和教育传统。日本从近代以来就形成的学术自由的原则赋予高校很大的自主权，但中国的情况则恰恰相反。

二、国内经验借鉴

（一）国内发达地区高等教育改革的做法和经验

1. 广东省高校改革

1995 年，国家教委确定广东省、上海市和机械工业部为高校管理体制改革试点。

国家教委提出，要改变高校由中央部委和省政府分别管理所形成的条块分割、学校结构布局不合理的状况，理顺地方政府和学校的关系，增强学校的办学活力、更好地为经济社会发展服务。根据这一要求，广东省高教体制改革的基本思路是：遵循“优势互补、资源共享、提高质量、提高效益”的方针，坚持以投入为导向，加强省政府的统筹规划管理，建立各具特色的联合办学模式，提高教育质量、办学水平和效益。

（1）广东省高教管理体制改革的内容。

① 部省共建；② 部委学校划转地方；③ 合并调整；④ 合作办学；⑤ 与企事业单位的协作办学；⑥ 改革成人高教体制；⑦ 发展高等职业教育。

（2）主要经验。

① 高教管理体制改革要坚持以投入为导向，才能调动各方面积极性特别是学校的积极性。引导社会资金投入高等教育。

② 高教管理体制的改革必须与高教结构的调整结合起来，必须与区域经济社会发展的特点结合起来，加强统筹规划管理。

③ 高教管理体制改革必须与全省的统筹规划协调权限紧密结合。

2. 深圳高校改革

作为发达地区，同时也是广东省的代表，深圳事业单位改革包括高校改革力度很大，作出了很多新举措，对国内其他地区的改革具有示范意义。

（1）改革内容。

① 内部管理体制改革，成立理事会。

深圳大学、深圳大学师范学院、深圳大学高尔夫学院、深圳职业技术学院、深圳信息职业技术学院、深圳广播电视大学、深圳市职工继续教育学院等单位列入组建理事会的名单。理事会是高校的决策权力机构，负责确定高校的发展战略和发展规划，行使高校重大决策权。

② 财政经费供给方式改革。

逐步实现“以事定费”和“购买服务”的供给模式。根据公共财政管理要求，考虑市场发育程度等因素，按公共服务事项的性质确定经费供给方式，分为政府保障、政府资助、购买服务三种形式。同时，采取配套措施，包括实行有差别的人事管理制度；实行工资总额控制下的绩效工资制度；实行资产管理与经费预算管理相结合的制度。此外，实行生均综合定额加专项资金的方式安排高校经费的预算管理。

③ 实行岗位等级管理和绩效管理。

出台《关于事业单位从行政级别管理转为岗位等级管理和绩效管理的实施意见》，按照事业单位提供公共服务的类型，借鉴《深圳市政府绩效评估指导书（试行）》和《深圳市政府绩效评估指标体系（试行）》（深府[2007]102 号）的做法，分行业对事业单位实行绩效评估。

（2）经验和启示。

从深圳市改革的思路设计、主要内容、推进中的种种安排和遇到的问题来看，会对国内相关改革产生以下几点启示：

① 找准改革的动力和目标。

把事业单位改革作为落实科学发展观、转变政府职能、改善公共服务提供、建设和谐深圳和效益深圳的重要举措，找准了改革的动力和目标。

② 营造改革的氛围和环境。

当前的改革往往不是单项改革，而是"牵一发而动全身"，涉及社会方方面面的改革。改革的涉及面广，需要各领域协调联动，因此，营造改革的氛围和环境，传递改革的紧迫感和使命感，激发各界参与和支持改革的热情，对改革的有效推进很有必要。

③ 妥善处理人员待遇保障问题。

④ 科学运用"半步走"改革策略。

⑤ 注重改革与创新的紧密结合。

深圳事业单位改革的两大步骤体现了改革与创新的紧密结合：第一步主要是改革，即打破事业单位政事不分、事企不分、职能不清等局面，实行分类改革；第二步则主要是创新，即采用管办分离、合约管理、法定机构、委托运营、政府购买服务等全新的理念和方法，在保留下来的事业单位进行整合重组的基础上，对公共事业领域管理体制和运行机制进行全面创新，解决原有体制下公共服务产品总量不足、服务效率不高、资源配置不合理等问题（查竞春《宏观经济研究》2006 年第 12 期）。

3. 北京高校改革

（1）北京师范大学的改革。

早在 2000 年，北师大的人事制度改革就已经进入了良性循环。其改革内容包括：上岗与考核的模糊："量化但不绝对化"；权力下放；分配制度中的"大包干"（《北京师范大学"十五"期间工资总额动态包干管理实施方案（试行）》规定：实行编制定员与人员经费直接挂钩、人员编制经费动态包干，增人不增资、减人不减资，超支抵扣，结余自用，建立宏观调控机制和用人单位自我约束和激励机制。宏观调控与微观放权相结合，形成学校与院系所的契约关系，扩大用人单位的用人自主权，充分调动其人员使用和管理的积极性，使其在人员、经费的使用过程中做到责、权、利相统一）；"非升即转"与"非升即走"的全员聘任制。

"人员能进能出、能上能下"是整个人事制度改革最重要的指标之一。岗位津贴与业绩奖励并行互补的分配制度，在保持队伍竞争活力的同时鼓励了教职工的岗位意识与团队精神，对学科发展更有助益。北师大的人事制度改革，目标明确地服务于学校向“综合性、有特色、研究型的世界知名高水平大学”转型。北师大的教师数量在全国重点高校里是比较少的，但科研成果位居前列，人均产出很高，说明教师队伍很有活力，这也正是一系列人事改革产生的效益。

（2）北京大学的改革。

2003 年，北京大学开始改革，其基本的原则：一要摒弃进入北大就得到终身制铁饭碗；二要避免学术上的近亲繁殖；三要控制编制。7月，北京大学公布了新的人事体制，其基本特征为：教师实行聘任制度和分级流动制度，学科实行末位淘汰制，在招聘和晋升中引进外部竞争机制。这种制度也被称做“up-or-out”（不升即离）制度。这不但被北大师生称为“大地震”，也引起了全社会教育学界日趋白热化的讨论。这次改革与以往相比有两个特征：一、这次改革是符合学校自身需要的自发行为，不再是国家行为；二、这次改革直接切入最具利害关系的人事制度，不再依照循序渐进的步伐。

4. 上海高校改革

“北大冲击波”在上海高校引起连锁反应，各高校也先后开始了人事制度改革的探索。与北大引起轩然大波的人事制度改革方案相比，上海各高校的人事制度改革相对要温和一点。各高校人事制度改革均力戒“冒进”。设立“人事制度改革特区”是普遍使用的一招。例如，复旦大学的人事改革框架是从以往“因人、因需设岗”全面转为“按需设岗、公开招聘、教授评议、院系聘任”，并且在教授、副教授招聘层面上首次将网撒向了校外。上海大学的 4 个学院进行了岗位聘任和职称评审不再挂钩的改革。华东师大已经在青年教师中推行合同制，合同到期，只要学校不满意就可以不续签合同。上海交大各学院也纷纷推出了各有特点的人事新制度，部分学院的末位淘汰制正在酝酿之中。同济大学创造了“人才租赁”的方式，某些岗位可以通过地方人才公司租用人才。上海交大管理学院率先实现了年薪制，同时在“退出机制”上有了新突破。

高校要实现真正的教师聘任制，除了观念转变，还有一个重要的条件就是能上能下，优胜劣汰的流动机制是关键。要真正实现教师能上能下，还必须有社会的配套机制，这是上海高校的校长们达成的共识。

（二）对内蒙古自治区高校管理体制改革的启示

通过对以上国内发达地区高教改革的梳理和分析，我们可以总结出如下经验以便今后在改革中借鉴：

（1）权力下放。北师大在人事制度改革中，许多权力都被下放到了院、系、所。对教师学术水平的评价主要在各院系进行，教师职务的评聘、教授定岗中的学术认定权属于各院系，校方也仅负责宏观调控，而不干涉各院系内部学科之间的高职名额分配。内蒙古大学经济管理学院改革试点工作中，在这一方面已经有所举措，而其他更多的高校则依然欠缺，需要继续加大力度。

（2）上岗与考核的模糊。北师大采取“量化但不绝对化”的做法，即续聘考核提出量化标准，但只要教授们在岗期间在学科建设、队伍建设、课程建设中取得了突出成绩，就可以被视作考核合格而续聘现岗位。目前我区高校进行的人事制度改革均出台了详细的方案，制定了细致的标准，对上岗、分配都有量化的细则，对于上级部门来说，这无疑提供了方便，减轻了工作（聘任、定岗、考核、分配）的难度。但是对于每位教师来说，这种标准却未必公平，总是会引发新的问题和矛盾。北师大的做法无疑给我们提供了新思路。

（3）实行人才租赁，拓宽人才引进渠道。在定岗定编、实行聘任制的同时可借鉴同济大学的经验，实行人才租赁，拓宽人才引进渠道、提高办学水平、促进学校发展。

（4）成立理事会。探索我区高校法人治理结构的新形式。借鉴深圳做法，以理事会作为高校的决策权力机构。当然，由于我区属于欠发达地区，很多方面需要协调，这一措施的实施可能需要较长时间。

（5）增加投入。以投入为导向，这是广东省高教管理体制改革成功的经验，也是我区高教改革未来发展的基本原则。

（6）加强理论研究。高等教育改革中有四句话，叫做“增加投入是前提，体制改革是关键，教学改革是核心，转变思想是先导”。这四句话是对过去我们进行改革的经验进行的高度概括，也反映了教育改革的规律。但这四句话对于改革的成功来说还不充分，还应该再加上一句：理论研究是基础。总结世界教育改革的经验和教训，我们不难发现，凡是那些涉及面比较大的改革要想取得成效或产生重要影响，都离不开理论的积累，而且都是由某个较成熟或较成型的理论做指导的。（王伟廉，2006）而对于我区的高教改革，正如前面所分析的，理论准备不足正是造成改革过程中诸多问题的原因。

第五节　深化高等教育管理体制改革的建议

一、转变政府职能，扩大高校自主权

所谓扩大高校自主权，实际上就是转变政府职能，而转变政府职能正是之前几次机构改革的核心内容。理顺政府与大学间关系，探寻政府与大学的良性互动模式是我国高教管理体制改革的基本内容和关键所在，也是我国高校管理的发展取向。具体地说，政府对高校的管理，应该从行政管理向法制管理、直接管理向间接管理、微观管

理向宏观管理转变。

实践证明，高校人事制度改革重在规范政府及其职能部门、高校主管部门与高校的职责权限，理顺政事关系，下放管理权限，真正落实高校办学自主权；建立符合高校特点的学校自主用人、人员自主择业、政府依法监督、配套措施完善的人事管理新体制，进一步健全高校内部的竞争机制和激励机制，转换人事管理的运行机制，搞活用人制度和分配制度。

为了适应我国高等教育改革发展的总趋势，我区高校在与政府之间的关系上也发生了深刻的变化，政府的权力部分下放到高校，提高了高校的自主权，提高了其自我发展、自我约束的能力。促进了高校的发展。具体形式包括划转、撤并和共建等。这种关系的变化还体现在许多高校纷纷改变单一的办学模式，打破封闭办学的格局，实行多种形式的合作办学。如与企业、企业集团或者科研单位合作办学、实行共建，就是重要的一个模式。另外，一些高校还和企业合作，成立研究所或中心，如内蒙古大学经济管理学院与内蒙古乾坤金银精炼股份有限公司合作成立了内蒙古黄金经济与应用研究所（由内蒙古大学、内蒙古乾坤金银精炼股份有限公司及世界黄金协会、中国黄金协会、中国黄金分析师资格评审委员会联合发起），这是大学与企业和社会合作成立的社会化学术研究机构。

但是从改革中出现的问题可以看出，政府对高校的放权显然还不够，未能真正做到政教分开。例如在以招聘方式引进人才的过程中，应更注重引进人才的质量而不是过程。因此，政府应尽量减少不必要的环节，给用人单位提供快捷高效的引进人才程序和更加宽松自主的选人用人权利，保证急需人才及时引进，以免影响高校的工作效率和积极性。对此，自治区人事厅要认真研究，提出改进意见。此外，应该赋予高校在招生上一定的自主权，以保证生均拨款的方式能够切实解决高校经费不足的问题，真正使高校受益。

二、深化政府机构改革，提高工作效率

虽然，我国早在 1985 年就提出了“转变政府职能”的概念，而且各级政府（特别是中央政府）确实也对此做了大量的改革和工作，几次重大机构改革就是很好的例证。但对于政府应该加强的公共服务领域则投入不足，政府职能“缺位”和“越位”并存的现象比较突出。而且，应该认识到，我国当前的政府改革，某种程度上已经到了必须进行深层改革的时候，远非仅仅依靠机构简缩或调整就能实现。

在我国过去的四次大的机构改革中，都贯彻了转变政府职能这个思想，以转变政府职能作为机构改革的核心和根本途径。而早在 1982 年的政府机构改革，改革的一项重要内容和目的就是改变过去的旧体制中存在的“机构臃肿、人浮于事、办事拖拉、不讲效率、不讲责任等现象”（邓小平）。特别是 1998 年的政府机构改革，为新中国

成立以来规模最为庞大的一次改革，把行政体制创新推向了一个新的阶段。这次政府机构改革从总体上明确提出了建立"办事高效、运转协调、行为规范"的行政管理体制，取得重大成功。

但是就内蒙古自治区而言，行政管理体制改革尚不够完善，机构改革成果不显著，特别是政府部门效率低下问题并没有从根本上解决。政府部门效率问题在这次事业单位改革中凸显出来，成为影响和阻碍改革进程的重要因素，也成为制约高校改革的绊脚石。因此，必须深化政府机构改革，有效提高政府工作效率，为事业单位改革奠定良好的基础，提供基本的前提和保障。

三、加大财政补助力度，拓宽高校经费来源

针对高等教育经费不足并引发一系列问题的现象，首先，应该进一步加大政府财政的扶持力度。可以按照教育部门的建议，进一步提高生均拨款额度。

其次，专项补助经费的核拨，应当在自治区财力允许的范围内，根据各学校的实际需要，结合自治区高等教育发展规划，对不同类型学校体现不同的扶持力度，把投入、产出效益评估作为财政专项补助的重要指标。对一些生源好、就业率高、社会效益好的学校要加大补助力度。从拨款方式上，真正调动各学校的办学积极性，不断提高办学质量和效益。

第三，学费收入是学校办学经费的重要来源，也是学校拓宽办学途径，提高办学层次，多渠道筹措办学经费的主要途径。学费标准应根据不同学科而有所区别。

第四，原有的社会保险制度改革，执行"老人老办法，新人新办法"的入保原则。参加社保后，会给学校增加经费负担，政府应该对增加的这部分经费投入予以补贴。

此外，对于目前招生情况不理想、比较冷清的专业如艺术类等院校，政府应该制定特殊政策，采取措施，给予更多的财政支持，站在长远的、发展的角度进行投入，而不能只看眼前利益和效益。以保证这些院校的生存和发展，为社会建设服务。

四、建立科学的竞争和激励机制，充分调动人才的积极性

分析造成高校人才流失现象严重的原因，固然有人才本身的因素，但学校自身体制的不完善、不合理、不科学才是根本的因素。具体地说，制定更加合理、公平的分配制度，建立一套有效的激励机制，科学的评价机制，是从根本上解决人才流失问题、调动人才积极性的最佳途径和唯一办法。由期望理论可知，要调动职工的工作积极性，管理者必须给职工设置一个有吸引力的、对其效价较高的目标，而且要创造条件使职工经过努力能较满意地达到这个目标。如果目标对职工的效价不高，就应设法调整或

改变目标来提高效价，或通过教育等方法来提高人们对原目标的效价。对于期望和效价来说，高校要摸准教师期望值和价值观的脉络，运用各种政策导向和措施保证其实现。比如高校教师对技术职务的期望值普遍高于对行政职务的期望值，对技术职务的期望值也高于经济报酬，那么如高校把教师技术职务的晋升作为重要的激励手段，肯定会取得预期的激励效果，并在一定程度上缓解人才流失的问题。

这里，我们可以考虑借鉴新疆财经大学的做法。长期以来，由于地域环境、收入差距等种种原因，西部高校的人才特别是高级人才流失一直较为严重。这不仅给西部高校本身的发展带来极其不利的影响，而且也对西部地区整个社会发展带来不利的影响。为了留住人才，新疆财经大学在全国还没有先例的情况下敢于创新，大胆进行收入分配改革，将在企业中实行的激励制度——“期权制”创造性地引入高校（2001年6月开始实施这种新的收入分配激励机制）。“期权制”是在企业中实行的一种长期激励制度，即设定一笔收入，该收入必须与公司的业绩挂钩，激励对象有权在未来一定时期分批取得这笔收入。所以“期权制”享受者要想获得丰厚报酬，就必须持续关心公司的经营与发展。

对于西部高校来说，要留住人才，根本途径在于制度创新。只要有了新的留人机制，制定有效的激励机制，为他们发挥聪明才智创造一个良好的环境，充分调动他们的积极性，何愁留不住人才？

五、认真学习研究，加强岗位分类管理

从2006年4月起，教育部以教育系统岗位设置管理研究课题为依托，在认真分析教育系统各类人员结构比例和教育特点的基础上，组织有关高校并会同教育部相关司局集中起草了人事部、教育部《关于高等学校岗位设置管理的指导意见》。2007年5月7日，两部联合下发了《高等学校、义务教育学校、中等职业学校等教育事业单位岗位设置管理的三个指导意见》（国人部发[2007]59号）。在高等学校指导意见中，非常重视优化高校人才队伍结构，对不同类别高校实施分类管理，为高校实施岗位设置工作留足自主操作空间，切实落实高校用人自主权。为完善高校教师岗位分类管理，指导意见规定要“积极探索对教师岗位实行分类管理，在教师岗位中设置教学为主型岗位、教学科研型岗位和科研为主型岗位”。为促进高校不同岗位人员之间的交流，意见规定：“确因工作需要，由专业技术岗位交流到管理岗位的人员，可根据干部人事管理权限和本人条件，直接聘任到相应的管理岗位。”为促进高校管理人员向专业化发展方向发展，指导意见指出，“要积极探索符合高等学校特点的高校职员制度”，“高等学校聘用人员原则上不得同时在两类岗位上任职，根据高等学校管理的工作特点，确需兼任的，须按人事管理权限审批，并严格控制”。教育部与人事部在研究制

定教育系统岗位设置管理文件时指出有几个重要问题需要各地在制定实施意见时注意把握。一是岗位总量。二是关于岗位分类。三是关于管理岗位的等级划分。四是关于专业技术岗位等级划分。五是专业技术岗位结构比例。

因此，区内各个高校在岗位设置中，应该认真学习和研究中央文件，深刻领会文件精神，结合本地区实际，着重解决岗位总量、分类、等级划分、结构比例等问题，做到细致、全面，尽量不要有遗漏。可以借鉴和参考深圳市的做法，结合我区高校实际，制定科学、合理和公平的切实可行的岗位设置方案。执行中应该灵活机动，要使每一个符合条件的人都能上到相应的岗位，从而有效激发教师的积极性，增强高校的活力。

六、加大政府扶持力度，保证高校实现实质性合并

高等教育管理体制的改革，必须得到中央有关部委对地方政府高教体制改革的理解与扶持，并得到有关方面领导的重视，相关部门能够严格履行协议的责任和义务，取得较大的经费投入，才能深入开展下去。合并学校虽然改善了高校布局的不合理状况，使学校的布局趋于合理，学校的办学规模及效益得到了提高，但由于不同学校原主管部门不同，学校内部利益不平衡，这是影响学校实际合并的主要原因。为此，政府对合并学校要有更大的投入，改善学校的办学条件。学校要进入实质性的合并，必须对其进行学科专业的合并调整，这是一个过渡时间较长、影响学校办学水平和效益的重要合并调整内容，因此既要积极又要稳妥，决不可操之过急，简单行事。

七、实行经常性的编制动态管理，适应教育发展需要

随着教育事业的发展，编制部门应针对高校每年的招生数量和教学内容不断调整变化，教学方式不断改变的实际，认真调查研究，制定编制核准备案动态管理的具体实施意见，使编制管理更加科学、更加符合事业发展的需要。是否可以考虑按照教育部有关规定，在人事厅宏观控制下结合学校发展战略规划自主核定。

八、综合配套，完善社会保障制度

推进事业单位改革，既是突破旧体制、旧观念束缚的过程，也是促进一些传统公共事业产业化、社会化的契机；是充分发挥市场配置资源作用的重要前提，是转变政府职能的重要条件，也促进经济社会全面发展的客观要求。这是一个十分复杂的系统工程。因此，必须认真完善各项配套措施和相关政策，做好必要的保障工作，使改革稳步推进。其中，只有建立起统一完善的社会保障机制，解决人员流动的“后顾之忧”，

才能真正把“单位人”变成“社会人”。保证出口畅通，让进口与出口良性循环起来，高校才能保持长久的活力，才能逐步实现人才资源的社会化配置。

伴随着高校人事制度的进行，国家对教师社会保障及福利制度进行了新的改革。1993 年《关于高等学校内部管理体制改革的意见》第 6 条指出：“以人事、分配制度为重点，将人事、分配、住房、医疗和退休保险制度等方面的改革有机结合起来，配套实施，整体推进。”与之相随，国家相继出台了社会保障体系、医疗保险制度、失业保险制度的实施和改革方案，为高校人事制度改革提供可能的社会条件。

对于我区来说，建立健全社会保障制度，为整个事业单位改革保驾护航，仍然是解决目前改革不彻底，推进缓慢的一项重要有效的措施。

此外，必须清醒地认识到，高等教育管理体制改革是一项系统工程，绝不能单兵独进，必须与行政体制改革、经济体制改革乃至科技体制改革协调发展，齐头并进。经济发展是高等教育发展的基础和后盾，行政体制改革是前提和保障，科技体制改革是辅助。只有把内蒙古高等教育管理体制改革放到整个事业单位改革的大背景下，全盘统筹和规划，才能有效地实施和顺利推进。

第三章　内蒙古科技事业单位改革

第一节　内蒙古科技事业单位管理体制改革的背景与历程

一、中国科技事业单位改革的背景与历程

中国科技事业单位改革是伴随着中国科技体制改革进行的。1985 年 3 月，《中共中央关于科学技术体制改革的决定》（以下称《决定》）标志着中国科技体制改革的正式开始。从此，政府在推动科技体制改革的政策供给方面做出了巨大努力，依据改革目标与政策重点的调整，可大致分为以下几个阶段：

（1）1985—1992 年，以改革拨款制度、开拓技术市场为核心，改革科技运行机制，促进科技与经济结合。政策供给集中在拨款制度、技术市场、组织结构及人事制度等方面，鼓励研究、教育、设计机构与生产单位的联合，提出了技术开发型科研机构进入企业的五种发展方向。同时，政府支持和鼓励民营科技企业发展，建立高新技术产业开发试验区，加快科技成果的产业化。[6]

（2）1992—1998 年，以结构调整和人才分流为重点，加速推进科技与经济一体化发展，以《国家中长期科学技术发展纲领》发布为标志，科技体制改革进入推进阶段。这一阶段改革目标是建立和完善符合科学技术发展客观规律的、与市场经济相适应的科技体制，使之有利于促进科技自身的发展，有利于科技与经济的结合；重点是调整组织结构，鼓励广大科技人员面向国民经济建设主战场。

（3）1998—2003 年，以加强科技创新和促进科技成果产业化为重点，对科技资源配置和力量布局进行重大调整。[7]以 1998 年国务院决定对国家经贸委管理的（10 个国家局所属的 242 个科研院所进行管理体制改革，发布《关于加强技术创新，发展高科技，实现产业化的决定》和中科院《关于中国科学院开展〈知识创新工程〉试点的汇报提纲》为标志，科技体制改革进入推进以企业为主体的国家创新体系建设阶段。

---

[6] 方新，柳卸林. 我国科技体制改革的回顾及展望，《求是》，2004 年第 5 期.

[7] 科技体制发生重大变革——访科技部政策法规与体制改革司司长张景安，《中国改革报》，2002 年 10 月 10 日，第一版.

改革的重点是推进应用研究与开发型科研机构转制和社会公益型科研机构改革，建设一流大学及现代研究院所制度。[8]

（4）2004 年至今，以加快科学技术创新和跨越，加快建设国家创新体系，全面提高科技整体实力和产业技术水平为重点，深化科技体制改革，合理配置基础研究、前沿技术研究和社会公益性研究力量。中国政府在 2004 年开始制定新世纪第一个国家中长期科学和技术发展规划（2006—2020 年），对新世纪这些年的科技工作进行全面部署。2006 年 2 月 9 日，国务院发布《国家中长期科学和技术发展规划纲要（2006—2020 年）》，实施科教兴国战略和人才强国战略，把科技进步和创新作为经济社会发展的重要推动力，把发展教育和培养德才兼备的高素质人才摆在更加突出的战略位置，努力建设创新型国家和人力资本强国。

二、内蒙古科技事业单位改革的背景与历程梳理

1986 年 5 月 23 日，内蒙古自治区党委办公厅、人民政府办公厅联合发出《关于贯彻〈中共中央关于科技体制改革的决定〉的意见》。标志着内蒙古自治区科研事业单位改革开始。内蒙古科技事业单位改革和国家科技体制改革基本同步，是教、科、文、卫、体这些事业单位门类中最早开始进行改革的行业。但总体看来，主要是贯彻落实中央关于科技体制改革的精神。可以看出中国事业单位改革及科技事业单位的体制改革由政府自上而下推进的改革，总体看来也可以划分为以下几个阶段：

（1）1986—1994 年，改革的提出和初步探索阶段。这个阶段改革的重点首先是改革拨款制度，实行经费分类管理。对主要从事开发性工作的科研机构，以 1984 年底财政拨款为基数，从 1986 年开始，逐年递减，力争“七五”计划期间基本实现事业费自给；对从事社会公益、科技服务、技术基础工作的科研单位以及农牧林科研单位和农牧林技术推广单位的事业费，仍由财政拨给，实行包干制，但也要逐步做到事业费自给。1986 年 10 月 16 日，自治区人民政府批转自治区财政厅、自治区科学技术委员会《关于改革科学事业费拨款管理办法》的报告。自 1987 年 1 月 1 日起，各级财政部门将事业费全部划拨给同级科委归口管理。自治区各级各类独立的自然科学研究机构（其中隶属自治区的 31 个、隶属盟市的 87 个、隶属旗县的 37 个）开始进行减拨事业费的改革工作。1987 年，自治区有关部门决定，将长期以来无偿使用的科技三项费（新产品试制、中间试验和重大科学研究补助经费）实行有偿使用。

其次是改革科技人员管理制度，扩大研究机构自主权。1987 年 8 月内蒙古自治区党委、人民政府召开关于深化内蒙古畜牧科学院科技体制改革试点会议：进一步扩大研究院所自主权，实行院所长负责制；根据工作任务的不同性质，继续试行有偿合

[8] 何洁，邓心安. 对我国新一轮科技体制改革共性问题的思考.《中国科技论坛》，2004 年 5 月，第 3 期.

同制、各种承包责任制、岗位责任制和基金制；允许编制内多余人员试办自负盈亏的第三产业。1988 年颁布的《关于放活科技人员促进人才流动若干政策的暂行规定》推动科技事业单位人员改革。

第三是开拓技术市场，促进科技成果向生产的转化。1988 年《内蒙古自治区独立科研机构承包经营责任制试行办法》；《内蒙古自治区技术市场合同登记暂行办法》和 1989 年 8 月实施《内蒙古自治区技术市场管理暂行办法》以及 1991 年 8 月《内蒙古自治区科学技术委员会关于在全区开展创建科技先导型企业活动的几点意见》，1992 年 3 月《内蒙古自治区关于创建科技先导型企业的若干规定》，这些政策的出台对提高企业技术开发能力，深化科技体制改革作出明确部署。把创建科技先导型企业作为进一步搞好自治区大中型企业的一项主要措施。明确创建企业的科技开发机构，在人员、装备、资金、开发能力等方面达到一定规模时，经主管部门审查和自治区科学技术委员会批准，可以享受独立科研机构的优惠政策。

第四是引导和鼓励科研机构进入第三产业，鼓励科研机构由事业型整建制地转化为科技企业或企业集团。1994 年 1 月 15 日，自治区人民政府召开全区科技工作会议，明确今后除从事“少而精”的基础研究、应用基础研究的科研机构和项目继续通过拨款支持外，要大胆引导和鼓励更多的科研机构和科技项目以各种形式进入市场；千方百计扩大资金渠道，解决科研经费的不足；鼓励科研院所由事业型整建制地转化为科技企业或企业集团，转化为行业、地区或企业的技术开发中心，实行企业化管理，面向经济建设并为经济建设提供直接服务；支持科研院所与企业之间以领办、参股、兼并、承包、租赁等多种方式加强经济联合；有条件的科研机构可率先进行国有民营或股份制改革的试点；继续扶持民营科技型企业发展。

（2）1995—1998 年，深化科技体制改革，对科研机构分类指导尝试阶段。第一，促进科技与经济结合，深化科技体制改革。1995 年 10 月内蒙古自治区发布《关于实施科教兴区战略，加速科学技术进步的意见》，部署建立新型科技体制，促进科技与经济的结合。1995 年 12 月自治区人民政府召开全区科技大会，自治区主席乌力吉要求深化科技体制改革，建立适应新形势的科技运行机制。1996 年 7 月自治区主席乌力吉分别听取自治区科学技术委员会关于科研院所改革方案的工作汇报和自治区直属研究院所、部分高等院校科技体制改革工作汇报，并要求自治区科学技术委员会出台一个科研院所、高等院校科技与经济结合的计划，以此作为考核自治区科学技术委员会工作的依据。8 月 8 日，内蒙古自治区党委、人民政府决定成立科技领导小组，乌力吉主席任组长。12 月 7 日，自治区《事业单位非经营性资产转经营性资产管理实施办法》出台。另外，1997 年 9 月开始实施的《关于以高新技术成果出资入股若干问题的规定》和 1998 年 6 月实施的《〈关于以高新技术成果出资入股若干问题的规定〉实施办法》以及 1998 年 7 月自治区人民政府召开全区科技与经济结合电视电话会议，均提出加快科技体制改革，把科学技术推向经济建设主战场。

第二，对科研机构分类试点改革。从1997年起，开始对全区133家独立科研机构进行全面摸底和清查。1997年7月，自治区人民政府印发《关于深化科技体制改革的实施方案》，提出科技体制改革的具体目标。按照“试点先行，分类指导，因地制宜，稳步推进”的原则，提出开发型科研院所、农业科研院所和社会公益型科研机构改革的方案，确定内蒙古电子计算中心、内蒙古自治区粮食科研设计所、内蒙古自治区轻工研究所、内蒙古自治区电子研究所、内蒙古自治区农科院5家直属科研院所和包头市作为改革的试点单位和地区。

（3）1999—2004年，以“优化结构、分流人员、转换机制、制度创新”为重点的科研机构企业化转制的改革[9]。第一，制度保障改革。1999年，内蒙古自治区党委、政府相继下发了《关于贯彻〈中共中央国务院关于加强技术创新，发展高科技，实现产业化〉的意见》、《关于深化科技体制改革总体框架及科研机构调整的实施意见》、《关于全区科研结构调整及人员分流的若干政策规定》文件，对全区深化科技体制改革工作做出了全面的安排和部署。为了解决改革中遇到的实质性问题，2001年自治区政府下发实施了《关于内蒙古自治区直属科研机构改革中有关政策的补充规定》，对科研机构改革中的土地、科技企业集团的注册资金、科技人员提前退休、科学事业费和调整准备金、税收优惠政策、养老保险、检验检测职能、部属院所属地化管理及参照执行国家有关科技体制改革政策等问题，均做了明确规定。2000年下发了《内蒙古自治区直属国有事业单位未聘人员安置暂行办法》明确规定了对包括科研机构在内的事业单位未聘人员安置的主要渠道和相关政策，为深化改革创造了良好的政策环境，起到了重要的推动和保障作用。开发类科研院所职工改制参加社会养老统筹，改制之日以前的养老保险费，按视同缴纳对待（改制时间限在2004年12月31日前），并相应建立个人养老金账户。

第二，批复大多数区直科研机构改革方案。为了加强对科研机构改革工作的领导，2000年，内蒙古自治区政府成立了直属科研机构改革协调审批小组，贯彻实行《关于深化科研机构改革总体框架及科研机构调整的实施意见》、《关于全区科研结构调整及人员分流的基本政策规定》精神，对区直28家科研机构的改革方案逐一审核，同意批复了25家科研机构的改革方案。其中，对区直13家技术开发类科研机构改革方案批复的主要精神是要整体转制为科技型企业；对12家社会公益类科研机构改革方案批复的主要精神是要做好非营利机构的界定工作，实行分类管理，即具有面向市场能力的部分要转为科技型企业，建立现代企业制度；按非营利性机构运行和管理的，要建立现代研究院所制度。

第三，积极深化科研机构产权制度改革。2003年自治区党委、政府下发了《内蒙古自治区直属技术开发类科研机构改制工作基本程序》和《关于深化自治区直属技

[9] 云涛. 内蒙古科研机构体制改革情况、问题与对策建议[J]，科学管理研究，2004年01期.

术开发类转制科研机构产权制度改革的实施意见》。与此同时，组织、指导科研机构进行公司制改制的清产核资、资产审计和评估及改制方案的制定工作。区直技术开发类科研机构均基本完成了产权制度改革的资产评估等前期准备工作。

第四，启动社会公益类科研机构改革。2004 年，内蒙古自治区对社会公益类科研机构制定出分类改革方向：一部分在确定非营利科研定位的基础上组建非营利性科研机构；一部分进入社会中介；一部分退出科研系列转为事业单位：一部分转制为企业。[10]

第五，盟市所属科研机构改革稳步推进。根据内蒙古自治区党委、政府关于科技体制改革的统一部署和要求，各盟市均已结合各自的实际，研究制定了科技体制改革实施方案和政策措施，在人员分流、机制转换等方面已迈出了实质性的步伐，有的已整建制改制为科技型企业。

（4）2005 年至今，新一轮事业单位改革，推进自主创新阶段。2005 年 3 月 15 日上午，内蒙古自治区党委、政府召开区直事业单位改革试点工作动员会，标志着新一轮改革的开始。会议决定从四个方面推进内蒙古区直事业单位改革：一是改革财政补助、编制和进人管理方式，提高事业单位自主改革发展和自我约束能力。二是推进经营性和从事有偿服务的事业单位加快转企改制。三是调整、整合事业单位，促进事业单位分类改革。四是推进事业单位人事制度和社会养老保险制度改革。

本轮改革实际是从推动事业单位改革的角度出发的。会议中提出的四个方面，科技事业单位在此之前基本已经全部涉及了。甚至本轮事业单位改革方向也是在此前部分科技事业单位试点改革取得成功的基础上提出的。科技事业单位在本轮事业单位改革的新浪潮中是深化、推进的过程，科技体制改革开始转入区域创新体系建设阶段。

2006 年，内蒙古自治区着力解决改革中存在的部分问题。一是根据国家“在有毒有害特殊岗位工作的人员可以提前退休”的精神，科技厅对自治区 7 家科研院所特殊岗位进行审查认定，对于符合国家规定的有毒有害作业者给予认定并享受提前退休待遇。二是结合事业单位改革和区域创新体系建设，完成《我区科技体制改革总体思路的汇报提纲》，形成整合科技资源，高校与科研机构互兼互聘，共建重点实验室，与国家农科林科院、工程院联建共建内蒙古社会公益类科研机构的思路，提出根据学科专业优势、研究实验条件、人才、体制、机制认定非营利科研机构的思路。三是完成对高新技术股权激励试点企业的跟踪问效工作。

第二节 改革的成效

综观内蒙古科研单位经历的事业单位改革之旅，经历了前几轮的科技体制改革和

[10] 记者珊丹. 我区科技体制改革再次提速[N]. 内蒙古日报（汉），2004.

事业单位改革之后，社会公益类科研机构改革已经到了攻坚阶段，盟市所属科研机构改革稳步推进，技术开发类的科研事业单位已经基本实现了转企工作。实践证明，通过改革使区直技术开发类科研机构的创新创业意识明显增强，以市场为导向的技术创新能力进一步增强，新兴产业迅速发展，正在成为自治区高新技术产业发展中的中坚力量。改革中确实出现了一些值得肯定和借鉴的经验。

一、政府高度重视，出台政策大力推进改革

内蒙古自治区党委、政府对科技事业单位改革工作高度重视，专门成立了以自治区副主席为组长的自治区科研机构体制改革协调领导小组。深入到各科研机构调研，了解、解决各种难题。自治区为科研机构改革提供了十分宽松的改革环境和十分有力的政策支持。《内蒙古自治区党委政府关于贯彻（中共中央关于加强技术创新发展高科技实现产业化的决定）的意见》、《内蒙古自治区党委政府关于深化科技体制改革总体框架及科研结构调整的实施方案》和《内蒙古自治区党委政府关于全区科研结构调整及人员分流的若干政策规定》，明确了改革的方向与任务。根据改革中出现的新情况和新问题，自治区人民政府及时制定了《内蒙古自治区人民政府关于自治区直属科研机构改革中有关政策的补充规定》对改革中的土地、科技企业集团注册、科技人员离退休、科研机构的事业费和改革调整准备金、税收政策、技术开发类科研机构的社会养老保险、科研机构承担检验检测职能、国家部属研究院所属地化管理、参照执行国家科技体制改革的政策等问题做了进一步的政策规定。

二、解放思想，发挥改革多方动力

回顾我国的改革之路，不难发现改革的一个动力机制就是地方创新。很多制度创新最早是由地方做起来的。中国改革的基本模式就是，地方实验取得成功，获得中央政府认可，形成政策、法规向全国推广。

内蒙古在前几轮的科技事业单位改革过程中，出现了一些典型案例，其中使用了很多好的办法。比如内蒙古交通设计研究院的改革：首先是提高认识，创新观念。领导班子利用近半年的时间，召开全体职工大会以及分组讨论会，学习有关文件，传达上级精神，邀请有关专家办专题讲座。重点解决科技骨干和环节干部的思想认识问题，“以点带面”，实现观念的共同转变，为顺利进行改革奠定了良好的思想基础。其次是清产核资，进行股份制改造。为积极稳妥地推进改革，该单位将资产的界定、评估和资产处置等作为转制工作的重中之重。经过清产核资，将公司净资产由总资产中剥离，划分为经营性净资产和非经营性净资产两部分。根据公司转制的实际情况，结合转制工作的具体要求，按照国家有关政策，将存量净资产分成六部分进行资产处置：①科

技人员奖励股；②达到退休年龄职工一次性移交基本养老保险社会统筹安置费用；③办理提前退休手续职工的一次性移交基本养老保险统筹安置费用；④办理辞职手续职工的一次性辞职金，该部分职工不再保留企业职工身份，离开企业自谋职业；⑤年龄在 40 岁以下的未聘职工的再就业培训费；⑥公司在职职工个人出资购买。第三是建章立制，完善管理制度。制定出台了《内蒙古交通设计研究院科技体制改革方案》，经职工代表大会通过后，在原设计院的基础上组建全体职工入股、国家参股的有限责任公司。审议通过了《公司股权证管理条例》、《国有资产收售方案》等实施性文件。根据规定的程序，选举产生了公司董事会和监事会。在选举过程中，依法突出了工会的职能作用，使工会脱离行政，真正的以独立身份代表职工控股，参与公司重大事项的决策，行使民主监督权力。同时，建立起了责权明确的企业法人治理机构，形成产权清晰、政企分开、管理科学的现代化企业制度和健全的决策、执行、监督体系。这个单位的做法可以通过研究形成经验推广。[11]

所以，在科研事业单位改革的过程中应当充分发挥改革的地方动力。在这个问题上，课题组还认为有一个环节非常重要，那就是“改革应当允许犯错误”，否则会大大束缚地方改革的手脚。当然“允许犯错误”不等于胡来，这需要用制度来规范。比如，深圳对失误、未达到预期效果的改革实行“无腐败”改革可免责的做法，首次将政府与改革以法定的形式确定下来。

三、产权制度改革，实行期权激励制度

技术开发类科研机构在转制的基础上以产权制度改革为核心，加快法人治理结构和现代企业制度建设，在较短的时间内，取得突破性进展。目前，13 家自治区直属技术开发类科研机构中，有 10 家完成了产权制度改革，转制为多元化的科技型企业；一家实现了自收自支的企业化管理；两家制定了转制方案（分别涉及与其他单位共有办公场所和所办企业亏损待破产问题），待批复。在转制科研机构产权明晰的基础上，选择了内蒙古交通设计研究院进行了股权激励的试点。初步建立了对企业经营管理者的约束激励机制，规范了企业经营者的行为，经济效益连续数年持续增长，人才队伍得到优化，转制院所的创新能力稳步提高。2004 年《公路沙害综合治理技术》获内蒙古自治区科技进步一等奖。

内蒙古计算机研究院是内蒙古科技体制改革的试点单位之一，是全国最早实行期权激励制度科研机构。1999 年打破单一所有制，调整了利益关系，改制成为股份制高新技术企业，下属研究室转成 6 个分公司。计算机研究院院长范德元说，鉴于是国

[11] 杨颖奇，温雅琴. 创建科技型企业转制新路——浅谈内蒙古交通设计研究院科技体制改革，《内蒙古科技与经济》，2006 年第 01 期.

有研究所的整体改革，走的是人人持股的路子，对于经营及技术成果的作用在股权设置上未能考虑，掺入经营股份和技术股份可以调动骨干的积极性，有利于全院的发展和国有资产的进一步增值，杜绝各公司可能出现的短期行为。经理班子的期权设置是根据各分公司的规模而定。例如，年利税为 50 万～100 万元的超额 10%以上者，可以取得下年度分红总额 3%的分红资格；如果下年度仍然超额完成任务，而且超过 7%，则兑现上年取得的分红权，以当年分红总额的 3%由经营班子分享；如果连续两年均满足要求，允许按 1：1 现值价格由经营班子购买此 3%的股权。

四、内引外联，发展事业

科研事业单位作为向全社会提供基本公共服务的单位，改革是为了更好地提供公共产品（服务）、发展公共事业、将更多的研究成果转化为经济发展的动力。通过几轮改革，内蒙古自治区很多科研机构通过改革激发了自身的原动力，不再以等、靠、要过日子。比如内蒙古林业科学院是改革中划归到公益类的科研机构。于 2004 年 8 月与中国林科院长期合作成立中国林科院内蒙古分院，为林业生态建设科技支撑奠定了更加牢固的合作基础。这种地方与国家共建的模式对提升地方科研机构整体实力、提高科研水平、培养科技人才、引进先进技术、加强合作交流、全力支撑地方科技建设具有重大的现实意义和深远的历史意义。而且，对于国家级科研机构也可以增强其自主创新能力，锻炼队伍、增长才干，有力地推进产学研结合，加快技术转移的进程。所以，对于公益类科研机构的改革而言，这样的模式不失为一种好办法。[12]

再比如内蒙古甜菜制糖工业研究所是自治区科技厅直属的科研机构，通过几轮改革在“基础科学→技术科学→应用开发→生产推广”链条的各个环节中都激发了活力，增强了科技转化能力。内蒙古自治区具有甜菜生产和制糖的优势和基础（2007 年内蒙古自治区甜菜种植面积 75.26 万亩），而且近年来国家对食糖市场的调控和管理日趋完善、糖业生产结构得以优化、甜菜和糖业生产向规模化、集团化发展。内蒙古甜菜制糖工业研究所作为国家和甜菜制糖行业重要科研单位之一，与内蒙古农业大学农学院长期合作从事品种繁育、栽培技术等方面的合作，加强甜菜科研力量，扩大甜菜及制糖的研究领域及综合利用途径，促进甜菜科研和生产的发展。内蒙古自治区甜菜制糖工业研究所从 2006 年起向蒙古国提供甜菜品种和优质高产栽培技术，在蒙古国农业区进行试种，结果显示中国提供的甜菜品种适合在蒙古国大面积推广种植。2008 年与蒙古国 STS 工贸公司，就在蒙古国开展甜菜种植和建设糖厂事宜签署科技合作协议，这将是蒙古国第一家制糖厂。这种与高校联合并及时转化科研成果的方式也是科研事业单位发展的主要方向。

[12] 雷·额尔德尼在中国林科院内蒙古分院成立挂牌仪式上的讲话，《内蒙古林业》，2004 年 09 期.

五、成功转企，激活行业

内蒙古地勘局的改革成为事业单位转企改制的成功典范，从内蒙古自治区确定的十七家改革试点单位中脱颖而出，在全国地勘改革中被称为“内蒙古模式”。2004年在自治区提出要求地勘行业进行改革之初，内蒙古地勘局面临着离退休下岗人员多、专业技术人才匮乏、设备落后、资金匮乏、无法进入市场等难题。自治区政府充分考虑到地勘单位改革可能面临的问题，明确表示“要钱比较困难，要政策可以”。给了内蒙古地勘“三不变”（即地勘费不减，事业帽子不摘，职工身份不变）、“三自主”（即自主用人，自主分配，自主经营）的基本政策。另外按照自治区政府提出的“突出主业、收缩辅业”，“发展比较优势产业”的产业发展方向，经过几年来大规模的产业结构调整，地质勘查、矿业开发和工勘施工三大主导产业在全局经济中的比重逐年加大。将地勘单位的社会职能移交地方，包括中小学校、技校、资产、经费等全部下划到所在地属地管理。离退休人员经费从各地勘单位财政应拨款基数中划出，单列管理；以后国家和自治区增资费用，由自治区财政全额拨款解决，确保老有所养、老有所医。此外还给出了更加具体的政策扶持，如矿权评估价款的10%提取勘查基金用于支持地勘工作；相关矿权价款可部分或全部转增国家资本金；中央安排的政策性补贴继续用于地勘单位；同等条件下地勘项目优先安排给自治区地勘单位；职工养老保险、住房改革支出与其他事业单位同等对待。

内蒙古地勘局在这次内部企业化改革中，坚定不移地走“探、采、选、冶”一体化的地矿产业发展道路。矿山企业实行规范的现代企业制度，完善了法人治理结构，经营管理实现了高起点、高质量运行。完成资产清查核实工作，事企资产彻底分开，划转到企业的资产已经评估确认，并经自治区财政厅批准，事企财务已分体运行。重点加强资本运营，矿权运作、项目筹划、产业布局、发展规划等重大决策的管理，对整合重组的地勘单位和企业赋予经营自主权，建立以资产经营责任制为核心的生产经营考核体系，重点考核经济效益、发展速度、国有资产保值增值指标。这也意味着，企业的经营者可以自由支配自己的利润。

新组建的产业公司和各企业再投资企业，全部实行投资主体多元化，社会融资、职工入股，组成混合型经济结构，经营决策和监督管理按现代企业制度和产权制度办事，增强了投资、决策的透明度和科学化。与此相适应，按照新的管理方式，集团公司职工的原身份、职务、级别等全部进入档案，实行岗位管理。

在分配制度上，以岗位工资、绩效工资、股权分红为主，收入与业绩、效益等贡献指标挂钩。其中，地矿集团对直属企业、地勘企业主要经营者实行年薪制，按经营业绩兑现工资、奖金，经营业绩突出的职工年收入可达40万元以上。

第三节　存在的问题与原因分析

虽然内蒙古自治区的科研单位在改革过程中取得了一定的的经验和成果，总体上比较顺利，但受到多种因素的影响和制约，依然存在一些问题值得我们思考和探讨。

一、事企不分的问题

“政事分开，事企分开，政企分开”是事业单位改革的目的之一。但是在调研中发现，即使经济效益很高的科研院所，也不愿主动从事业单位的队伍中退出来，原因显而易见，但弊端发人深省：其一，可以尽力争取政府拨款，能要就要。政府每年给企业化科研院所拨付一定款项，无异于降低其经营成本，这对其他市场竞争主体不公平。其二，可以理所当然地承担一些垄断性业务，如水利设计院每年都要承担一定的所谓政府任务，2005 年政府拨款 1400 万，除 600 万先行无条件拨付外，其余 800 万都是在该院完成相关业务任务后再拨付，这些任务都是中央或地方政府在承担社会管理职能时产生的。换言之，政府花钱买服务，比过去的政府直接生产公共产品前进了一大步。按照市场规律，政府买服务的过程中，应该本着提高效率的原则，但到目前为止，实践证明最高效的做法是将竞争机制引入政府采购当中，当政府需要公共产品时，不是政府自己去生产，而是选择成本低、质量高的产品，至于提供产品的主体选择谁，完全取决于谁提供的产品更具竞争力。现在，政府购买公共产品时，直接以拨付事业费交付任务的形式将生产权交给企业化科研院所，无异于保护其垄断地位。其三，在中国，“事业单位”这块牌子对科研院所而言，尤其珍贵，它意味着技术过硬的科研队伍，意味着雄厚的经济实力，意味着很高的诚信度。于是，产生了事业单位双法人的怪现象，即集事业法人和企业法人于一身，事企不分。这种双法人身份，使这些科研院所的“政府嫡亲”的身份合法化，在市场竞争中的“身价”明显优于其他竞争主体。当然，走企业化道路的科研院所在改革初期被赋予些优势是必要的。让一向衣食无忧的事业单位面临自己找食吃的压力，需要政府扶持一把。但这种扶持一定要限期在改革初期，当他们已经具备一定竞争基础后，必须在真正意义上断奶，否则会破坏市场竞争秩序。换言之，既然是企业，就要把他们交给市场。

二、公益类科研机构划分的问题

科技活动指在自然科学、农业科学、医药科学、工程与技术科学、人文与社会科学领域（简称科学技术领域）中与科技知识的产生、发展、传播和应用密切相关的有组织活动。研究与试验发展（R&D）指在科学技术领域，为增加知识总量以及运用这些知识去创造新的应用而进行的系统的创造性活动，包括基础研究、应用研究、试验发展三类活动。科技活动是比 R&D 更广的概念，科技活动包括知识的创造、传播和应用过程。

被调研的各科研院所都一再强调自己的公益性职能，从而说明自己保持事业单位身份、取得更高比例甚至全额拨款的必要性。确实，具有公益性的公共产品无论在哪个国家，无论通过直接生产、购买，还是政策性引导的方式，其提供都需要政府干预，这是由公共产品的特性和市场手段的局限性决定的。但是，市场经济体制下，在公共产品提供的具体方式上，政府可以选择的干预手段是世界各国政府都在探索的问题，而且已经取得一定经验。换言之，一个科研院所将来是具有企业身份、自收自支类事业单位身份、公益类事业单位身份、准公益类事业单位身份，还是其他类型的身份，并不取决于其是否具有公益性职能，而是取决于政府选择什么方式保证这些职能不缺失。

如农牧科学院提到的“农牧科技的基础性研究缺失，政府只重视农牧科技的推广，不重视农牧科技的开发”问题。如果自治区政府经过深入调研能够论证，相关农牧高等院校的科技队伍基本可以承担农牧科技的基础研究，通过各级自然科学基金的项目支持，可以使农牧科技的基础研究保持发展，那么农牧科学院的所谓公益性职能在其面临的新一轮改革中力争进入公益性事业单位行列的筹码便少了一些；反之，则很有必要考虑农牧科技基础研究在农牧科学院的企业化过程中缺失的可能性。当然，避免该职能缺失的方式不一定是将其化入公益类事业单位的行列，而是通过具体的政策保障该职能得到有效发挥。只要将这些科研院所的职能整理清楚、规划顺畅，各科研院所在分类改革中的位置也就自然清晰了。所以应该对一些在前两轮改革中发展停滞甚至萎缩的科研院所所属职能进行梳理，本着有利于这些职能发展的原则，规划相关职能的履行方式，继而制定相关科研院所的具体改革措施。

另外，社会对公益类科研机构的支持落后于行业的支持。在内蒙古环保、农牧业、林业、水利、计量乃至于体育行业都对科研机构的管理提出意见。比如，计量科学研究所和劳动保护研究所的机构管理转回技术监督局管理。农牧业科学院拟转回农牧业厅管理，自治区编办没有批准，调研中我们了解到，该部门正在找自治区组织部解决这个问题。

三、区域环境的问题

在重新分类并制定具体改革措施的过程中，一定不能脱离内蒙古和各科研院所的具体情况。一方面，具体改革措施不能脱离内蒙古的区情，尤其是经济环境。虽然我国事业单位的具体分类现在仍是未解之题，但其提供社会发展所必需的公共产品这一主要功能已是公认的。公共产品的提供者当然是多元的，但就目前中国的社会发展而言，至少在近期，传统的事业单位仍然是公共产品的主要提供者。而为其买单的则是政府、社会团体或消费者个人，但一个地区整体经济的落后势必导致这三类主体都囊中羞涩。由于中央对事业单位改革的具体措施至今没有出台，因此对改革中的成本投入必然十分有限，这就意味着地方政府要想推动本地区的改革，必须承担必要的成本投入，于是，各地方政府的财力必将成为其在推进改革时的资金投入承受力的直接影响因素。

另一方面，具体改革措施不能脱离各科研院所的具体情况。在以往的改革中，一些在划入"经营性和从事有偿服务的事业单位"行列的过程中争议较小的单位，基本都已经转为企业。到现在剩下的面临改革的事业单位往往有一些简单划入"经营性和从事有偿服务的事业单位"后难以得到保障的职能，如内蒙古水利水电勘测设计院的防洪灌溉、内蒙古农牧科学院的农牧业科学技术研究、内蒙古地质勘查设计院的国有矿藏勘探等职能在我国、在我区是否可以交给市场？如何更高效地完成这些职能？类似问题的发现和解决都要以对各单位的深入调查、分析和考证为基础。这些单位都是在二十余年的改革历程中难以解决的，以及应该解决却由于诸多原因没有得到解决的问题都集结在一起，必然成为进一步改革的阻力。改革进行到这一阶段，毫不夸张地说，是进入了攻坚阶段，一定要深入调研、科学论证，结合具体情况制定有针对性的、灵活多样的改革措施，既不能让本可以自食其力却"会哭的孩子"得到免费的午餐，也不能苛求还没有站稳的孩子自食其力。

面临改革的事业单位与政府之间的博弈在调研过程中体现得淋漓尽致：事业单位一再强调自身的公益职能，并要钱、要权、要政策，即使是政府和学术界都论证过应该转企的事业单位，也尽量拖延最终离开事业单位队伍的期限；政府则一再强调事业单位的低效、高耗和惰性，并减编、减钱、限增员，这样的博弈在改革过程中是在所难免的，但缺乏广泛深入调研而制定出的具体改革政策中存在诸多不足，无疑会加剧这场博弈的激烈程度。

四、落实出台政策的问题

自治区虽然在推动科研机构改革方面出台了不少政策性文件，创造了较好的改革环境，但在政策的落实上往往严重滞后。例如关于基本养老保险的视同缴纳政策得不到落实。自治区党委、政府的17、18号文件，特别是自治区政府2001年的92号文件明确规定："未参加当地基本养老保险社会统筹的技术开发类科研机构，转制后从2001年1月1日起都要纳入企业基本养老保险社会统筹；2001年1月1日前的连续工龄视同缴费年限，不再补缴养老保险费。"但在改革中视同缴纳问题得不到认可和落实，各单位和职工应从2001年1月1日起按规定交纳的基本养老保险金无法纳入社会统筹已有一段时间，随着时间的推移将给转制院所和职工造成越来越重的负担。

这已严重影响着改革实质性步伐的迈出和改革的总体进程。因此，尽快落实改革的政策文件，已成为深化改革十分迫切的问题。

五、改革结果的问题

经历了同样几轮改革的内蒙古科研单位，呈现出不同结果。转制后，有的单位改变了原来人员臃肿、效率低下等问题，不但经济效益连续数年持续增长，人才队伍得到优化，创新能力稳步提高，而且科技人员收入水平提高，充分调动科技骨干的积极性。比如内蒙古交通设计研究院 2001 年在全国省级公路设计院所中率先完成科技体制改革，其更名为内蒙古交通设计研究院有限责任公司，现有在职职工 252 人，其中具有中、高级技术职称人员 130 名。公司现持有国家建设部、发展和改革委员会、国土资源部颁发的公路工程勘察、设计、工程咨询和工程测量的甲级资质证书；国家商务部颁发的对外经济合作经营资格证书以及进出口企业资格证书。也有一些单位几乎处于停滞状态，单位靠改革前留下的大楼租金过日子，半死不活。连续几年没有任何项目，人心涣散，各自为政，事业的发展就更谈不上了，比如内蒙古石油化工研究院。

为什么会出现如此大的反差？是需要我们认真思考的问题。课题组认为，思想不转变是首要问题。很多单位依然想回到计划经济年代，等着“上面”的任务，完成了更好，没有完成也不要紧，干好干坏一个样，没有任何压力，思想上不愿意去竞争。其次是领导体制问题严重，虽然很多科研事业单位已经转制为企业，但依然保留着相应的行政级别，很多单位的领导位子是某些人用来完成自身级别提升的台阶和垫脚石。这些领导在科研单位工作只是一个过渡。所以就出现外行指导内行，得过且过的情况。致使很多单位失去了一个又一个机会，一次又一次的沉沦下去了。所以在改革过程中我们必须要注意这些“次代”问题。

六、科技投入的问题

科技进步作为一个连续不断的过程，其产生及扩散所具有的乘数效应可放大其他生产要素的作用。作为“第一生产力”，科技进步能够极大地激发人们对科技投入、制度创新和文化转型的热情和动力。科技进步不是自然发生的，它是生产力与生产关系作用的必然结果。在这对矛盾关系中，科技进步是生产力的高级因素，科技研发是生产关系的重要方面。我们课题组对全国科技指数（见表 3-1）分析发现，内蒙古自治区今 5 年来“科技进步环境指数”不断提升，从 2003 年的全国 19 位，到 2007 年的全国 9 位。说明这几年内蒙古的科技体制改革初见成效，确实使得内蒙古的科技发展有了显著的进步。但是，我们应当清醒地看到之所以进步快还有一个重要的因素——基数低。从表 3-1 中我们可以看到，无论是“科技活动投入指数”还是“科技活动产出指数”内蒙古一直处于全国的末流。再有，“高新基数产业化指数”和“科技促进经济社会发展指数”一直在全国的中下游徘徊。另外，从表 3-2、图 3-1、图 3-2 中可以看到，1995 年至 2006 年这 12 年中内蒙古地方财政支出中科学事业费从 8607 万元增长到 21354 万元，增长了 2 倍多。但是从科学事业费占财政支出的比例来看，却是从 0.842%降为 0.263%，降幅为 3 倍多。这些数据均充分说明内蒙古近年来对科技投入不足，对科技投入方向不合理。“科技是第一生产力”这不应该是空话。对科技的投入不足势必会导致科学事业发展出现问题，这是不争的事实。那么在今后的科技体制改革中，尤其是对内蒙古这样的西部欠发达地区如何确保对科技的投入是值得我们思考的问题。

表 3-1　内蒙古科技指数

内容＼年份	2003 年	2004 年	2005 年	2006 年	2007 年
科技进步环境指数	37.52	34.27	41.12	48.71	53.42
全国排名（31 个省市自治区）	19	21	18	10	9
科技活动投入指数	22.49	21.04	22.55	27.96	28.46
全国排名（31 个省市自治区）	27	27	25	24	24
科技活动产出指数	15.06	24.02	20.32	14.91	16.86
全国排名（31 个省市自治区）	30	19	25	31	26
高新技术产业化指数	26.47	26.76	27.38	25.41	34.62
全国排名（31 个省市自治区）	18	16	17	22	20
科技促进经济社会发展指数	32.13	39.82	41.88	47.72	47.38
全国排名（31 个省市自治区）	20	15	23	15	16

（资料来源：中国科技统计网——全国科技经费投入公报 www.sts.org.cn）

表 3-2　内蒙古科学事业费及所占财政支出比例

项目＼年份	地方财政决算支出（万元）	地方财政决算支出中科学事业费（万元）	科学事业费占地方财政的比例（%）
1995	1021780	8607	0.842
1996	1263825	9808	0.776
1997	1429118	9707	0.679
1998	1703133	10935	0.642
1999	1997964	10730	0.537
2000	2472681	12018	0.486
2001	3192570	14025	0.439
2002	3935743	14977	0.381

续表

项目 年份	地方财政决算支出 （万元）	地方财政决算支出中科学事业费 （万元）	科学事业费占地方财政的比例 （%）
2003	4472566	16572	0.371
2004	5641117	17485	0.310
2005	6818772	19037	0.279
2006	8121330	21354	0.263

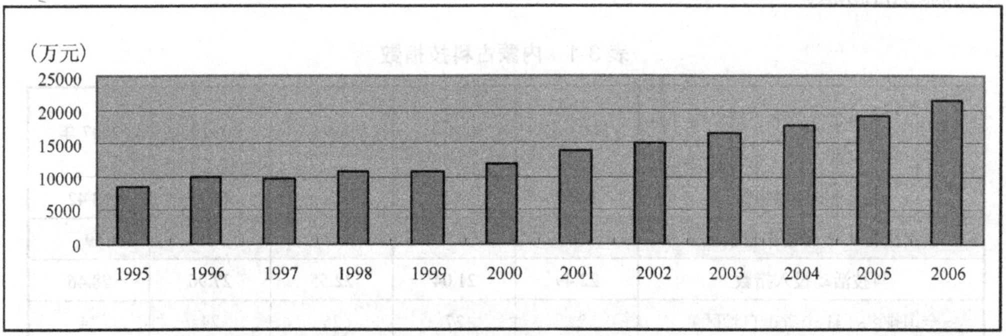

图 3-1　内蒙古地方财政决算支出中科学事业费年度趋势图

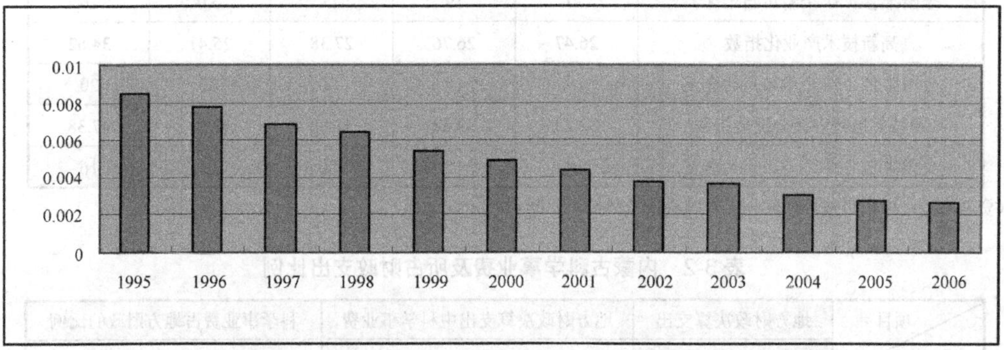

图 3-2　科学事业费占地方财政的比例年度趋势图

第四节　国内外科技事业发展与科技事业管理体制经验借鉴

内蒙古自治区近年来对科技体制改革作出了不少有益的尝试，也在改革过程中出现了不少值得我们思考的问题。我们可以在目前改革推进的过程中借鉴一些国内外改革的经验，“他山之石，可以攻玉”。

一、国外经验借鉴

（一）美国和英国

（1）监督和管理。

对公益性科研机构的监督和管理应该学习美、英两国的方式，由目前单一的政府监督向法律监督和社会监督并举的方向发展，建立多元化的监督管理制度。

（2）税收。

从事与其科研业务相关所得的收入，按有关规定免征营业税和企业所得税；从事与其科研业务无关的其他服务取得的收入，如果科研机构将这些主营业务收入用于科研，则经税务部门审核可抵扣其应纳税所得额；来自社会力量的捐款可依照税法规定，允许在当年度应纳税所得额中扣除。

（3）内部管理。

我们应该积极探索理事会决策制、院所长负责制、科学技术委员会咨询制和职工代表大会监督制，积极引入各方力量参与到科研机构的管理过程中，推进公益性科研机构内部管理的社会化进程。

（4）科研管理。

坚持非营利科研机构的自治性、非营利性的要求。部分政府所属的科研机构可以委托给大学、企业或非营利组织代为运营，这类科研机构的内部事务接受委托方的管理，政府采取某种方式加以监督和检查，专利成果上交国家等。

（5）财务管理。

财务制度要公开、透明，对科研经费的使用严格依法管理，科研机构产出的利润不分红，加强资产资金管理。另外，领导人要有预算控制的理念，加强成本概念，提高资金的使用效率。

（6）人事管理。

在用人上，面向社会公开招聘工作人员，以合同方式确定单位和个人的权利义务关系。在保持机构内部科研人员的工资待遇的差别不致过大，体现公平的基础上，按照项目课题完成的质量、科技创新程度对科研人员实行激励措施。[13]

（二）德国

弗琅霍夫协会是德国目前最具活力的非营利科研机构之一，其组织模式对于深化我国科技体制改革具有直接的启示意义。

---

[13] 叶辅靖，刘颂，马强. 美国和英国公益性科研机构运行机制比较研究. 北京城市学院学报，2007 年第 5 期.

（1）明确科研机构与政府之间的相互关系。

在弗琅霍夫协会的决策机构——理事会中，政府人士就占有相当高的比例。而由政府指定的一位专职常务理事，不仅参与了所有重大事项的决策，还实际上“客串”着“监事”的角色，对协会的运行给以经常性监督。此外，无论是对研究所的绩效评估还是对重大成果的综合评估均有政府部门参加，而评估的结果则是今后政府提供资源支持的基本依据。这样，既保证了科研机构的充分自主权，也保证了政府对科研机构的有效监督。

（2）正确处理科研机构与市场之间的关系。

“弗琅霍夫财务模式”是富有启发意义的。协会采用将“非竞争性资金”的一部分与“竞争性资金”捆绑分配的做法，实质上是将这部分资金再次转化成了“竞争性资金”，从而有效地提高了“非竞争性资金”的利用效率，激发了研究所面向市场开拓资源的能力与活力。但协会同时将另一部分“非竞争性资金”仍然无条件分配给了各研究所，以保障前瞻性、战略性或公益性研究的需要。

（3）正确处理科研机构与社会的关系。

国外的著名科研机构几乎都与大学保持着密切的合作关系，尤其是弗琅霍夫协会将其下属研究所设立于大学之中、直接参与大学的教学科研活动的做法则更为典型。此外，科研机构还可以通过科技咨询、信息发布、成果推广、人才培养等方式，积极向社会提供优质高效的科技服务，以满足公众学习科学知识和掌握科学技术的需要。

（4）正确处理科研机构内部“学术”与“行政”的关系。

弗琅霍夫协会的总章程中就明确规定了许多“学术主导”的内容，例如，关于理事会必须有著名科学家和资深工程专家参加、执行委员会的四名成员中必须有两位是科技专家、学术委员会享有广泛的决策建议权、研究所长由学术委员会推荐并从所在大学的知名教授中聘任、研究所绩效评估机构主要由国内外同行专家组成、重点课题必须由主任研究员主持等一系列规定，从而为贯彻“学术主导”原则、协调“学术”与“行政”之间的关系提供了切实的保障。[14]

（三）法国

（1）坚持科技活动的定向研究和自由探索相结合原则。

现代科技活动在应用研究和开发研究活动中常需要以项目的方式组织定向研究，而在科学前沿对未知探索活动的主要推动力来源于科学自身提出的问题，它需要一定的自由度，需要群体合作，在长期积累基础上逐步开拓创新，其支持方式多为对科研基地的相对稳定支持。如法国的公共研究机构中的科技型机构和工贸型机构就是“自由探索”和“定向研究”的典型代表。在科技活动中我们对这两种方式都要重视，不

[14] 周晓旭，朱光明. 德国非营利科研机构模式及其对中国的启示.《东岳论丛》，2007 年第 28 卷 2 期.

可偏废。

（2）发挥政府所属研究机构在科技体制中的作用。

政府所属的研究机构所起的作用，常常是大学和企业的研究机构所不能胜任的。跨学科、投资大、风险大，需要稳定支持以实现国家目标的研究工作，如国防、基础研究、公益类研究常常由政府所属研究机构来承担。

（3）以科技与经济结合为核心，重视科技成果和实际需要的组合，加速科技成果转移。

法国在技术转移方面的成功经验是制定相应的政策和法律措施，使技术转移在法律的框架下进行，建立相应的专门机构，以保证技术转移的最终实现。除鼓励企业、大学、科研院所科技创新外，对产、学、研结合要给予政策引导，如支持科研院所和大学合建研究机构，将科研院所委托大学管理，对产、学、研合作的研究项目给予补贴；鼓励产、学、研等机构间的人员流动；鼓励大学、科研院所为所在地的地方服务；完善对成果完成人在专利权及其转让收入方面的激励政策，鼓励科研人员以本人完成的成果创办企业。

（4）重视发挥研究协会的作用。

研究协会在科技活动中起着半政府、半自主的作用，因为科学研究中的许多活动可以通过科学家自主地进行，不一定要很集中的管理。我们应充分借鉴法国的做法，特别强调行业协会在推动企业科技进步中的作用，最大限度地发挥研究协会的作用。要鼓励大学之间、科研院所之间共同建立专司推广的协会等联合体进行成果推广。

（5）重视国家的法律法规在科技体制中所起的确立规则的作用。

借鉴法国科技体制改革的做法，特别强调用法律法规规范科技管理。研究院所的设立、资源的配置、技术转移的要求，都要在法律框架下进行。[15]

（四）日本

（1）不断扩大科技研究经费总投入是科技迅速发展的基本保证。

日本政府在经济持续低迷的情况下，却不断增加科技投入，说明了其对科技发展的重视。相比之下，我国在科技投入方面略显不足。

（2）科技创造、创新是支撑国家持续发展的动力源泉。

日本把科技创造、创新提升到国家的战略高度，置于极其重要的地位，并采取了一系列政策措施。我国是发展中国家，与日本国情不同，有些经验不能生搬硬套。但在经济、科技发展过程中，我们一方面要利用“后发优势”引进、利用西方发达国家的先进技术；另一方面，必须在一些科技领域进行“创造和创新”，依靠科技进步实现经济增长的转变。

---

[15] 李伟红. 法国科技体制改革的研究与借鉴.《产业与科技论坛》，2007 年第 6 卷第 4 期.

（3）培养一大批具有“创造性”、“开拓性”的人才是一个国家科技创造、创新的关键。

日本将人才的培养视为科技创造、创新的关键。目前，日本的科技人才在每万人中所占比例居发达国家之首，这是日本重视培养人才的结果。而我国在培养人才方面与日本相比，还存在着某些不足，如培养人才只注重数量，忽视质量；学术界论资排辈、近亲繁殖的现象仍然很严重；人才市场体系尚未健全，阻碍人才流动，阻碍“创造性”、“开拓性”人才脱颖而出的体制性障碍仍然很多；分配制度不合理，未形成有效的人才竞争、奖励机制等。这些弊端无疑对培养一大批“创造性”、“开拓性”的人才不利。[16]

（五）韩国

韩国人的口号是：“必须创造明天韩国人吃饭生存的科学技术。”韩国在科技发展上实行特殊的“举国体制”。科技创新作为重要国策，不仅写入韩国的法律，而且落实为各级政府官员的具体职责。

（1）总统亲自担任国家科委委员长。

这从根本上解决了国家科技管理方面存在的条块分割、各自为政、机构重叠、投资重复等弊端。韩国政府加快了对国家科技管理体制的改革、调整步伐。

① 强化了国家科学技术委员会的职能和作用。

② 建立科技部主导下的国家科技宏观协调和管理机制。

③ 建立与科技有关的部长会议制度。

（2）把政府研究院所从所属政府部门中分离出来。

韩国科技部提出要通过研发结构调整和体制创新，变以往的分散型研发体制为集中型研发体制，变对发达国家“模仿、追击型”研发模式为“创新型”研发模式，大幅提高研发效率，不断增加原创性研发比重，从根本上提高国家科技、经济竞争力。

① 建立研究会，优化资源配置。

② 发挥企业创新主体的作用。

③ 大力支持产学研合作研发。

（3）由科学财团出资在全国理工大学建立的数十家“科学研究中心”和“工程研究中心”，对推动跨部门、跨学科的基础和应用技术开发，起到积极的促进作用。

① 建立公正、公开、透明的评估、评价体系。

② 加速科研成果转化。

[16] 杨书臣. 日本科技开发体制的改革及对我国的启示.《现代日本经济》，2000年第3期.

③ 改革国家科研预算及分配体系。[17]

二、国内经验借鉴

（一）东部地区（广东）

改革开放 30 多年，广东经济和科技工作取得了很好的成绩和经验。广东在落实国家科技发展战略、推动科技进步和创新方面，创造了很多好经验，使广东的综合科技进步水平和科技进步贡献率多年位居全国前列，为进一步加快建设创新型广东打下坚实的基础。

首先是抓好组建科技集团工作。2002 年开始组建的 3 个科技集团（省有色金属研究院、省科学院、省科智机械集团公司）是推进省直技术开发类型科研机构转制工作的重要措施。

其次是推进公益类科研机构改革。《关于深化广东省公益类型科研机构改革的实施意见》明确了公益类型科研机构改革的多项扶持政策。《体现广东优势和特色的公益类型科研机构的考核和管理试行办法》对体现广东优势和特色的公益类型科研机构实行动态管理，以达到提高这类科研机构的综合实力，推动其在本研究领域内继续保持优势和特色的目的。

第三是非营利性科研机构管理工作。按非营利性机构运行和管理是公益类型科研机构深化改革的方向之一。实施《广东省非营利性科研机构的认定和管理实施办法（试行）》和召开“深化公益类型科研机构改革，部署非营利性科研机构申报认定工作”会议，对非营利性科研机构申报认定工作做了初步部署。省科技厅会同省其他相关部门按“成熟一个，认定一个”的原则认定条件成熟的科研机构为非营利性科研机构。

第四是经费支持。省科技厅决定，从科研机构减拨的事业费中提取一次性专项经费，经专家论证并由科技厅最后审定，对符合条件的转制科研机构申请项目给予支持，重点用于转制科研机构科技成果转化为启动项目。

第五是全面提升自主创新能力，加快建设创新型广东。要着力推进已有产业转型升级中的自主创新，还要着力推进自主创新技术的产业化。要通过积极制定激励扶持政策、发展风险投资和多层次资本市场等措施，促进技术市场与金融市场相结合，着力消除自主创新技术产业化的在体制、机制和市场上的障碍，推动自主创新技术的商品化、产业化进程，着力推进新兴产业的自主创新。

[17] 张超然. 韩国正强化国家科技体制改革. 中国改革，2006 年第 9 期.

（二）中部六省（河南、湖南、湖北、安徽、山西、江西）

2005 年 9 月，中部六省科技体制改革工作邀请座谈会在江西省举行。几十年来，中部六省在不断深化科研机构管理体制改革的探索和实践中有了深切的体会。要做好科研机构管理体制改革，必须树立科学发展观，正确处理改革、发展与稳定三者之间的关系。会议期间六省代表的一些改革措施和经验值得我们学习。

首先要创新思想观念。要以科学发展观统领科研院所改革工作；要解放思想、转变观念，树立以人为本的思想。加强调研，及时了解改革过程中出现的新情况、新问题，正确区别共性与个性问题，做到整体推进与重点突破相结合，力求稳中求进，保证改革的平稳进行。

其次是要积极协调落实和完善各项改革配套政策。改革各项配套政策的落实及完善是推动院所改革工作的关键，河南省和安徽省在推进省属科研机构管理体制改革过程中认真落实国家关于科研机构管理体制改革的优惠政策，制定了符合本省实际的提前退休、离退休人员待遇、人员安置、养老统筹、土地处置、税收优惠、财政科技投入支持改制院所等系列配套优惠政策，为改革提供了政策保障，有力地推动了省属科研机构管理体制改革稳步顺利进行。

第三是要领导重视，加强协调指导。几年来中部六省科研机构管理体制改革得以顺利推进，这与各省领导的重视和支持分不开；各个部门通力协作，简化审批手续，及时帮助科研院所解决实际问题，为科研院所改革鸣锣开道，提供了有力保障。

第四是要因地制宜，稳步推进科研机构管理体制改革。各个省在服从全国改革大局的同时，在改革具体操作中，一切从本地实际出发。如河南省采取试点先行，典型引路。在开展改革工作中，首先开展试点工作，通过试点，探索科研机构改革的基本思路和方法，取得了良好的成效。安徽省在推进开发类科研机构改制中，采取两步并着一步走的做法，即采取转企与改制相结合。山西省在省属技术开发类科研院所转制工作中，采取一所一策，在产权制度改革、机制转变、经营方式转变等方面进行了不同程度的尝试，促进了院所改革工作的良性发展。

（三）西部地区

1. 甘肃

2005 年，以提高自主创新能力和加强科技创新体系建设为根本目标，甘肃省科技体制改革工作在加强科技能力建设、促进学科带头人培养、实现科技资源共享、深化科研院所管理体制改革等方面做了大量工作。

首先是积极推进科研院所机制体制创新。以向科技型企业转制和改制为重点的省属科研院所改革工作取得了实际进展。省科技厅、省编办、省人事厅、省财政厅、省劳动与社会保障厅、省国土资源厅联合下发了《省属开发类科研院所管理体制改革的补充通知》（甘科政［2005］28号），为深化省属开发类科研院所改革提供了政策保障。

其次是省属社会公益类院所的改革。结合事业单位改革与发展的要求，以省属重点院所能力建设和学科带头人培养计划为手段，按照分类改革和区域创新体系建设的基本要求，突出改革的整体推进和制度化，加快研究制订改革方案，推进内部分配制度和管理体制改革，加强多方联合和协作，科研机构与企业、地方建立多种形式的技术经济联合，逐步构建区域科技创新体系和技术创新平台。

2. 重庆

2004年前，重庆市开始了“削减院所事业经费，转制为企业，告别‘皇粮’”的科技体制改革。生存的危机把科研人员“逼”出实验室，把手中的科技成果商品化，变成了实实在在经济效益。2004年重庆市直属院所改制再动大手笔，整合院所资源、强强联合；市属农科所等5个单位，合并组建市农业科学院；以自动化所等5个工业领域院所为基础，组建市应用技术研究院。

重庆市“走大开放、大联合”之路，“研究开发、资源共享、成果转化”三大科技平台建设的“重庆模式”被科技部高度评价，在全国推而广之。重庆建设科技平台的探索被誉为“重庆模式”，受到各方高度关注。2007年7月，时任国务委员陈至立作出批示：“重庆的做法十分有意义，建议总结重庆经验……”与此同时，重庆市积极建立健全以企业为主体、市场为导向、产学研相结合的技术创新体系，实现科技成果与市场的紧密结合。

3. 四川

政府做“红娘”是四川最突出的特点。把“有共同语言”的企业家与科学家介绍到一起，把“有共同志向”的企业联系到一起，组建以企业为主体的技术创新联盟，调动社会资源搭建共享平台，最终增强全社会的自主创新能力。技术创新联盟突出以企业为主，使科研攻关从“围绕论文分数转”转变为“围绕企业效益转”。据四川省科技厅副厅长罗治平介绍，科技计划管理体制改革强化了企业的主体地位，规定凡是产业化项目和有产业化前景的科技攻关项目，都由企业牵头申报，或由企业和科研院所、高校联合申报。[18]

第五节　深化科技事业单位管理体制改革的建议

温家宝总理说：“只有在经济社会发展中科技才能找到自己的源泉。”这说明了科

[18] 陆娅楠，郑德刚. 科技“红娘”四两拨千斤.《人民日报》，2007-12-24第1版.

技服务社会和经济发展是科技事业的根本。2005 年内蒙古自治区开始推动新一轮的事业单位改革；2006 年 12 月内蒙古自治区制定了《内蒙古自治区中长期科学和技术发展规划纲要》。这两个事件标志着内蒙古科技事业单位改革进入到了深入阶段。那么内蒙古科技事业单位改革改向哪里？采取什么方式？改革采取的速度怎样？改革的受益者是谁？是值得我们思考的问题。

一、坚持提高自主创新能力

中国提出增强自主创新能力、建设创新型国家的战略目标，到 2020 年成为创新型国家。内蒙古也制定了《内蒙古自治区中长期科学和技术发展规划纲要》，并提出努力提高自主创新能力。课题组认为这是科技体制改革和科技事业单位改革的重要目标。“科技是第一生产力”不应该成为一句空话。内蒙古自治区经济的腾飞，社会事业的发展都离不开科技的支持。内蒙古的经济结构大多以传统产业为主，增长方式主要依靠劳动力、资本、资源、能源等要素驱动，经济规模较小、产业层次偏低、经济增长方式粗放、产业整体素质和地区竞争力不强、资源消耗强度大、环境承载能力低、城乡居民收入增长不快。要从根本上解决这些问题，必须依靠科技进步和自主创新来实现突破传统发展模式，突破资源、环境的瓶颈制约，推进新型工业化进程，建设社会主义新农村、新牧区，促进经济社会协调发展。

二、提供高质量科技公共服务为目标

科技事业单位的重要作用是提供高质量、高效的公共服务。近年来，自治区在经济快速发展过程中，教育、科技、文化、卫生等社会事业发展相对滞后。信息技术应用、重大传染病、地方病的预防控制、重大灾害预报监测、防灾减灾技术、远程教育、农牧业技术开发推广等的发展都离不开科技的创新和发展。所以，必须把满足社会各项事业对科技的需求和提供公共服务放在科技发展的重要位置。

三、坚持事企分开

科技事业单位的改革是我国事业单位中最早开始改革的。可时至今日，依然存在着很多科技事业单位事企不分。财政理念不同，政府科技活动的范围也不同。在我国的计划经济时期，财政深入到经济生活的方方面面，对全社会的产品进行统一分配与管理。这一时期，一切科技活动，无论属于公共物品还是私人物品，都纳入财政范围。与此相对照的是，西方主要发达国家的政府科技活动与私人科技活动有着明显的区别，大部分具有私人产品性质与一部分具有公共物品属性的科技活动是由民间资金来资助的。当前，在公共财政理论的指导下，我国的财政体系正以公共财政为目标进行转变，公共财政框架已基本建成，在这种背景下对政府科技活动的范围进行界定就显得十分必要。笔者认为，事企不分是科技事业单位发展缓慢的顽症，必须根治。从发达国家的经验来看，几乎很难找到我国这样的组织存在形式，要么是营利性机构，要么是非营利性机构。偏偏我们的很多科技机构是个“四不像”，既享受着非营利机构的各种优惠条件，又可以用自己的技术和产品从事营利的作为，不仅消耗着国家的资源，也打压着民间力量的发展。不仅自己提供不出合格的公共产品，也不允许其他民间机构提供。

四、分类推进改革

科技事业单位改革必须坚持分类改革，而且应该先分类。科学和技术是有区别的。公益性科学机构，应加大投入力度，这是基础，是源泉。温家宝总理说：任何科技应用和开发的研究都离不开基础科学研究作为源泉和动力。而在我们这个世界里，往往因为急功近利而忽视基础科学研究，这是应该加以避免的。而技术开发类的科研机构应坚决推向市场，要么自己成为企业，要么和现有的企业合并。只有发挥企业的创新能力，科技创新才会最有效，才会使产学研良性循环。

第四章　内蒙古文化事业单位改革

第一节　改革的背景与历程

一、改革的背景

我国的文化事业单位，从社会组织分类来说属于国办的“事业单位”；从业务范围上来说属于文化服务和文化产品的提供者，所以文化事业单位管理体制改革的背景或动因实际上就来自于事业单位改革和文化体制改革两个改革领域的共同作用。

两者对于文化事业单位管理体制改革的作用的区别，实际上就是共性与特殊性的区别。

事业单位改革要求文化事业单位与其他类型的事业单位一样，从传统的适应计划经济与高度集中行政管理体制的国家事业体制向适应市场经济与公共服务型政府的现代公共事业管理模式与治理机制转变。文化体制改革则要求文化事业单位的功能从计划经济体制下单纯承担意识形态的宣传教育任务向推动文化事业和文化产业共同发展转变，向为全社会服务的公共文化服务提供者转变。

在科学发展观的指引下，在我国社会主义市场经济深入发展和服务型政府构建目标提出的背景下，文化事业单位管理体制改革的意义可以归结为两个方面：

一是可以解放和发展文化生产力，促进社会主义文化事业的繁荣，满足人民群众的精神文化需求，提高全民族的思想道德素质和科学文化素质。通过减少和解除文化领域不合理的管制，促进国家文化竞争力的形成，确保国家文化安全和国家利益不受损害。

二是通过政事分开、分类改革、事业单位社会化等改革手段建立新型的文化事业管理体制，构建适应社会主义市场经济体制的公共文化服务体系。使文化事业单位获得“自我管理、自我发展、自我约束”的地位和能力，从而能够促进自身健康的发展，更高效地为社会提供优质的文化产品和文化服务。

二、改革的历程

文化事业单位管理体制改革既涉及体制问题，又涉及机制问题，它是随着市场经济制度在我国的确立和完善，并随着事业单位改革和文化体制改革的不断探索而逐渐深化的。内蒙古也和全国各省区市一样经历了大致相同的过程，而且这个过程还远没有结束。

（1）第一阶段（1977—1992 年）：文化体制改革的提出和初步实践。

随着文革的结束和十一届三中全会的召开，社会主义建设重新回到正轨上来，文化事业也出现了复苏，开始持续发展。随着文化事业的发展，原有文化体制的弊端日益暴露出来，对文化事业单位的管理体制也越来越不适应新时期经济体制改革的形势和文化事业发展的要求。

其集中表现在：在总体布局上，与行政管理体制相对应，层层建立专业文艺团体，低水平重复设置多，人财物浪费严重；在职能划分上，政事不分，事企不分，文体事业单位缺乏自主权；在人事和分配制度上，没有正常的人员流动和淘汰机制，平均主义严重，多劳与少劳、工作绩效的高与低和收入没有关系，文化工作者的积极性很难发挥。在这种情况下，通过文化体制改革来推动文化事业的繁荣发展和文化事业单位管理体制改革便被提上了日程。

1980 年 2 月召开的全国文化局长会议明确提出："坚决地有步骤地改革文化事业体制，改革经营管理制度"。1983 年国务院《政府工作报告》提出，文艺体制需要有领导、有步骤地进行改革。改革是为了促进社会主义文艺的繁荣，提高作家、艺术家的思想艺术素质，提高作品的思想艺术质量。随着文化体制改革任务和目标的提出，在文化领域进行了许多初步的改革实践，如调整文化事业单位的布局和"双轨制"（一轨为国家扶持的文化事业单位，另一轨为多种所有制的文化事业单位）改革思路的提出；文化市场的地位得到承认和发展；文化事业单位的内部改革启动。尤其是文化事业单位推行以承包经营责任制为主要内容的内部改革，成为了文化事业进行营利性经营的探索起步。

内蒙古各文化行政主管部门和文化事业单位在这一时期也展开了自上而下和自下而上相结合的改革实践，有些改革工作甚至走在了全国的前列。如在新闻出版系统，内蒙古自治区是较早实现主管部门与出版社"管办"分离的省区。早在 1987 年，在全国各地几乎全部实行"局社合一"管理体制的格局下，内蒙古即实行了局社初步分离的管理体制。出版局对出版社的人事进行管理、对其出版导向和业务进行监管，而不参与出版社的经营。

（2）第二阶段（1992—2002 年）：文化产业概念的提出及市场化导向的改革。

1992 年邓小平同志视察南方的重要谈话发表和党的十四大召开，标志着我国改革开放和现代化建设进入了一个新阶段。社会主义市场经济体制的确立和加快发展，对文化体制改革和文化事业单位管理体制改革也产生显著的影响。2000 年 10 月，中国共产党第十五届五中全会通过《中共中央关于制定国民经济和社会发展第十个五年计划的建议》，其中第一次在中央正式文件里提出"文化产业"这一概念，要求完善文化产业政策，加强文化市场建设和管理，推动有关文化产业发展。

从“文化市场”概念到“文化产业”概念的提出和承认，反映了人们对于文化事业自身改革与发展规律认识的突破，这是建立社会主义市场经济对文化事业发展的必然要求，是坚持先进文化前进方向的必然要求。“文化产业”概念的提出，对于文化体制改革具有决定性的作用。过去人们认为文化属于意识形态，是喉舌、是阵地、是教育手段，文化只能和“事业”联系在一起。而文化产业概念的提出，则反映了在市场经济条件下，除了具有“事业”属性的文化事业，还有具有“产业”属性的文化事业。

文化产业概念的提出和中央一系列旨在推动文化产业发展的政策、法规的出台，极大地调动了文化行政主管部门和文化事业单位的改革积极性，也促进了文化事业的发展。文化事业单位的规模和数量迅速扩大，形成了国家各部门、各行业文化事业单位为主体，各种非国办社会文化活动单位为补充的文化事业发展格局。在这一时期，文化产业体系的形成和文化企业集团的组建成为文化体制改革的突破口。到2002年，文化系统的文化产业已形成演出业、影视业、音像业、娱乐业、旅游业、网络业、艺术品业、新闻出版业以及艺术培训业等行业门类，文化产业体系基本形成。到2002年，共组建了包括中国广电集团和中国出版集团在内的文化企业集团70多家。在这些文化企业集团当中，有的从事业体制转为企业，有的则是以“事业单位，企业化管理”的形式运作。内蒙古新华书店和外文书店两家发行单位也在20世纪90年代末进行了集团化的改革，兼具“事业”和“产业”属性的文化事业单位，这一时期普遍实行了“事业单位，企业化管理”，作为这一类型文化事业单位在分类改革标准尚未明确情况下的过渡改革形式。在原有事业体制下，“事业单位，企业化管理”可以突破事业体制的一些限制，依靠“企业化”的管理方式解决人事和财务管理问题。与之相应，文化事业单位的运营方式也从单一的全额预算事业体制根据单位的事业性质由强到弱分化为全额预算管理、差额预算管理、自收自支、自负盈亏四种预算管理体制。内蒙古自治区直属文化事业单位和各盟（市）文化事业单位也按拨款方式进行了调整，如内蒙古文化厅直属的文化事业单位中，内蒙古博物馆、内蒙古图书馆、内蒙古艺术研究所、内蒙古艺术档案馆、内蒙古艺术创作中心定位为全额拨款事业单位；内蒙古民族歌舞剧院、内蒙古直属乌兰牧骑艺术团、内蒙古京剧团、内蒙古杂技团、民族曲艺团、二人台艺术团定位为差额拨款事业单位；内蒙古演出服务中心、内蒙古文化音像出版社定位为自收自支事业单位；内蒙古电影公司则在1998年转为自负盈亏的国有企业。在这一过程中，由于各级、各地领导和政府对文化单位的事业属性的理解标准不一致，在对下属文化事业单位的拨款方式进行划分调整时，出现了一定的出入。如内蒙古民族歌舞剧院直到现在还是差额拨款事业单位，而新疆、西藏、辽宁、河北、广西、山西、云南等省区及区内的呼伦贝尔、赤峰、鄂尔多斯等盟市歌舞团都是全额拨款单位，中央直属院团也全是全额拨款事业单位。

在改革的第二个阶段，文化产业概念的提出和市场化导向的改革使文化事业的发展焕发了蓬勃的生机。然而，这一时期也出现因为市场化过度，而放松事业的倾向，国家各级财政整体呈现事业投入不足的情况，各类文化事业单位之间也呈现了严重的“冷热不均”。如创收能力强的电台、电视台、出版社、报社一方面享受着国家的财政拨款和优惠政策，一方面大量开发市场化经营项目，并向房地产、酒店、餐饮等非文化领域进行带有一定盲目性的多元化投资；而一些创收能力弱和完全公益性的文化事业单位，则面临着经费不足，事业萎缩的窘境。图书馆、博物馆作为全额拨款事业单位，财政只解决了人员的基本工资部分，图书经费、文物保护费及其他研究发展经费则严重缺乏，内蒙古阿拉善盟总人口只有20万，2006年财政收入13.2亿元，而阿拉善盟图书馆却已经10年没有购置新书，至今6万元的电子图书资源数据库建设费用始终无着落。内蒙古自治区事业性质的演艺团体大多实行差额拨款方式，财政只解决60%－70%的在编人员基本工资，而这些在编人员普遍年龄偏大，大多已不能承担演出任务，他们剩余的工资部分和大量社会招聘演职人员的工资只能靠创收解决。经费的缺乏严重制约着演艺团体的发展，有些演出单位可以说已经挣扎在生存线上，这里我们从在内蒙古民族曲艺团进行调研时所得到的材料中引述一段文字来描述这些演艺团体的生存现状——“民族曲艺团作为自治区级的文艺表演团体，至今没有合适的办公、排练及演出场所，甚至连几件简单的乐器都没有，只有一架60年代别人赠送的钢琴，现在已经不能使用；一把马头琴和两把四胡还能凑合使用，其他灯光、音响设施不是简陋，而是空缺。就连办公地址还是50年代修建的蒙古包，当时是按照一人或几人表演蒙古语说书标准建设的，因此开始起名叫‘说书厅’，其使用面积不足800平米，无法完成现代曲艺专场的排练和演出”。

（3）第三阶段（2002—2007年）：文化体制改革取得重大理论创新和实践突破。

跨入新世纪后，中国的改革发展已经进入一个风险与机遇并存的攻坚阶段，在新形势下，文化体制改革已超越自身的地位和作用，成为经济体制改革和政治体制改革的结合部和过渡带。也就是说，文化体制改革是1978年以来继农村经济体制改革、城市经济体制改革、政治体制改革和社会管理体制改革后，又一次关系全局的改革。党的十六大以后，文化体制改革的步伐明显加快，改革的目的、意义、主要任务和实施重点更加明确。文化体制改革试点工作在党中央直接领导下积极探索、大胆试验、顺利推进。2002年以来，改革的理论创新取得重大成果，改革实践取得重大突破。在这种形势下，文化事业单位管理体制改革由于与文化体制改革的联系紧密，也获得了新的动力，其改革形势的紧迫性也更加突出。

党的十六大第一次将文化分为文化事业和文化产业，强调要积极发展文化事业和文化产业，区分文化事业和文化产业的标准是公益性和营利性。这样，文化事业单位分类改革获得了较为明确的标准和方向，且在改革的过程中既巩固和发展了的文化事业，又发展和壮大了文化产业。

文化体制改革理论上的不断创新，促使关于改革的思路越来越清晰。与此同时，文化体制改革试点工作顺利开展，实践取得重大突破。2003 年 6 月在北京召开的全国文化体制改革试点工作会议，按照党的十六大关于深化文化体制改革的要求，专门研究部署文化体制改革试点工作。全国有 9 个省、市和 35 家宣传文化单位参加了改革试点。开展文化体制改革试点工作，就是要从理论和实践的结合上进行探索，为制定文化体制改革总体方案、推动文化体制改革做准备。

在这一时期，内蒙古虽然没有被列入试点省区，但对文化体制改革的形势却有着清醒的认识，表现出了积极的态度，并在很多方面采取了有力措施来为下一步将要全面展开的文化体制改革做好准备。内蒙古自治区党委政府 2003 年出台了《关于进一步加快文化产业发展的决定》、《关于印发民族文化大区建设纲要的通知》、《关于支持文化事业和文化产业发展若干政策的通知》三个重要文件，提出了民族文化大区建设的总体目标，计划力争在“十一五”末，使内蒙古文化建设能够先于经济建设，较早走进全国前列。在《关于支持文化事业和文化产业发展若干政策的通知》中，参照《国务院关于支持文化事业发展若干经济政策的通知》（国发［2000］41 号），并结合自治区的实际，在加大文化事业财政投入力度、提高文化基础设施建设水平、积极扶持文化产业发展、实行税费优惠政策、严格文化事业建设费征收标准、建立健全文化专项资金制度、鼓励对文化事业捐赠七个方面制定了细致可行的文化经济政策。尽管在贯彻实施当中由于各地重视程度不同、经济社会发展水平不平衡、领导协调机制不完善等原因，不同程度地存在一定问题，但毕竟使内蒙古文化体制改革在政策配套上有了基本的依据和规范。同时，内蒙古文化、广电、新闻出版、报刊发行各系统，各盟市和文化事业单位内部，在组织结构调整、经营管理制度改革创新，以及劳动人事、收入分配、社会保障制度改革等方面进行了积极的理论探讨和实践探索，积累了不少的经验，并取得一定的成果。

全国文化体制改革试点阶段，各试点地区和单位圆满完成了中央确定的各项任务，试点工作进展顺利、把握平稳、成效明显，为深化文化体制改革提供了思想舆论准备，奠定了坚实的基础，创造了良好的条件。通过试点，关于文化体制改革与发展的思路越来越清晰。公益性文化事业单位继续实行事业体制，享受政策扶持，并以“增加投入、转换机制、增强活力、改善服务”为重点，全面引入竞争机制，加大机制改革力度。非公益性文化事业单位全面改革体制与机制，以“创新体制、转换机制、面向市场、壮大实力”为重点，逐渐进行转企改制。经过两年多的试点，2005 年 12 月，中共中央、国务院出台了《关于深化文化体制改革的若干意见》，这是迄今为止关于文化体制改革思路最清晰、内容最全面、论述最深刻的纲领性文件。2006 年 3 月，中央召开了文化体制改革工作会议，会上总结了试点工作的成果，并对全国范围文化体制改革工作的全面推开作出整体性的指导和部署。中央要求在文化体制改革工作全面推开的过程中不能搞一刀切，不搞一个模式，而是坚持“区别对待、分类指导、循序渐进、逐步推开”的原则，并要求各地在推进文化体制改革过程中，也要先试点，再全面推开，务求实效。明确提出改革要两手抓：既抓公益性文化事业、又抓经营性文化产业；既抓经济效益、又坚持把社会效益放在首位，实现社会效益和经济效益的统一。

中央《关于深化文化体制改革的若干意见》下发后，内蒙古自治区专门成立了全区文化体制改革工作领导小组，全面加强了对文化体制改革的整体部署工作：一是于2006年9月召开了全区文化体制改革工作会议，对全区文化体制改革试点工作进行了全面的部署，确定了文化基础比较好的包头、鄂尔多斯、赤峰、通辽4个市为综合改革试点地区，自治区部分直属演艺团体、8家出版社等为行业改革试点单位。二是进一步加强对文化体制改革试点工作的指导，于2006年底出台了《关于贯彻落实〈中共中央、国务院关于深化文化体制改革的若干意见〉的实施意见》，对全区文化体制改革试点工作提出了更为明确、更具操作性的要求。自治区还相继推出了文化体制改革和文化产业发展的一批典型，为文化体制改革工作的顺利进行营造了良好的舆论环境。其间，内蒙古进行了两次大规模的调研活动。第一次是基础性摸底，第二次是针对性摸底，重点了解直属文化事业单位的基本情况，为区分公益性事业单位和经营性事业单位做好准备；同时重点了解各地落实文化经济政策的情况，为自治区出台相关文化产业政策做好准备。

（4）第四阶段（2007年至今）：改革向公益性回归与公共文化服务体系建设。

经过近30年的改革和发展，我国已经开始由生存型社会向发展型社会过渡。在这个阶段，全社会对公共服务的需求全面快速增长，同时，市场化的改革导致社会利益主体多元化格局形成，政府协调社会各阶层利益关系的任务日益加重，这就对政府提供公共服务的公平性也提出了极高的要求。面对这种形势和要求，党中央审时度势，把建设公共服务型政府作为行政管理体制改革的目标，并提出要建设覆盖全国的公共服务体系，在党的十七大上，更进一步提出了“基本公共服务均等化”的建设目标。公共文化服务体系是公共服务体系的重要组成部分，十七大前后，党中央、国务院对公共文化服务体系建设作出了重大战略部署，制定出台了《中共中央办公厅、国务院办公厅关于加强公共文化服务体系建设的若干意见》（中办发［2007］21号）。公共文化服务体系建设目标的提出，为文化事业单位管理体制改革进一步指明了方向，对于纠正事业单位改革中出现的“过度市场化倾向”，走出改革就是“减人、减钱”的误区，都有重要的意义。

内蒙古党委、政府为了贯彻落实党的十七大精神，进一步加强公共文化服务体系建设，促进自治区文化的大繁荣、大发展，根据《中共中央办公厅、国务院办公厅关于加强公共文化服务体系建设的若干意见》，制定了《内蒙古党委办公厅、政府办公厅关于加强公共文化服务体系建设的实施意见》（内党办发［2008］3号）。该《实施意见》指出了加强内蒙古公共文化服务体系建设的重大意义，提出当前和今后一段时期内蒙古公共文化服务体系建设的目标，并强调内蒙古公共文化服务体系建设应坚持以政府为主导、鼓励社会力量积极参与，坚持城乡、区域文化协调发展，逐步实现公共文化服务均等化，坚持把建设的重心放在基层和农村牧区。

根据该《实施意见》，当前内蒙古公共文化服务体系建设将围绕广播电视村村通工程、文化信息资源共享工程、苏木乡镇综合文化站和基层文化阵地建设工程、农村牧区电影放映工程、草原书屋工程五大公共文化工程展开，这五大工程建设中的大部分工作都是依托在全区原有各级电台、电视台、国办文艺演出团体、文化馆（站）、群艺馆、博物馆等公益性文化事业单位的基础上进行的。在建设的过程当中，将通过对原有公益性文化事业单位进行资源整合、布局调整、充实力量、转换机制，来达成把散布于全区的各级各类公益性文化事业单位逐步改造成为公共文化服务网络的主体部分的目标。

第二节 改革的成效

内蒙古自治区在事业单位和教科文卫各领域前期改革的基础上，根据《内蒙古党委办公厅、政府办公厅关于自治区直属事业单位改革试点工作的意见》（内党办发［2005］13 号）和《关于高等院校、医院、演出团体全部进行改革试点的通知》（内事改字［2006］02 号）文件的精神，自治区直属事业单位改革新一轮试点工作从 2005 年 3 月开始启动，到 2007 年底基本结束。本轮试点改革确定了内蒙古民族歌舞剧院、内蒙古直属乌兰牧骑艺术团作为文化系统的试点。随着中共中央、国务院出台的《关于深化文化体制改革的若干意见》（中办发［2005］14 号）下发，内蒙古自治区专门成立了全区文化体制改革工作领导小组，并于 2006 年 9 月召开了全区文化体制改革工作会议，对全区文化体制改革试点工作进行了全面部署，确定了文化基础比较好的包头、鄂尔多斯、赤峰、通辽 4 个市为综合改革试点地区，自治区部分直属演艺团体、8 家出版社等为行业改革试点单位。

一、区直文化事业单位试点改革的成效

近年来，内蒙古自治区在事业单位改革上做了一些初步探索，先是按照中央编办的工作思路，着手对自治区事业单位进行试分类。但由于当时中编办关于事业的分类标准也在探讨之中，没有成熟的意见可以借鉴，所以，当集中人力和一段时间进行单位分类研究之后，遇到一些很难解决的问题，只好先将分类工作暂时放下。[19]

[19] 截至目前，还没有全国统一的《事业单位改革分类目录》。但 2008 年 11 月份，由中央编办印发并内部传达的《关于事业单位分类试点的意见》为目录编制和分类改革步骤提供了原则指导。根据《意见》，上海、重庆、浙江、广东、山西 5 省市于 2009 年率先在全国进入分类改革试点，分类改革试点于 2009 年 1 月起实施，省直事业单位改革于 2009 年底完成，市、县、乡镇事业单位改革于 2010 年底完成。

从 2004 年起，根据内蒙古自治区的实际情况，确立了将财政补助方式和编制管理方式改革与人事制度改革和社会保险制度改革融为一体的改革思路，力求在建立起符合事业单位发展规律，充满生机与活力的事业单位管理体制上做些文章。2005 年进行了自治区直属事业单位改革试点。

本轮区直事业单位试点改革的领导重视程度之高、涉及面之广、改革力度之大都是前所未有的，在自治区党委、政府和相关部门的推动下，在试点改革方案、编制、人事、分配、社会保障等方面迅速出台了所谓“1＋7”的配套政策，为试点改革的顺利推进提供了政策保障。此次区直事业单位试点改革主要从财政补助方式、机构编制核准备案、人事制度改革和社会保障制度改革几方面入手。

（一）财政补助方式改革

取消现行事业单位全额预算管理、差额预算管理和自收自支管理三种经费预算管理形式，实行分类供给的财政预算补助方式，即根据事业单位的性质、职能职责、公益性程度以及创收能力，对事业单位基本支出实行“核定收支、定额或定项补助、超支不补、结余留用”的财政补助政策。具体以某年度经费预算或决算为基数，核定财政补助基数。基数确定后一定三年不变。根据事业单位发展的需要、自治区财力和单位创收情况，核定以后年度定额补助的增减幅度或定向、定额补助方法。财政供给与人员编制脱钩，不再按编制、实有人员、新增人员、工资水平核拨经费。财政供给制度改革后，单位在财务管理、工资分配、编制管理、人员聘用、履行职责等方面建立起内部监督和自我约束机制，自治区组织、人事、编制、财政等部门制定相关办法进行监督。参加试点改革的两个区直演出团体进行了“定死基数，定额补助”财政补助方式改革。每年财政补助额度以两个演出团体 2005 年财政安排的年度经费为基数，再加上各单位的演出场次的针对性补助。演出团体内部按照财政拨款总额自主调整经费使用方向，重点保障文化事业发展；实行薪酬制度改革，在保证人均基本工资基础上，另设岗位工资、效益工资、年终奖励工资，积极探索劳动分配的新途径。通过财政补助方式改革，两个演出团体的财政补助总额从 2005 年 101.4 万元增至 2006 年的 199.6 万元，纯增 98.2 万元。

（二）推行机构编制核准备案制度

为做好机构编制核准备案工作，专门拟制出台了《自治区直属事业单位机构编制备案及新进人员列编注册管理暂行办法》（内机编发［2005］27 号）。核准备案的内容包括内设机构、人员编制、人员结构、内设机构领导职数。对文艺团体的机构编制核准备案工作，根据工作需要、职责任务、岗位设置，坚持人员编制总量控制，内设机构、内设机构领导职数保持不变的原则，确定内设机构、人员编制和内设机构领导职数。经过重新核定，参与试点的两个演出团体的内设机构、内设机构领导职数、事业编制分别保持了原来的16个、40名、457名。

（三）深化人事制度改革

通过试点改革积极推进事业单位人事制度改革，引入竞争机制，调动各类人才的积极性。一是全面推行聘用制。单位与职工按照国家和自治区的法律、法规、规章和有关规定，在平等自愿、协商一致的基础上，通过签订聘用合同，确定单位和职工的人事关系，明确单位和个人的义务和权利；新进人员一律实行聘用制，签订聘用合同，由国家用人改为单位合同用人，以公开招聘为主要渠道，确定了单位与个人新的人事关系。二是改革单位领导和环节领导任用制度，实现单位领导、专业技术人员、管理人员、工勤人员岗位管理依照按需设岗、按岗聘任、明确任期、期满考核，合理流动进行。三是按照事业单位补充人员“管住一头，放活一面”的要求，严把人员“入口关”。凡列入政府财政补助方式改革的事业单位，严格按照机构编制部门核准备案的编制通过考试或其他方式聘用人员，有效防止通过非正当途径向事业单位安排人员。自收自支事业列入“放活一面”的单位，用人自主，新进人员参加企业养老保险。四是进一步深化薪酬制度改革，体现岗位绩效和分层级管理，兼顾按劳分配与按生产要素分配，努力构建和谐的利益格局。五是妥善安置未聘人员。试点单位对未聘人员坚持以内部安置为主，开展就业培训以及鼓励自谋职业等方式，尽量使未聘人员在本单位内部得到妥善安置，积极维护职工的合法权益。截至2007年12月，参加试点改革演出团体的人事制度改革试点方案已经全部核准。

（四）探索社会养老保险制度改革

按照《内蒙古自治区直属事业单位新进人员基本养老保险制度改革试行办法》（内劳社字［2005］1号）规定，参加改革试点的演出团体在编制内新聘用的人员参加事业单位社会养老保险，编制以外的自主聘用人员实行企业养老保险。原有在编人员按照国家即将出台的事业单位养老保险办法执行。

二、文化体制试点改革的成效

内蒙古文化体制试点改革是在自治区文化体制改革领导小组统一指挥下，由自治区党委宣传部负责工作协调和监督，由内蒙古文化厅、内蒙古广播电视局、内蒙古新闻出版局、内蒙古日报社分别负责制定本系统下属文化事业单位的试点改革方案，并督促试点单位对方案具体实施。与区直事业单位试点改革不同，由于《关于深化文化体制改革的若干意见》（中办发［2005］14号）中对文化事业单位的分类已经有了较为明确的界定，本次内蒙古文化体制试点改革涉及的内容要丰富得多，包括事业单位分类改革、政事关系调整、文化资源整合、文化市场培育、内部运行机制完善等各方面。

2006 年 9 月启动的内蒙古文化体制试点改革到目前虽然已经历时三年，但由于各种主客观原因限制，改革基本上还停留在方案调整和前期准备阶段，没有取得实质性的突破。值得一提的是，为贯彻实施《国务院办公厅关于印发文化体制改革中经营性文化事业单位转制为企业和支持文化企业发展的两个规定的通知》（国办发［2008］114 号文件），2009 年 4 月自治区党委和政府制定出台了《内蒙古自治区人民政府关于文化体制改革中经营性文化事业单位转制为企业的若干政策意见》（内政发[2009]35 号）和《内蒙古自治区人民政府关于加快文化产业发展的若干政策意见》（内政发[2009]36 号）两份重要文件，两份文件内容共涉及国有文化资产管理、资产和土地处置、收入分配、社会保障、人员分流安置等 14 个方面，对长期困扰经营性文化事业单位转企改制和文化产业发展的关键问题都作出了相应的政策解答。目前，全国文化体制改革工作已经从试点进入全面推开的阶段，这两份文件的出台，将对内蒙古自治区文化体制改革加速起到积极的推动作用。

（一）文化厅系统试点改革方案的基本内容

文化厅系统的试点改革是从对厅直属文化事业单位的分类入手，针对不同性质的试点单位分别实施改革。在改革方式上实行“一团一策”，不搞统一模式，以利于改革试点工作更深入群众、贴近实际，并协调有序地顺利推进。

（1）改革试点工作安排。

改革试点工作分为四个阶段进行：

第一阶段为宣传学习阶段，时间安排从 2006 年初至 12 月底。在这一阶段，重点是按照中央和自治区文化体制改革领导小组的要求，举办各类体制改革政策培训班，组织文化系统广大干部职工深入学习全国、全区文化体制改革工作会议精神，全面领会中央和自治区关于深化文化体制改革的各项方针政策，把思想认识统一到深化改革、促进发展的重大决策部署上来。通过反复深入的宣传学习，使广大文化工作者特别是各级领导干部提高对文化体制改革重要性和必要性的认识，增强对深化改革、促进发展的责任感、紧迫感和使命感，进一步明确深化文化体制改革的指导思想、原则要求和目标任务，增进关心改革、参与改革、支持改革的热情和积极性，为全面深化文化体制改革工作做好充分的思想和理论准备。

第二阶段为调查研究阶段，时间安排从 2007 年 1 月至 4 月底。这一阶段的工作重点是，组织有关人员深入区直及盟市基层文化单位特别是各类艺术表演团体开展调查研究，全面掌握全区文化事业和文化产业发展的总体状况，科学分析文化体制改革具备的有利条件和面临的重点、难点问题，并赴上海、浙江、江苏等文化事业和文化产业较为发达的省市进行考察交流，学习借鉴先进地区深化文化体制改革试点工作的成功模式和先进经验，为全区开展文化体制改革试点工作做好充分准备。

第三阶段为确定改革试点单位，组织实施试点方案阶段，时间从 2007 年 5 月至 12 月底。按照中央和自治区关于科学界定公益性文化事业与文化产业的界限的要求，做好科学界定、区分公益性文化事业单位和经营性文化企业工作，并结合全区文化单位发展实际和区直事业单位改革进程，在盟市中选择文化事业和文化产业相对较为发达的包头市、鄂尔多斯市、赤峰市和通辽市作为综合性改革试点盟市，做好政策宣传、业务指导和服务协调等工作，为全区盟市一级文化体制改革的逐步深化探索经验。与自治区直属事业单位改革相结合，在区直艺术表演团体内选择已作为自治区直属事业单位改革试点的内蒙古民族歌舞剧院、内蒙直属乌兰牧骑艺术团及第二批试点单位内蒙古民族曲艺团、内蒙古杂技团、内蒙古京剧团、内蒙古二人台艺术团作为院团改革试点单位，同时，分别选择内蒙古博物馆、内蒙古图书馆、内蒙古文物交流中心、内蒙古电影公司作为公益性文化事业和文化企业类单位的改革试点。要区别文化单位的不同属性，按照不同的发展目标、指导思想和改革原则，制定试点单位文化体制改革方案并组织实施。在实施过程中，要及时了解改革的动态进程，发现和解决问题，加强与自治区有关部门的协调和配合，研究制定有利于推动文化体制改革的配套政策，适时召开改革试点工作座谈会，做好经验总结及交流工作。

第四阶段为总结提高阶段，时间从 2008 年开始。试点工作结束后，自治区文化厅体制改革领导小组将对试点地区和试点单位的改革情况进行检查验收，评估改革成效、总结成功经验、查找存在问题、分析解决改革过程中的重点和难点环节，提出完善意见，及时向自治区文化体制改革领导小组汇报有关情况，并着手进行全面推广和进一步深化工作。

（2）改革试点的主要内容。

区直文化单位改革试点工作由自治区文化厅全程组织实施，盟市综合性改革试点工作在自治区文化厅的统一指导和积极支持下，由试点盟市结合本地区实际情况，参照自治区直属文化单位的试点做法自行组织实施。无论是哪一级改革都要坚持一切从实际出发，实事求是的根本原则，在改革方式上实行“一团一策”，不搞统一模式，以利改革试点工作更深入群众、贴近实际，并协调有序地顺利推进。

① 改进和完善财政扶持方式，提高文化事业单位的资金使用效益。

推进政府财政补助方式改革是深化文化体制改革的一项重要内容，要依据文化事业单位的不同属性，落实不同的财政扶持方式。这项改革涉及自治区政府多个主管部门，需要各有关方面积极配合，加强相互间的协调和沟通，为深化文化体制改革工作提供一个良好的宏观环境。

第一，进一步明确和强化政府在文化建设中的主体地位，加大公益性文化事业投入。内蒙古博物馆、内蒙古图书馆分别作为全区文博和图书事业的重要窗口和龙头单位，承担着为群众提供公共文化服务、对全区各级博物馆、图书馆提供业务指导和支持等公益性职能，在全区博物馆、图书馆事业中发挥着中心辐射功能。因此，按照中央 14 号文件精神，二者在性质上应首先界定为公益性文化事业单位。适应全区图书馆、文博事业发展以及内蒙古图书馆扩建、内蒙古博物馆新馆即将建成投入使用等多方面需要，政府作为公益性文化事业的建设主体，必须进一步加大财政扶持力度，并在增加人员编制、简化进人方式等多方面给予积极的倾斜政策，为充分发挥内蒙古博物馆、内蒙古图书馆的公益职能，构建较为完善的公共文化服务体系，满足人民群众基本的文化权益提供源源不断的发展活力。

第二，改进和完善国家扶持方式，提高文化事业单位的资金使用效益。列入试点单位的内蒙古民族歌舞剧院为全区规模最大的综合性民族艺术院团，在全区艺术表演团体中处于龙头和表率地位，多年来在继承、发展、繁荣和创新内蒙古民族民间文化艺术、打造和树立内蒙古民族艺术品牌、推进民族文化大区建设、建设社会主义精神文明、构建社会主义和谐社会等方面发挥着不可替代的重要作用；同样，内蒙古直属乌兰牧骑艺术团作为主要面向农村牧区服务的综合性艺术团体，是全国文艺战线上的一面旗帜，因此，按照中央 14 号文件规定，作为体现民族特色和自治区水准的艺术院团应继续保留事业体制，由自治区给予重点扶持。同时，为推进两家试点院团转换机制，积极开拓国内外演出市场，不断提高艺术创作和表演水平，增强市场竞争力和发展活力，要逐步改进和完善财政扶持方式，核定财政定额补助基数，并根据事业发展需要和自治区财力的逐年增长，确定以后年度对艺术表演团体补助的增长幅度。在确保基本投入的基础上，以激发活力为目标，以项目投入为手段，按项目单独追加投入，完成项目给予适当奖励等灵活多样的投入方式，提高资金使用效益，为事业发展奠定良好的资金投入机制。

第三，进一步完善鼓励捐赠和赞助等各项政策，拓宽资金投入渠道，积极引导社会资金以多种方式投入文化事业。要进一步拓宽文化事业单位的融资渠道，鼓励和引导社会各方将资金、技术、人才、信息、产权等各种生产要素，通过股份投资、项目合作、冠名赞助、无偿捐赠等多种形式实现文企联姻，扩张文化事业单位的资本规模，提高市场竞争力，壮大自身发展实力。内蒙古民族曲艺团作为这方面的典型代表和成功案例，积极探索多途径投资文艺创作演出的筹资渠道，采取剧目股份合作制的方式与内蒙古政联投资集团有限公司、内蒙古奥醇酒业、三联化工集团、中国对外文化集团等单位联合，成立了股份制演艺公司，壮大了自身实力。内蒙古杂技团积极打造具有民族特色的杂技品牌，努力开拓国际市场。内蒙古京剧团以国家省级重点京剧院团为基础，继续完善蒙派京剧特色。内蒙古二人台艺术团坚持面向农村、面向基层的服务宗旨，为新农村文化建设服务。下一步，要以此模式为借鉴，积极完善文化事业单位与社会力量的相关政策和机制，拓宽渠道，引导和规范社会资本进入文化领域，实现文化事业与文化产业双赢格局。

② 深化文化事业单位内部制度改革，探索建立适应社会主义市场机制、符合文化事业单位自身发展规律、充满生机与活力的人事管理制度。

第一，积极推进事业单位人事制度改革，引入竞争机制，改革收入分配方式，调动各类人才的积极性。

一是全面推行聘用制。要按照《自治区直属事业单位人员推行聘任制度实施意见》（内党办发［2005］16号）的有关精神，破除事业单位目前实际上存在的职务身份终身制，全面推行聘用制，通过签订聘用合同，明确双方与工作有关的责任、权利和义务，按照事先约定的有关条款，办理聘任、解聘、辞聘等有关事宜。通过转换用人机制，实现人事管理由身份管理向岗位管理转变，由行政任用关系向平等协商的聘用关系转变。

二是推行公开招聘制度，实行竞争上岗。文化事业单位要按照岗位职责和聘用条件，通过考试、考核、竞争答辩等方法，公开择优聘用单位现有工作人员；文化事业单位补充工作人员，应在国家核定的编制计划内，公布缺员岗位的用人条件和职责，面向社会公开招考，择优聘用。

三是改革单位领导和环节领导任用制度，实行单位领导、专业技术人员、管理人员、工勤人员岗位管理，按需设岗、按岗聘任、明确任期、期满考核，合理流动。

四是进一步深化薪酬制度改革，体现岗位绩效和分层级管理，兼顾按劳分配与按生产要素分配。

五是逐步建立固定与流动相结合的用人制度，有条件的单位应积极实行固定岗位与流动岗位相结合、专职与兼职相结合的用人办法。

六是精简富余人员，建立解聘、辞职、待聘制度，并按照《内蒙古自治区直属事业单位未聘人员安置办法》的有关规定，完善未聘人员安置措施。妥善安置未聘人员，解决人员能上能下、能进能出的问题。

第二，推进社会保障制度改革，保障职工的合法权益。

要按照国家和自治区劳动人事部门的政策法规和实施进程，依法推进社会养老保险制度改革，保障职工的合法权益。

一是在事业单位编制内实行聘用制的新进人员参加事业单位社会养老保险，单位与个人分担缴费。

二是事业单位的原有在职人员，待国家事业单位养老保险办法出台后改按新办法实行。

三是事业单位在编制以外自主聘用人员和自收自支事业单位新进人员，实行劳动合同制，办理社会养老保险。

③ 整合优化文化资源，加快文化领域结构调整。

按照自治区文化事业发展的总体布局，进一步合理配置文化资源，整合优化文化资产，加快文化领域结构调整，盘活存量，优化增量，有效解决国有文化资产结构失衡、效益不高、闲置浪费等问题。针对自治区现有直属文博事业单位结构布局，以合理有效整合文物资源、加强自治区重点文物保护研究、做强做大内蒙古文博旅游展览业为目标，积极与自治区机构编制委员会、人事厅等主管部门加强沟通和协调，做好调研论证工作，力争将内蒙古文物交流中心和清·将军衙署博物院（内蒙古书画院）合并组建内蒙古自治区将军衙署博物院。整合后的内蒙古将军衙署博物院作为自治区级重点文物保护单位，继续保留事业体制，文物保护专项经费由自治区财政给予专门拨付。其主要职能为依据《文物保护法》，科学有效地保护清将军衙署这一珍贵历史文化遗存，开展相关的展览旅游、学术交流、文物保护及鉴定交流等活动，为实现文物资源与草原文化旅游有机结合探索有效途径。

④ 深化文化企业改革，重塑文化市场主体。

在区直文化系统内以内蒙古电影发行放映有限责任公司为试点，按照建立现代企业制度的要求，进一步完善法人治理结构。引导企业面向市场转换经营机制，加强企业发展战略研究，健全各项规章制度，强化企业管理，提高科学管理水平。要进一步探索产权制度的多种实现形式，鼓励和支持企业面向市场拓宽融资渠道，积极引入社会优良资产，加快股份制改造步伐。在确保国有资产占据主导地位的同时，通过引资入股的形式，改造、盘活存量资产，创新、扩张增量资产，为企业发展提供源源不断的动力。

⑤ 加快转变政府职能。

明确文化行政管理部门的职责，理顺文化行政管理部门与所属文化企事业单位的关系，推进政企分开、政资分开、政事分开、政府与中介组织分开，强化政策调节、市场监管、社会管理和公共服务职能，实现由管办分离。推进依法行政，改进管理方式，创新管理手段，实现主要以行政手段为主向综合运用法律、经济、行政等手段管理转变。完善行政许可，加快行政审批制度改革，推行政务公开，增强透明度，提高公信力。

（二）新闻出版系统试点改革方案的基本内容

新闻出版系统的试点改革主要是围绕内蒙古发行集团和内蒙古出版集团两大企业集团的组建而展开。按照中央文化体制改革的精神，本次内蒙古新闻出版系统的试点改革的主要任务和内容是制定出版发行文化事业单位的转企改制方案，并推动方案的顺利实施。

1. 组建内蒙古发行集团

内蒙古自治区的发行改革起步早、成效显著。从 1992 到 1997 即实现了全区新华书店的“人财物”三权统管，1998 年根据《中华人民共和国公司法》建立现代企业制度，组建内蒙古新华书店集团，由母公司——内蒙古新华书店集团有限责任公司和全区 96 个子公司组成，各自自主经营、自负盈亏、自我约束、自我发展。2005 年，内蒙古新华书店集团深入领会党的十六大及十六届三中全会有关文化体制改革的方针政策，抓住股份制改造的历史性机遇，积极组建“内蒙古发行集团股份有限公司”，拟通过投资主体多元化进一步深化发行体制改革，增强企业内部活力，提高核心竞争力。内蒙古发行集团公司为定向募集设立的股份有限公司，是母公司性质的集团公司，全部股本由国有股控股、境外投资机构和职工持股构成并认购。发行集团经自治区政府授权经营国有资产后，属于自治区直属企业，将按照自治区政府授权经营企业集团管理。实行“党委领导，政府管理，行业自律，企事业单位依法经营”的文化管理新体制。接受自治区新闻出版局的行业监管，接受自治区政府有关部门对财务和国有资产的监督管理。[20]

2. 组建内蒙古出版集团

内蒙古出版集团的组建现已完成筹建方案的讨论工作，并处于自治区党委、政府主管机关的方案审定过程当中。内蒙古自治区是较早实现主管部门与出版社“管办”分离的省区。早在 1987 年，在全国各地几乎全部实行“局社合一”体制的形势下，内蒙古即实行了新闻出版局与出版社初步分离的体制。出版局对出版社的人事进行管理、对其出版导向和业务进行监管，而不参与出版社的经营。拟组建的出版集团将通过对组建范围内的出版事业单位进行战略性重组、企业化改造，实现集约化经营，按市场规则运行，激活内部活力，提高核心竞争力，力求建成在国内同行业中具有相当规模和实力的出版产业集团，成为自治区文化产业的重要支柱。内蒙古出版集团公司为有限责任公司性质，成为独立法人，在清产核资的基础上，自治区人民政府授权经营所占有的全部国有资产。实行“党委领导，政府管理，行业自律，企业自主经营”的宏观文化管理体制。即：集团公司主要领导（党委书记、董事长、总经理）由自治区党委管理，宣传、出版方针政策接受自治区党委宣传部领导，新闻出版局行使行业管理和法律法规指导，国资委负责国有资产的监管。出版集团公司要建立完善的法人治理结构，设董事会、监事会、经理层。董事长为企业的法定代表人，总经理由董事会提名，并对董事会负责。党组织按党章有关规定设立，党委书记和董事长可由一人担任，也可分设。出版集团公司通过国有资产出资人的形式，依法管理所属成员单位国有资产并承担国有资产的保值增值责任。集团公司是企业各成员单位的出资人，享有国有资产经营收益权，对国有资产配置的控制权，主要领导的任免权和有关重大事项的决策权，并以出资额为限对其承担责任。集团公司所属成员单位，均为独立法人实体，在集团公司发展战略和统一规划范围内自主经营，并对集团公司负责。

[20] 内蒙古发行集团股份有限公司已于 2006 年 12 月 7 日正式挂牌成立，内蒙古发行集团是内蒙古首家以资产为纽带的大型文化企业集团。

3. 内蒙古出版资源的整合方案

按照精简、统一、效能的原则，调整、整合出版资源，实现出版资源优化配置，实现出版单位分类管理，促进出版事业，产业繁荣发展。

（1）组建民族出版社，整合蒙文图书出版资源。

在内蒙古文化出版社的基础上，整合内蒙古人民出版社蒙文编辑部、内蒙古少儿出版社、内蒙古科技出版社的蒙文图书编辑、管理、发行人员和相应资产，组建内蒙古民族出版社，同时内蒙古画报社划归民族出版社管理，整合后有在岗职工约160人。使民族出版社真正成为面向八省区，面向国外的现代化蒙文出版中心。依据《民族区域自治法》“各级人民政府要在财政方面扶持少数民族文字的教材和出版物的编译和出版工作”和内蒙古党委、政府《关于进一步加强民族工作加快我区经济社会发展的决定》中“对蒙古文报刊和少数民族语言文字的图书出版给予全额补助”的规定，拟组建的内蒙古民族出版社为内蒙古党委宣传部或内蒙古自治区新闻出版局管理的全额拨款公益性事业单位，组建后的人员编制、财政拨款方式、内部运行机制由内蒙古党委宣传部或自治区新闻出版局与编制、人事、财政管理部门商定。

（2）组建内蒙古出版集团公司。

出版集团公司拟在以下 5 个出版社基础上组建：内蒙古人民出版社（原事业性质）、内蒙古教育出版社（原事业性质）、内蒙古少儿出版社（原事业性质）、内蒙古科技出版社（原事业性质）、远方出版社（原企业性质）。

内蒙古人民出版社汉文编辑部全部人员和部分管理、发行人员及相应资产，内蒙古少儿出版社、科技出版社汉文图书编辑及部分管理、发行人员，内蒙古教育出版社和远方出版社全部人员及资产进入出版集团。组建后的出版集团有在职人员约 350 人，总资产约 6 亿元。

4. 内蒙古出版集团组建所要求的配套政策

由于内蒙古出版集团的组建涉及到的部门和单位众多，在组建范围内的各单位原来互不统属，业务的性质既有公益性，又有经营性，情况比组建发行集团复杂得多，影响也大得多。设立在内蒙古新闻出版局的内蒙古出版集团筹备领导小组办公室在其拟定的集团组建方案中认为组建出版集团公司的工作既要积极推进，又要慎重对待、周密谋划，转企一定要在以下政策配套并到位的前提下实施。

（1）相关税收优惠及补贴政策。

第一，在“十一五”期间继续享有自治区人民政府《关于支持文化事业和文化产业发展若干政策规定》的有关优惠政策。如“‘十五’期间，对大中小学的学生课本和专为少年儿童出版发行的报刊、科技图书、科技期刊的出版物增值税，继续实行先征后返的办法”。“由文化事业单位转制为文化企业的免征 5 年企业所得税，纳税确有困难的，按税收管理程序进行报批，可免征房产税”等。

第二，自治区人民政府继续给予出版集团公司蒙文中小学教材出版专项补贴，补贴额逐年按计划核定。

（2）社会保险及人员安置政策。

第一，依据内劳社字（2005）2号文件精神，事业单位转制为企业后，从转制之月起，按企业职工基本养老保险的有关规定缴纳基本养老保险费，并从缴费之月起建立个人账户。转制前的连续工龄视同缴费年限，不再补缴养老保险费。新进人员加入企业养老保险。

第二，对转制时距国家法定退休年龄不满5年的人员，在与本人协商一致的基础上，可以提前离岗退养，离岗期间不享受奖金和岗位津贴，其他的工资福利等基本待遇不变，单位和个人继续按规定缴纳各项社会保险费和住房公积金，达到国家法定退休年龄时，按企业办法办理退休手续。

第三，对转制时自愿辞职的人员，根据工作年限一次性发放补偿金和医疗补助，解除劳动关系，补偿金数额按事业单位辞职人员有关规定执行。

第四，转制前离退休人员，原离退休待遇标准不变，执行事业单位离退休待遇调整政策，离退休费用由财政拨款支付。转制时已加入企业养老保险的事业编制离退休人员，统筹外离退休待遇差，由财政拨款支付。

第五，依据内劳社字（2005）2号文件精神，转制后5年内退休的原编制内在册职工，其基本养老金计发按照企业职工基本养老保险制度的规定执行。为保证新老退休人员待遇水平的平稳过渡，转制后实行5年过渡期。按企业基本养老金计发与原事业单位基本养老金计发的差额部分（简称“待遇差”），采用分年按不同比例加发补贴的办法解决，所需费用由基本养老保险统筹基金中支付。

（3）劳动人事及收入分配政策。

第一，转制后实行新的劳动用工制度，实行全员聘用制。根据不同岗位采用直聘、选聘和竞聘，按岗、按需择优录用，打破论资排辈，起用优秀人才。变过去身份管理为岗位管理，真正形成企业自主用工、员工自主择业的双向选择机制。已聘人员在平等自愿、协商一致的基础上，与单位法人代表签订聘用合同，明确双方权利和义务。对未聘人员进行合理安置，原则上以内部安置为主，不推向社会，并享受《内蒙古自治区直属事业单位未聘人员安置办法》中有关规定和政策。

第二，转制后执行企业的收入分配制度。集团各企业经营管理者施行年薪制，员工收入实行岗位绩效分配制。

（4）其他相关政策。

第一，集团公司各单位在办理转制手续过程中，各有关部门都应积极配合支持，各种登记类，证照类费用一律减免。

第二，自治区人民政府为出版集团公司的组建和转制拨付专项启动资金，用于资产评估、财务审计、政策法律咨询、分流人员补偿等，具体数额由组建后的出版集团公司专项报批。

（5）集团组建的领导协调机制与部门职责分工。

在改革思路一经确定以后，即由自治区党委、政府领导牵头，统一领导改革工作；领导小组办公室，具体指导改革并拟定改革具体方案；归口管理部门拟定移交方案；财政厅提出清产核资、资产评估、产权界定、以及债权、债务处置意见；国资委制定资产授权方案；国土资源厅提出土地评估、土地使用权变更有关处置意见；劳动和保障厅按已出台的有关政策帮助集团公司尽快解决在岗职工和离退休人员社会养老保险问题。各有关部门要按照各自职责，支持出版集团公司组建工作。有关出版发行单位要积极配合改革，保证思想不散、工作不断、秩序不乱、国有资产和核心人员不流失，维护好稳定发展的局面。

（三）广电系统试点改革方案的基本内容

广电系统的改革主要是针对内蒙古电台、电视台和各盟市的电台、电视台的管理体制改革，由于电台、电视台是重要的新闻媒体和思想文化宣传阵地，其意识形态属性和公益性很强，但在市场经济体制下，其产业属性也日益显现。根据中办发（2005）14 号文件的精神，电台、电视台继续实行事业体制，并剥离出其中的经营性资产进行产业化改革。所以，广电系统的改革任务就是，对广播电视事业单位中公益性和经营性部分作出科学区分，并进行相应的体制和机制改革。

1. 宣传方式改革

电台、电视台作为重要的新闻媒体和宣传思想文化阵地，是重要的公益性事业单位，必须坚持以宣传为中心，牢牢把握正确舆论导向。电台、电视台应继续实行事业体制，要从加大投入、优化结构、完善布局、提高质量、培养人才入手，进一步巩固和拓展广播电视宣传阵地，不断提高宣传的公信力和影响力。根据广播、电视宣传的不同特点，进一步深化宣传改革。进一步加强蒙古语广播电视宣传，不断提高蒙古语广播电视宣传质量，扩大蒙古语广播电视覆盖和影响。电台继续推进频率专业化，节目对象化，加强品牌建设，充分发挥广播时效快捷的优势。电视台要强化新闻立台和旗舰频道建设，重点做好新闻、新闻专题、社会教育类节目，不断创新电视宣传的内容、方法、形式和手段，并大力推进蒙古语卫视频道的快速发展。

2. 文艺节目制播分离改革

结合内蒙古实际，电台、电视台的文艺类节目有选择地推进制播分离改革，引入市场机制，实行节目招标采购，进一步丰富节目源、提高节目质量、降低节目成本。除了新闻和社会访谈类节目外，其他如文艺、科技、体育、娱乐类节目，都应该进一步深化制播分离改革。

3. 市场化改革

第一，广告剥离。电台、电视台要根据广告经营特点和自治区的实际，不断创新广告经营方式，搞活经营机制，确保广告质量，增加广告收入。要进一步加快广告代理的步伐，实行广告市场化经营，广告经营部门从广播电视主业中分离出来，实行广告公司代理制，走企业化、社会化经营的路子。在此基础上，按照市场规则完善管理、加强服务，促进广告质量和广告效益的提高。

第二，成立电视剧制作公司。内蒙古电视台加快电视剧产业化改革，电视剧制作中心要逐步从事业体制中剥离出来，转为企业，为主业服务。在现有电视剧制作中心中成立电视剧剧本筹划创作中心、电视剧产业发展中心和王新民工作室，使之成为能与国内电视剧市场接轨并能产生社会和经济效益的实体。

第三，改革文艺、节目中心体制机制。内蒙古电台文艺制作中心的节目生产制作，要逐步走向市场，一方面实行节目制作市场化动作，电台拿出一部分资金用于对文艺节目制作中心录制的民族音乐、文艺、曲艺等节目的收购，另一方面文艺制作中心要对有市场的音乐节目制成音像制品，努力开拓市场，走企业化管理的路子。积极开发拥有自主知识产权、市场占有率高的原创性产品，打造有核心竞争力的知名文化品牌。内蒙古电视台文艺中心及纪录片创作室 2007 年内完成转制，从现行体制中剥离出来，实行公司化经营；文艺中心申请注册公司，在完成台内各项宣传任务的同时，对外按照市场机制承揽大型综艺活动和大型文艺晚会的制作及延伸产品的开发；把节目制作中心、卫视频道节目中心逐步推向市场，实行公司化动作。

第四，剥离有线电视网。目前，自治区有线电视网已完成自治区、盟市和部分旗县的整合，整合后成立网络公司，网络公司实行企业化管理和运作。在自治区事业单位向企业转制过程中人员身份置换、社会保障各项配套政策完善后实行人员身份整体转换，最终完成有线电视网的剥离工作。

4. 内部管理制度改革

要继续深化内部人事、收入分配和社会保障制度改革，搞活用人机制和收入分配制度，全面推行聘用制和岗位管理制度，健全岗位目标责任制；加强从业人员资质管理，强化绩效考核，建立激励和约束机制；进一步推进和完善社会保障制度的建立，确保职工切身利益，促进事业产业发展。

（四）报业系统试点改革方案的基本内容

报业系统的改革涉及内蒙古日报、内蒙古新华报业中心、各盟市日报及其子报、子刊，内蒙古这次文化体制改革试点在报业系统的主要内容是准备在原内蒙古日报社

8报2刊的基础上整合其他相关资源组建事业性质的内蒙古日报报业集团。根据内蒙古文化体制改革试点工作会议精神和自治区党委宣传部的要求，内蒙古日报集团组建方案的主要内容如下：

1. 健全党委领导与法人治理结构相结合的领导体制

报业集团组建后的性质、领导体制如下：

第一，内蒙古日报报业集团是以《内蒙古日报》（蒙汉文版）和《北方新报》为主体的传媒集团，是自治区党委的直属事业单位，是党的喉舌，是党委、政府重要的舆论宣传阵地，是内蒙古指导性强、信息量大、覆盖面广、传播及时的新闻舆论信息集团。《内蒙古日报》蒙文版应完全纳入财政预算，给予全额拨款，《内蒙古日报》汉文版应给予差额补贴。

第二，报业集团实行党委领导下的社长负责制，内蒙古日报社与内蒙古日报报业集团一个机构，两个名称（两块牌子），一套班子。集团党委下设编辑委员会和经营管理委员会。在时机成熟时，集团设置董事会和监事会。报社党委书记、社长兼任报业集团董事长，为集团法人代表。设正厅职务总编辑、总经理各1人，设副社长、副总经理若干人，设纪委书记1人兼总监事，集团领导成员均由自治区党委任命。

第三，集团党委为集团最高领导和决策机构。编委会负责集团各媒体的新闻采编工作，确保各媒体正确的舆论导向；经管会负责各经济实体的经营管理工作，确保国有资产保值增值。

2. 完善采编、经营两分开的管理体制

第一，《内蒙古日报》蒙汉文版，各子报、子刊的新闻采编业务是报业集团的主业，总编辑主持的编委会指导并领导其日常工作，集团编委会对各报刊采编业务实行宏观指导和具体负责相结合的管理方式，确保正确的舆论导向。

第二，内蒙古日报报业集团报刊的经营部分及印务中心、物业公司、置业公司等经营性业务与主业相对分开，总经理主持的经管会指导并领导集团生产经营的日常工作，对各单位的经营业务实施目标责任管理，统管集团财务和资产，面向市场开拓经营，确保正确的经营方向，为广大主业服务。

第三，报业集团经批准组建后，将模拟现代企业管理体制和经营机制运作。建立完善的资产管理制度以及重大决策的责任制度。

第四，各核算单位模拟法人实体，在报业集团发展战略和统一规划范围内自主经营，并对集团公司负责。

第五，报业集团制定公司章程，规范集团与各经营单位的关系，明确各自的责权利。

3. 完善灵活务实的采编和经营机制

第一，实行内蒙古日报蒙汉文版分别核算，逐步形成相对独立的办报实体。力争使蒙文报实现财政全额拨款，独立核算，由党委、政府确定发展方向和发展规模，在坚持党报性质、搞好“三服务”的同时，围绕继承和发扬少数民族文化传统塑造特色。汉文报要整合资源，调整结构，力争在办报内容和风格上不断步入全国党报先进行列，在确保社会效益的同时，争取更好的经济效益，效益明显增加可率先进行分配制度改革，建立与办报相适应的激励机制。

第二，进一步加强经营报业的理念，深化改革、转变机制，提高经营管理水平，下大力解决全社及各单位普遍存在的经营滞后、效益不高的问题。在着力抓好子报、发行和广告增收的同时，把印刷业、房地产业作为新经济增长点加以培育、扶持，增强社办企业创收能力。

第三，不断做强做大《北方新报》。鼓励支持创办子报，鼓励向新媒体挺进，鼓励向全区扩张，鼓励延长产业链，力争使《北方新报》占据全区平面媒体广告的半壁江山，占据内蒙日报社经济实力的半壁江山，占据全区报业的火车头位置。

第四，除《北方新报》外，内蒙日报社现有子报子刊逐步推行一媒体、一公司的体制，面向市场，自主经营，独立核算，自负盈亏，形成每年上缴一定利润、且能逐年递增的经营实体。

第五，全国报业改革的实践证明，多办子报不一定能够带来社会效益和经济效益的增长，搞不好会形成媒体间的恶性竞争。如果自治区党委宣传部和自治区新闻出版局把新华报业中心的十几家小报小刊划归内蒙日报社管理，内蒙日报社将按市场规则和报业发展规律和集团发展的需要对其进行整合。各报刊在人、财、物方面高度自主，按照一媒体、一公司的体制，面向市场，自主经营，自负盈亏，独立核算，自我发展。集团负责宣传导向和经营监督。

第六，依据社内不同企业发展状况，建立法人治理结构，扩大经营权，不断培育印务中心、置业公司、北方印务、物业公司等企业，模拟市场机制运作，增强活力，壮大实力，面向市场做强做大。

第七，充分利用信息化革命的成果丰富和发展自己，确立数字化发展战略，广泛利用各种数字传播技术及与数字技术有关的信息化手段，全面提升报业的核心竞争力和发展后劲。

4. 积极推进干部人事、劳动用工和分配制度改革

第一，继续推行全员聘用、处级干部竞聘上岗制度。对聘任干部实行任期制，明确任期目标，加强对任期目标的考核，将考核结果与任用、奖惩挂钩。对未完成任期目标者，实行离岗培训、待岗、解除聘任、免职等制度。

第二，实行用人聘用合同制。根据工作需要，科学设置专业技术、管理、工勤等工作岗位，实行公开招聘、双向选择、竞争上岗。专业技术职务实行评聘分开或以聘代评，在平等、公开、公正的基础上，层层聘任，分级管理，签订聘用合同。受聘人员严格按聘用合同和岗位目标责任进行管理。除上级任命的领导干部和政策性安置的人员外，对新进人员一律实行社会招聘逢进必考、择优录用的方法。

第三，不断深化分配制度改革，建立起一套切实可行的激励机制。逐步实行岗位工资制。以岗定薪、按岗取酬；奖金实行按劳分配与效益挂钩，多劳多得、优劳优酬。集团对二级单位实行抓大放小、松绑放权的办法。各二级单位可在集团有关规定和收入分配增长不超过效益增长的前提下，自主用人、自主确定薪酬、自主解聘不胜任工作的职工。

第四，妥善安置未聘人员。对未聘人员按"新人新办法，老人老办法"的原则和"先挖渠，后分流"的办法，采取创造新的就业机会、内部转岗等途径和形式进行安置。对剥离出来或转制为企业的后勤服务单位，实行定岗定责、工资总额包干的办法。同时，加快进入医疗、养老等各项社会保障制度的步伐，保证改革的稳妥顺利，保障职工的合法权益。

5. 建立统分结合的财务管理制度

第一，加强资产的管理和经营。资产由集团实行统一管理和调配，在保证集团控制力的前提下，对资产进行合理配置，实行授权经营。在此基础上，给二级单位一定的财务自主权。

第二，加强资金的运营和监控。集团对各所属单位资金集中结算，统一管理，但又不管死。继续完善会计人员委派制，建立健全统分结合、全面核算和全过程管理的核算监督体系。

第三，完善各项财务制度。建立全面预算管理制度、统计绩效评价制度和审计检查制度，进一步完善筹资、投资、担保、收支审批、费用管理、利润分配和会计报告等内部控制制度，使集团各项经济活动规范、有序、高效、健康地运行。

第三节 存在的问题与原因分析

一、改革过程中存在的问题

（一）改革配套政策不完整，试点单位的特殊性没有得到足够关注

事业单位改革不能仅仅依靠事业单位本身及其主管部门的努力，还必须得到相关部门和配套政策的支持才能顺利推进，这是人们总结以往事业单位改革的经验教训时

取得的共识。就文化事业单位改革来说，改革不能仅仅依靠文化事业单位和宣传文化主管部门的努力，至少还应得到编制、组织、人事、财政、税务、社保、国有资产管理等政府职能部门的支持和配合才可能有所作为。如果要在更宏观的文化管理体制改革上取得实质性突破，其前提条件还必须是以国家立法或中央政策的形式对改革作出全局性布署。为推动本次区直事业单位试点改革顺利进行，内蒙古党委、政府在编制、财政投入、人事和社保方面迅速出台了相关配套政策，但对于改革成败具有基础性意义的事业单位分类标准、事业单位养老保险政策，以及在经营性事业单位转企改制中意义重大的国有资产处置和管理政策都没有涉及，配套政策的不完整直接造成改革成果的局限性。另外，改革试点单位的一些特殊性需求也没有被政策制定者所关注，如在艺术院团中歌舞演员的艺术生命受生理原因的影响，能够留在舞台上的时间有限，舞蹈演员好一些的能跳到上了四十岁，差一些的上了三十就跳不动了。这些人员在走下舞台但未到退休年龄这段时间里的安置问题没有得到政策的相应解决，“新人进不来，老人出不去，负担沉重”已经成为阻碍艺术院团发展的“老大难”问题。本次成为内蒙古直属事业单位试点改革单位的内蒙古民族歌舞剧院现有编制数为 410 人，其中专业技术人员占 90%。从人员规模和人员组成结构上看，内蒙古民族歌舞剧院的编制数已经足够，但实际上因为大量歌舞演员已经过了从事舞台表演的黄金年龄，而又没有相应的政策依据进行合理的分流，只能由单位养起来，并占用着有限的编制。迫于无奈，内蒙古歌舞剧院只能在编制以外自筹资金聘用了 90 多名人员作为补充。

（二）分类改革标准难以把握，实施难度较大

按照人们现在普遍认同的事业单位分类方法，事业单位可以依据其承担职能的公益性程度分为公益性、准公益性和经营性三个基本类型。但在实际的分类过程中，由于区分标准难以操作，有很多单位都不容易准确定位，在本次内蒙古文化事业单位改革中这一问题也表现得很突出。如在文化厅系统的试点改革方案中准备把内蒙古民族歌舞剧院和内蒙古直属乌兰牧骑艺术团从目前差额拨款事业单位重新定位为全额拨款事业单位，其理由是按照《关于深化文化体制改革的若干意见》（中办发［2005］14 号）文的规定，作为体现民族特色和自治区水准的艺术院团应继续保留事业体制，由自治区给予重点扶持。而同样按照中央 14 号文的规定，绝大部分艺术院团的改革方向是转企改制。从作为被改革对象的艺术院团角度来看，保留事业体制和转企改制完全是两种不同的“命运”，前者意味着可以由国家财政供养，而后者则要面临市场竞争的风险。事实上，除了上面提到的两个院团以外，还有内蒙古民族曲艺团、内蒙古二人台艺术团、内蒙古京剧团等从事地方稀有剧种和特有艺术形式表演的团体需要给予重点扶持，否则会存在消亡危险。把这些团体在分类改革中直接定位为经营性事业单位而推向市场，似乎不够公平，对于民族地区文化事业的发展也不利。又如电台、电视台等文化事业单位如何定位也是文化体制改革中遇到的一个难题，按照中央 14

号文件，电台、电视台的改革定位是准公益性事业单位，国家给予一定的财政资金扶持。但事实上，整个广播、电视媒体行业都同时具有公益性和经营性的双重属性，就是一个频道、栏目往往都同时具有不同程度的公益性和经营性。如何在节目的制作与播出的过程当中，能够在体制和机制上既保证舆论宣传和社会教育的正确导向，又能满足媒体受众多层次的文化需求，不断壮大传媒产业，仍然是一个需要在进一步的探索与实践中解决的复杂问题。

（三）改革试点单位分散，缺乏有效的领导

事业单位改革过程中存在的一个严重问题就是缺乏统一领导，事业单位改革涉及教科文卫等各个行业，属于跨行业的综合改革，而在中国条块分割的行政体制下，各行业又分别组织从中央到地方的行业内改革，诸如教育体制改革、卫生体制改革、文化体制改革等。地方在实施相关改革时，都是由地方党委召集相关部门成立各种临时机构性质的领导小组，如事业单位领导小组、教育体制领导小组、文化体制改革领导小组等，这些领导小组的成员都是由地方政府的党政领导和相关职能部门的领导兼任，领导小组没有专门的办公场所和专职的工作人员，其工作方式是以不定期召开“碰头会”的形式进行。在各个领导小组内部，由于领导小组的参与机关和组成人员之间没有直接的从属关系，领导小组形成的决议在执行中经常出现“软化”现象。而在各个领导小组之间，由于相互之间都是平级关系，在工作发生横向联系时，表现出来的“协调失效”问题更为严重。以内蒙古事业单位改革和文化体制改革为例，内蒙古党委政府为了推进相关改革，分别成立了事业单位改革领导小组和文化体制改革领导小组，对于文化事业单位及其上级主管部门来说，不管是对于事业单位改革领导小组形成的决策，还是文化体制改革领导形成的决策，都负有执行的责任。但由于从中央到地方，事业单位改革和文化体制改革的侧重点都不一样，领导协调机构也不一样，事业单位改革领导小组的决议执行由编办负责协调，文化体制改革领导小组的决议执行由党委宣传部负责协调。在这样的领导体制下，两个领导小组出台的文件和政策，常常会发生所谓“两张皮”的脱节现象，同时文化事业单位及其行政主管部门也只能被动地在两个领导小组之间“左支右绌”、“疲于应付”。再加之在我国现行的文化管理体制下，参与本次试点改革文化事业单位分属内蒙古文化厅、广电局、新闻出版局等不同的行政主管部门，它们相互之间既没有纵向的统一隶属关系，也没有横向的业务联系，负责协调的自治区编办和党委宣传部也只有“建议权”，而无“指挥权”，各系统的改革往往呈现“各吹各打”、“相互脱节”的局面。

（四）改革试点单位的内部关系难以调和

在传统体制下，事业单位的性质是“为社会公益目的，由国家机关举办或者其他组织利用国有资产举办的，从事教育、科技、文化、卫生等活动的社会服务

组织”[21]，但改革开放后，事业单位经过不断的“市场化”和“社会化”改革，其性质已经不同程度也发生了变化，同一个事业单位内部既有履行公益职能的事业部门，也有以营利为目标的经营部门，而且相互之间的产权边界“模糊不清”，财务关系“错综复杂”，总体上呈现出“事企不分”的怪现象。以本次改革被列为行业试点的内蒙古日报社为例，内蒙古日报社直接隶属于内蒙古自治区党委，是内蒙古最高级别的党报，按照2005中办发14号文件，在文化体制改革中的定位属于典型的公益性事业单位性质，财政拨款方式为差额拨款。但经过前期的市场化改革，内蒙古日报社目前已经形成了一个母报下拥有多个子报、子刊的格局，特别其中的《北方新报》，其平面媒体广告量和收入已经几乎占据全自治区的半壁江山，成为内蒙古日报社资金的主要来源。多年来，在母报经费不足的情况下，“子报”的经营利润大量上缴，“子报养母报”已经成为内蒙古日报社“母子报”间的基本关系。按照内蒙古日报社的试点改革方案，其改革目标是在其8报2刊的基础上组建事业性质的“内蒙古报业集团”，“报业集团实行党委领导下的社长负责制，内蒙古日报社与内蒙古日报报业集团一个机构，两个名称（两块牌子），一套班子”。“除《北方新报》外，内蒙古日报社现有子报子刊逐步推行一媒体、一公司的体制，面向市场、自主经营、独立核算、自负盈亏，形成每年上缴一定利润、且能逐年递增的经营实体”。这样意味着《北方新报》在成立报业集团后，依然不能以“子公司”的身份“自主经营，独立核算，自负盈亏”，其创造的利润还是要无条件地上缴报业集团。从这样的安排当中，我们似乎可以读出方案制定者的“思维逻辑”：为了保证经费来源，集团继续直接经营效益好的《北方新报》，而对于经营效益差的子报则让其“自主经营、自负盈亏”以达到“甩包袱”的目的。这样“产权不清、职责不明”的改革方案与现代企业制度的内涵“大相径庭”，不但不利于改革，反而会人为地激化改革单位内部的矛盾。

（五）利益主体间的博弈影响文化资源整合

文化管理体制改革的实质其实就是打破原有的利益格局，进行相关利益主体间的利益再分配。而这种利益的再分配不是简单的“划地盘”，其目的是要打破计划体制下形成的“条块分割”式的文化事业格局，以公共文化服务体系建设和大文化产业发展为目标整合现有文化资源。但由于文化事业单位改革和文化体制改革中的利益主体关系复杂，改革过程不可避免地伴随着不同层级政府间、不同政府部门间、不同事业单位间多个层面的利益博弈，这种利益博弈将不同程度地影响着文化资源整合的效率和效果。如广电系统的改革就存在不同层级政府间的利益博弈。电台、电视台在体制上是受党委政府和广电局双重领导，而其利益更多地与各级党委政府联系在一起。按照产业发展的规律，自治区电台、电视台在今后的发展中，势必要对各盟市电台、电

[21] 1998年国务院颁布的《事业单位登记管理暂行条例》的事业单位定义。

视台进行纵向的资源整合，但由于现有利益格局的障碍，遇到的阻力将会很大，如何破解这种阻力将成为十分重要的课题。在内蒙古报业资源的整合中则存在政府部门间的博弈。筹建中的内蒙古报业集团（内蒙古日报社）意图整合内蒙古新闻出版局下属新华报业中心旗下以内蒙古晨报为首的十多家报纸，面临着从利益到产权等一系列的问题需要去解决。在文艺演出团体改革的过程中则存在文化事业单位间的利益博弈。在内蒙古自治区直事业单位试点改革中，政府本来意图把参与试点的内蒙古歌舞剧院和内蒙古自治区直属乌兰牧骑艺术团本着“节约资源，优势互补”的原则整合为一个艺术院团，但由于两个院团分别强调自身的历史地位和不可替代性，两个院团合并的方案只好作罢。

二、原因分析

（一）客观原因分析

1. 改革总体目标不明确

由于事业单位改革复杂性，我国事业单位改革长期缺乏总体目标和基本的制度设计，这已经成为制约事业单位改革取得实质性突破的根本原因。文化事业单位的情况更为复杂，文化事业单位在传统计划经济体制下，承担着“意识形态”的宣传和教育功能，对党的政策方针贯彻和国家政权稳定起着重要作用。改革开放后，我国文化领域的基本格局已经从传统的一元化的文化事业转变为二元化的文化事业和文化产业，建立适应市场经济体制的文化管理体制已经成为党和政府关于文化体制改革的核心任务。然而，如何平衡文化事业和文化产业之间的关系、如何区分公益性和经营性文化事业单位、如何剥离文化事业单位中的经营性资产仍然是尚未完全破解的“难题”。这些“难题”不但影响着新型文化管理体制的建立，也使文化事业单位改革的总体目标难以确立。

2. 改革整体推进的条件尚不成熟

由于缺乏总体目标，长期以来事业单位改革的基本模式都是“试点先行，逐步推进”，尽管通过不断地摸索取得一些可贵的经验，但由于这一模式本身缺陷造成的负面影响也非常严重，各个利益相关主体在改革过程中的相互博弈使得改革进展困难重重，甚至出现了由于过度市场化而导致事业单位公益性丧失的错误倾向。事业单位改革涉及政治、经济、社会，贯穿中央到地方多级行政系统，并横跨多个行业领域。改革实践证明，对于这种涉及面广泛、影响巨大的系统改革，仅仅由地方政府主导或在某个领域开展的试点改革，其所能取得的成效十分有限，甚至要付出沉重的代价。2004年，国务院责成中央机构编制委员会办公室牵头，组成“事业单位改革小组”，成员由人事部、财政部、劳动和社会保障部等部门参加，对事业单位改革提出一个总体改革文件和配套改革措施。该小组经过两年多的研究，提出了“一加五或一加六”的文件框架，即一个改革的总体文件，加上五个或六个配套改革措施文件。但可能考虑到改革整体推进的时机尚不成熟，这些文件的完整内容直到目前还没向外界公布。作为事业单位改革全面推开重要前提的分类标准和事业单位养老保险改革目前由中央安排正在部分省区市实施试点改革，改革尚无正式的结果。文化体制改革是由宣传文化系统主导的行业改革，但其改革要落到实处，必须与事业单位改革密切配合，也需要编制、财政、社保、组织、人事等各个政府职能部门的积极支持。内蒙古于 2006 开始的文化体制试点改革没能如期完成的一个主要原因就是全国范围内改革整体推进的时机尚未成熟。

3. 文化行政管理体制改革滞后

目前，我国在文化事务的管理上还没有大文化的管理体制，而是由若干个部门分工管理相应的文化事务，并按照中国国情在它们之间建立相互的工作协调机制。比如说政治局常委里有分工管文化事业的，中共中央宣传部也是文化战线的协调者，承担这样的角色，另外国务院领导成员中也有分管文化事务的。[22]这种现行的文化管理体制，让人感觉“眼花缭乱，不得要领”，在实际工作当中难免产生“以党代政”的嫌疑，同时多个政府文化管理部门之间难免存在职能交叉与职责不清的情况。这种体制由于过多的权力“委托—代理”层级，一方面必然加大权力运行的社会成本，另一方面也不利于政府对文化事务的管理和文化市场的有效监管。为了解决我国政府部门设置过多、职能交叉的情况，我国在 2008 年 2 月召开的党的十七届二中全会后掀起了“大部制改革”的热潮，“大部制改革”是以 2008 年 12 月 11 日发布的第六次《国务院机构改革方案》为标志开始正式实施的。在《方案》发布之前人们对按照职能有机统一的原则组建精简的政府部门报以热切期望，“大交通”和“大文化”是学者和官员在各种场合论及“大部制改革”时所举的典型例子。然而，《方案》公布后，涉及调整变动的机构有 15 个，正部级机构减少 4 个，其中新组建的交通运输部合并的原交通部、民航总局和邮政局，虽然没有按照人们原有的设想把铁道部也归并进来，但让人感觉已经有了“大交通”的基本框架。但人们对“大文化”的期望却落了空，《方案》丝毫没有涉及文化管理部门，也许国家是出于稳妥考虑作出了这样的安排，但不能不说是本次大部制改革的遗憾，由此对文化事业单位改革和文化体制改革产生的不利影响也显而易见。

[22] 根据“文化部：目前还没有大文化管理体制”（文化部长蔡武在新闻发布会上的发言）整理，星岛环球网 www.stnn.cc，2009/9/4。

4. 国有文化资产管理混乱

从整个国有资产管理体制上来看，原来的国有资产管理体制下出资人由多个部门承担，使得管资产与管人、管事等环节相脱节。形成了各个部门只有权利，没有责任和风险，更没有人或机构对国有资产真正负责。这种问题严重影响了国有企业改革和政府职能的转变。为了解决政府部门对国有企业的错位、越位问题，十届全国人大一次会议后，国务院成立了国资委，作为代表国家履行出资人职责的特设机构。文化领域拥有庞大的国有资产，如何妥善处理这批国有资产是当前文化体制改革中的一个重大挑战。而我国的国有文化资产管理体制采用的依然是旧体制下的分散委托监管方式，这种分散委托方式造成监管盲区和空白点，一部分国有资产处于无人管理状态，同时，也不利于形成文化发展合理布局。另外，这种监管方式还存在政企不分，与市场经济原则相背离，被授权者自己监管自己，整个监管覆盖不完整、责任不明确等诸多问题，迫切需要进行监管体制与机制的改革。国有文化资产管理的混乱与文化事业单位改革中存在的各利益主体间无序的利益博弈有着直接的联系。

（二）主观原因分析

1. 改革推动者的“政治风险”意识

我国事业单位改革的动力主要来自国家和政府，事业单位及事业单位工作人员本身的改革意愿并不强烈，甚至对改革的前景持怀疑态度。事业单位作为我国特有的一个庞大而复杂的社会部门，事业单位数目多达 130 万家，有国家事业编制的工作人员近 3000 万人，全国受过良好教育的专业技术人员绝大部分在事业单位工作。虽然，事业单位的高额支出与低效产出备受指责，但不可否认，全社会需求的教育、科技、文化、卫生等大部分公共服务和公共产品还是由事业单位在提供。考虑到以上因素，作为改革的推动者的党和政府，不得不从改革、发展、稳定取得平衡的角度考虑事业单位改革的力度、步骤和方式。至于文化体制改革，其性质可以说是介于经济体制改革和政府体制改革之间的一项重要改革，是两者之间的“缓冲带”。在我国目前政治体制改革严重滞后于经济体制改革，并制约经济发展的情况下，文化体制改革的重要性尤其突出，但正因为如此，其“风险性”也就尤其的大。由此，我们对决策层在文化体制改革中所表现出来的“过分”谨慎态度也就完全可以理解了。

2. 改革实施者的“观望态度”

如前所述，正因为事业单位改革的巨大“政治风险性”，中央对事业单位改革的推进方式长期处于“试点改革”的模式中。这种“试点改革”模式的具体方式是：中央只对每一次试点改革提出一些原则性的要求，然后以“试点任务”层层递解的形式向下落实。中央政府把“试点任务”交由地方政府执行，地方政府又把“试点任务”

分解到各个事业主管部门去执行，各个主管部门又把“试点任务”进一步分解到其下属的事业单位去具体执行。实质上，在这一多层次的“委托—代理”链条中，事业单位改革的“政治风险”也被层层传递和转移。在国家对事业单位改革缺乏总体目标和制度设计的情况下，各级“代理人”对改革的结果自然就缺乏乐观的预期。而且，按照“公共选择理论”，各级政府及其工作人员本身也具有“理性经济人”的特征，出于对自身利益的保护意识，改革实施者们往往在执行“试点任务”时都不愿意“先人一步”，表现出推诿、拖延等“观望态度”。

3. *改革经验积累的需要*

事业单位改革之所以长期处于“试点改革”阶段，是由事业单位改革本身的复杂性和艰巨性决定的。虽然“试点改革”模式有其局限性，试点改革过程中各级政府、部门和事业单位也遭遇了一些挫折、承受了一些损失。但我们必须认识到，事业单位改革方式要从“分散试点”转变到“整体推进”，需要有一个长期的探索过程和经验积累过程。我们看到，目前关于事业单位改革被普遍认同的原则，如政事分开、管办分离、事企分开、分类改革、社会化、适度市场化等都是在 20 多年不间断的事业单位试点改革中逐步摸索总结出来的。依靠这些基本经验，事业单位改革的基本目标和框架才能逐渐明朗化。在文化领域，人们对社会主义文化的认识，也伴随着“试点改革”过程，经历了从计划经济体制下的“文化事业”到“公益性文化事业与经营性文化产业”，再到“公共文化服务体系”几个逐步深化的阶段。

第四节　可资借鉴的经验

一、国外经验借鉴

在西方发达国家，虽然没有像我国在计划经济体制下，由政府对文化事业进行“大包大揽”式的控制和管理，但由于二战以后福利国家理念在西方盛行，政府加大了对文化艺术的扶持力度，社会文化产品的生产和提供基本上是依靠政府财政的支持。自 20 世纪 80 年代以来，西方各国为应对财政危机和政府信任危机，均开始了一浪高过一浪的大规模政府改革。随着西方政府改革运动的深入，各国的文化体制、公共文化管理、文化政策都进入了大规模的调整阶段。

西方政府改革浪潮起源于英国的私有化运动，当时撒切尔夫人以公共选择理论为指导，主张以市场机制作为调节资源配置的主要工具，减少国家干预，恢复自由经济。此后，英国政府开始重新审视对艺术和文化部门的资助和管理，在继续保持对其公共部门的资助外，政府希望艺术和文化机构能够寻求新的经济来源以补充收入。同期，法国也认识到对文化事业的鼓励、支持应采取间接的方式，在不排斥政府干预行动的基础上，将市场机制引入公共文化事业中，希望通过市场经济规律，鼓励私人企业投资文化事业。美国同样认为私有化和市场机制比政府的效率更高，倡导消减用于包括文化项目在内的社会服务的公共开支，解除市场管制，允许资本自由流动。因此，美国文化是将其置入开放性的市场经济和民间社会而发展起来的，政府采取间接管理与规划。公共选择理论在公共文化管理中的运用，是希望在加强政府财政责任的同时，引入市场机制和社会力量，采取政府与非政府公共服务机构分权的形式，来改善公共文化服务供给范围并提高效率。

随着新公共管理理论的进一步发展，西方国家公共文化部门在管理体制改革过程中呈现出一系列新的取向。这些改革在追求公共文化资源配置的公平、合理以及公共文化部门经营的经济、效率和效益的基础上，使国家文化公共行政管理与国有公共文化服务供给之间实现了体制上的分离。在保持国有或政府所有的前提下，将国有公共文化部门的经营权分散给社团、企业或私人，从而使公共文化行政管理与公共文化经营管理之间在组织制度上分离开来，最终实现国家文化行政系统与国家公共文化系统之间独立和互补的关系，树立起较为科学而有效的公共文化管理体制。

进入 21 世纪后，作为新公共管理运动的反思，美国行政学家登哈特夫妇提出新公共服务理论，使得管理实践中公民导向再次凸显，“公平性”、“民主性”和服务对象的最大满意度成为公共文化行政追求的目标。可以看到，近些年西方国家在公共文化机构管理评价标准的制订和修订过程中，十分注重服务的高效率和服务对象的多样化需求与满意度。同时，政府公共文化行政也开始注重建立与公众之间的长期互动关系，针对公众多元的文化需求结构，设计、提供理想的文化产品或服务，并通过各种渠道了解公众的期望，且将此信息作为改进工作和管理的方向；注重公众对公共文化事务管理过程的参与，鼓励公众在参与过程中积极表达观点、看法和意愿。

另外，20 世纪 90 年代后期兴起的公共治理理论对西方社会公共文化服务体系的重构产生了重要的影响。近年来，西方国家民间文化公共行政系统获得快速成长，在公民、文化从业者和文化企业业主的自愿、自主、自发组织下，通过国家法律法规认可或授权的途径，在文化公共空间营造起具有文化公共权威的、代表着社会民间文化价值取向的新型行政机制。它们在地区、国家和国际等层面上构筑了一个较为完整的、具有某种独立自治性的网络体系。

二、国内经验借鉴

在国内，人们对公共文化的认识水平是随着改革开放的进程不断提高的，先后经历了计划经济下的“文化事业”到“公益性文化事业”，再到“公共文化服务体系”的三个认识阶段。

从基本脉络看，改革开放以来中国文化领域经历了由政府“大包大揽”的“文化事业”发展模式，到不加区分地将所有的文化部门推向市场、在市场化的压力下被动地开展“生产自救”，再到把公益性文化事业和经营性文化产业区分开来实行分类指导、分类发展的原则。但是，在采取区分不同文化类型并实行分类指导原则以后，许多人尤其是一些领导干部仍然存在着一种错觉，即在市场经济条件下，文化产业发展任务应由企业和市场承担，而计划经济的模式会在某些文化领域保留下来，公共文化事业仍然应当一如既往地由政府“大包大揽”，直接由政府生产并提供。然而，实践已经表明，市场在调配公共文化资源时产生“失灵”，会导致公共文化部门生产的萎缩以及供给的不足，而由政府部门直接生产和提供公共文化产品和服务，则会产生“效率”低下的问题。因此，在把“公益性文化事业”从传统的、政府“大包大揽”的“文化事业”中剥离出来以后，还需要实施进一步的“剥离”，即需要把“公益性文化事业”从仍然带有计划经济剩余的内涵中“剥离”出来，借鉴西方政府改革理论和实践的成果对“公益性文化事业”的宏观管理体制和内部治理结构进行改造，加强公私合作，建立政府、市场和社会的伙伴关系。这种“公益性文化事业”，事实上在内涵上已经与“公共文化服务体系”重合。从这个意义上可以说，建设“公共文化服务体系”，已经成为市场经济条件下发展“公益性文化事业”的一条崭新途径。[23]

浙江是我国市场经济的先发省份，因此也先于全国多数省份遇到了在市场经济条件下文化发展方式的重构问题。在2000年和2005年浙江省先后出台过两个关于建设文化大省的文件[24]，前一个文件基本上是在强调如何加快文化产业的发展，而后一个文件则转向强调发展文化产业和建设公共文化服务体系并举。这说明，浙江省在文化体制改革的推动下，文化产业部门的改革已经得到了较好地实施，产业潜力已经得到了较大程度地释放，人民群众市场化的文化消费需求得到了较大程度地满足，开始向公共文化产品需求提升。第二个文化大省建设文件，其中提出的加快建设文化大省的“八项工程”中，除了“文化产业促进工程”外，其他七项工程，即“文明素质工程”、“文化精品工程”、“文化研究工程”、“文化保护工程”、“文化阵地工程”、“文化传播工程”、“文化人才工程”，都可以被归入“公共文化服务体系”范畴。不仅如此，在浙江省关于文化大省建设的第二个文件中，还以更加准确的文字，表达了市场经济条件下公共文化服务体系建设的一种“全新理念”，即“充分发挥公共财政的支撑作用，探索形成政府主导、社会参与、市场运作的公共事业发展新格局”。这种公共文化服务体系建设的“全新理念”，在此后浙江省公共文化部门和杭州、宁波、温州、湖州、

[23] 2004年，国家发改委颁布的《关于2004年经济体制改革的意见》中首次出现了“公共文化服务体系”的表述，国外理论界尽管没有公共文化服务体系的说法，但相关理论研究都在相关文化政策研究上得到体现。

[24] 两个文件指2000年出台的《浙江省建设文化大省纲要2001—2010年》，2005年7月中共浙江省委十一届八次会议通过的《关于加快建设文化大省建设的决定》。

嘉兴、绍兴、金华、衢州、舟山、台州、丽水等市地党委和政府制定的相关政策文件以及公共文化建设实践中，被进一步地具体化、明晰化。

在全省各个市地中，尤其值得注意的是省会城市杭州。这不仅是由于杭州市在以全新的理念、全新的方式建设公共文化服务体系实践方面走在全省的前列，而且也因为 2007 年 11 月杭州制定了《杭州市公共文化服务体系建设规划（2008—2010 年）》。这是杭州市，也是浙江省内制定的关于公共文化服务体系建设的第一个专项规划。它的出台，不仅标志着杭州市落实公共文化服务保障措施、保障群众就近便捷享受文化的基本权益超前意识，也标志着以杭州为代表的浙江省市地党委和政府开始有步骤地通盘考虑健全公共文化服务设施网络、提高公共文化产品供给能力、丰富公共文化服务内容、打造公共文化服务品牌等问题。据相关媒体报道，《广东省公共文化服务体系建设规划（2009—2012 年）》将于 2009 年底前出台。浙江、广东等经济发达省份在公共文化服务体系建设上的积极探索实践，进一步揭示了公共文化服务体系的丰富内涵，并为其他省区的改革和建设提供了宝贵的经验。

第五节　深化文化事业单位管理体制改革的建议

结合事业单位改革和文化体制改革的最新形势，并从内蒙古边疆少数民族自治地方的实际条件和现实需求出发，本课题组认为今后内蒙古文化事业单位管理体制的改革策略应该从以下几方面进行调整。

一、以科学的功能分类为基础来完善文化事业单位内部管理机制

内蒙古最新一轮事业单位试点改革没有建立在对所属事业单位进行功能分类的基础上，使改革的成效大打折扣。在接下来的内蒙古事业单位改革中，应该由自治区编办会同组织、人事部门参照中编办《关于事业单位分类试点的意见》制定全区统一的事业单位分类改革标准，各行业主管部门经过科学论证和评估细化各事业单位的事权，并会同有关专业机构和行业协会制定可量化的考核指标和标准，以各事业单位的功能、公益性强弱、事务的多少来科学确定是否保留事业身份、财政补助的方式和多少、内设机构和人员编制的核定。文化事业单位的分类要比其他行业系统复杂得多，首先是文化事业单位门类繁多，其次是业务主管部门也不仅一个，另外主管部门的级别也要高于其他业务系统，如内蒙古日报社和各盟市日报社就直接由各级党委领导，各级党委宣传部、文化厅（局）、广播电视局、新闻出版局也分别从条或块上对不同的文化事业单位进行领导。所以，对于文化事业单位的分类标准制定更应该深入细致，其功能的划分标准不仅要考虑公益性，还应该考虑政治性、民族性，在标准制定的组织过程

中要建立事业单位改革与文化体制改革的高层协商和协调机制，还应该广泛听取各业务主管部门和文化事业单位的相关意见，努力达成各方的共识，减少改革的阻力。

二、从产权明晰入手规范国有文化资产管理体制

文化领域拥有庞大的国有资产，它们是整个国有资产的重要组成部分。由于文化体制改革严重滞后于国企改革，国有文化资产的管理也就与我国现行的国有管理体制完全脱节，如何妥善处理这批国有资产是当前文化体制改革中的一个重大挑战。当前，我国的国有文化资产管理体制采用的依然是旧体制下的分散委托监管方式，这种分散委托方式造成监管盲区和空白点，一部分国有资产处于无人管理状态，同时，也不利于形成文化发展合理布局。另外，这种监管方式还存在政企不分，与市场经济原则相背离，被授权者自己监管自己，整个监管覆盖不完整、责任不明确等诸多问题，迫切需要进行监管体制与机制的改革。内蒙古自治区在今后的改革中应该充分利用《民族区域自治法》所赋予的对本地区管理的法律创制权，委托或成立专门的机构对分散于各个文化系统的事业性国有文化资产统一行使出资人权利。对于文化企业中的经营性国有文化资产则统一交给国资委进行管理，达到“正本清源”的目的。

三、以公共文化服务体系构建为目标改革文化事业单位的宏观管理体制

公共文化服务体系建设为文化事业单位指明了方向并提供了机遇，内蒙古文化事业单位改革应该牢牢把握住这个契机，及时推进文化事业单位的宏观管理体制改革。通过公共文化服务体系建设，彻底打破国家包办一切文化事业的被动局面，把分类改革后的原国办文化事业单位、民办文化非企业单位、民营文化企业，甚至部分外资企业，本着政事分开和社会化的原则，通过法制化的途径，统一有序地纳入到公共文化服务体系的提供主体范畴内，形成多元主体共同投资兴办公共文化事业的崭新局面。值得一提的是，在计划体制下内蒙古已经建立了为广大农牧区和基层服务的文化事业网络，包括从自治区到盟市、旗县的各级乌兰牧骑艺术团、各级群艺馆和文化站、各级图书馆和图书室、各级广播影视机构等。由于改革开放后市场化的猛烈冲击，这些机构已经普遍面临公益职能逐渐丧失，市场生存无力，濒临崩溃的危机边沿。随着公共文化服务体系建设的启动，从中央到地方各级财政加大了对边疆少数民族地区和边远地区的公共文化服务投入，原有的公开文化事业网络得到了挽救、恢复和加强，加上文化事业单位宏观管理体制和微观运行机制的改革，使文化事业单位重新找到了发展的定位、焕发出蓬勃的生机。

四、从边疆少数民族地区的现实出发突出改革的特殊性

内蒙古自治区是新中国成立的第一个少数民族自治区，地处边疆、地域广大、经济社会发展滞后、以蒙古族为首的少数民族人口众多，这一现实决定了内蒙古文化事业单位管理体制改革必然要面对很多特殊性的问题。改革的特殊性主要来自三个方面：第一，公共文化服务均等化的目标决定了对内蒙古文化事业的建设的投入必须比发达省份更多；第二，经济社会的不发达决定了内蒙古文化事业经费的来源单一，缺口巨大；第三，从政治稳定性和民族文化传承性考虑，内蒙古文化事业单位管理体制改革比非少数民族自治的省份更为复杂。所以，在内蒙古文化事业单位管理体制改革的相关政策制定和执行过程中，不应该仅仅单纯考虑公益性和经营性的问题，而是必须要从文化事业单位的公益性、政治性、民族文化传承性几方面综合考虑，制定文化事业单位的功能定位和功能分类，如各级乌兰牧骑艺术团的定位问题；各级广播影视机构的拆并问题；各级电台、电视台、出版社、报社中蒙文（蒙语）采编播队伍的处置问题等。同时，与发达省份改革不同的是，内蒙古文化事业单位管理体制改革除了进行优化整合之外，更应该考虑对地区政治局面稳定和民族文化传承保护负有重要任务的文化事业单位进行重点保护，并从国家和自治区的公共财政支出中加大对其事业经费和人才培养的投入力度。

第五章　内蒙古卫生事业单位管理体制改革

第一节　改革的背景与历程

长期以来，卫生医疗体制改革经常作为一个笼统的概念出现在人们的视野中，其实这里面包含着丰富而具体的内容。卫生事业单位改革作为医疗卫生体制改革的重要组成部分，其改革都是在医疗卫生体制改革的框架下规划实施的。

一、国家医疗卫生体制改革的背景及历程梳理

总的来看，我国的卫生事业发展与改革历经计划经济和市场经济两大时期。计划经济时期，是一种全民参与、预防为主的“大卫生”模式。新中国成立后中国公共卫生事业从无到有，并取得了举世瞩目的成就，被世界卫生组织和世界银行誉为“以最少投入获得了最大健康收益”的中国模式，并作为特色鲜明的经验和成功案例在世界其他国家宣传推广。虽然此时期也存在资源配置不甚合理、制度建设相对滞后等问题，但成绩是主要的。市场经济时期，即改革开放以来，伴随着经济体制改革和财政体制改革的展开，医疗卫生的改革也在对市场的崇拜中拉开了帷幕。三十多年的改革，中国的医疗卫生体制包括医疗保障体制、医疗服务体制、药品体制、医疗卫生行政管理体制等方面发生了全面而又重大变革。同时也使得医疗卫生服务供给主体的行为模式发生了变化，变成了自主经营、以营利为目标的机构，造成卫生服务供给不足、质量下降。“看病难，看病贵”问题日益凸显并成为难解之题。

改革开放以来，国家医疗卫生体制改革的历程可分为五个阶段：

（1）第一阶段：1978—1984 年，此期可称为医改的孕育期。

本阶段的改革主要针对文革十年浩劫对卫生系统的严重损害进行调整、建设，同时，也包括培养相关人员业务技术，加强卫生机构经济管理等内容。因此也可称为恢复与改革之间的过渡时期。

（2）第二阶段：1985—1992 年，医改初始期。

1985 年我国正式启动医改，核心思想是放权让利，扩大医院自主权。标志医改启动的事件主要有两个：一是 1985 年 1 月召开的全国卫生局厅长会议，贯彻中共十

二届三中全会《关于经济体制改革的决定》精神，部署全面开展城市卫生改革工作；二是同年 4 月，国务院批转卫生部《关于卫生工作改革若干政策问题的报告》，报告提出“必须进行改革，放宽政策，简政放权，多方集资，开阔发展卫生事业的路子，把卫生工作搞好”，由此拉开了医疗机构转型的序幕。这一时期的改革主要关注管理体制、运行机制方面的问题，政府的主导思想在于“给政策不给钱”。政府直接投入逐步减少，市场化逐步进入到医疗机构。此时改革虽然涉及体制问题，但更多是模仿了其他领域的改革，对卫生事业发展自身特性了解和认识明显不足。

（3）第三阶段：1992—2000 年，医改进入初步探索期。

在卫生医疗领域，继续探索适应社会主义市场经济环境的医疗卫生体制。1992 年 9 月，国务院下发《关于深化卫生医疗体制改革的几点意见》，卫生部贯彻文件提出的“建设靠国家，吃饭靠自己”的精神，卫生部门工作会议中要求医院要在“以工助医、以副补主”等方面取得新成绩。这项卫生政策刺激了医院创收，弥补收入不足，同时，也影响了医疗机构公益性的发挥，酿成“看病问题”突出，群众反映强烈的后患。从此以后，医改领域内的政府主导和市场主导的争论几乎就没有停止过，而且逐步成为一个焦点问题而被社会各界所讨论。1996 年 12 月 9 日，中共中央、国务院召开了新中国成立以来第一次全国卫生工作会议。此次会议为下一步卫生改革工作的开展打下了坚实的基础。1997 年 1 月，中共中央、国务院出台《关于卫生改革与发展的决定》，明确提出了卫生工作的奋斗目标和指导思想。《决定》提出了推进卫生改革的总要求，在医疗领域主要有改革城镇职工医疗保险制度、改革卫生管理体制、积极发展社区卫生服务、改革卫生机构运行机制等。这些指导思想成为这一轮改革的基调和依据。在医疗机构管理方面，1993 年 9 月卫生部发出了《关于加强医疗质量管理的通知》要求医务人员提高医疗质量意识。1994 年 2 月国务院发布《医疗机构管理条例》（国务院 179 号令），对医疗机构的规划布局和设置审批、登记、执业、监督管理以及相关法律责任进行了规定，将医疗机构执业管理工作纳入法制轨道。此阶段仍处在改革探索中，缺乏整体性、系统性的改革，一些深层次的问题有待解决。

（4）第四阶段：2000—2005 年，医改进入深入探索期。

作为贯彻中共中央、国务院《关于卫生改革与发展的决定》的总体文件，国务院办公厅于 2000 年 2 月转发国务院体改办、卫生部等 8 部委《关于城镇医药卫生体制改革的指导意见》。之后陆续出台了 13 个配套政策，包括：《关于城镇医疗机构分类管理的实施意见》、《关于卫生事业补助政策的意见》、《医院药品收支两条线管理暂行办法》、《关于医疗机构有关税收政策的通知》、《关于改革药品价格管理的意见》、《关于改革医疗服务价格管理的意见》、《医疗机构药品集中招标采购试点工作若干规定》、《药品招标代理机构资格认定及监督管理办法》、《关于病人选择医生促进医疗机构内部改革的意见》、《关于开展区域卫生规划工作的指导意见》、《关于发展城市社区卫生服务的若干意见》、《关于卫生监督体制改革的意见》、《关于深化卫生事业单位人事制度改革的实施意见》。在上述配套文件出台后，国家和地方才有了一些改革举措。城市社区卫生服务工作受到重视，2000 年 12 月卫生部印发《城市社区卫生服务机构设置原则》、《城市社区卫生服务中心设置指导标准》、《城市社区卫生服务设置指导标准》。2001 年 11 月卫生部印发《城市社区卫生服务基本工作内容（试行）》，同年 12 月印发《关于 2005 年城市社区卫生服务发展目标的意见》。2006 年初，国务院又发布了《关于发展城市社区卫生服务的指导意见》，之后又出台了一系列配套政策，连续密集出台的这些文件为社区卫生组织发展提供了政策支持。此阶段是各种趋势交叉最多的一个时期，随着改革的不断深入，市场化在发挥了很大作用的同时也显露出了一些弊端，尤其是非典暴发以后，市场主导和政府主导的争论也逐渐深入，这为下一个阶段的到来埋下了伏笔。三改并举也在这一阶段确立并开始大规模实施。医院产权改革是本阶段最为明晰的脉络。从中央文件的印发到地方政府的尝试，改革的领域和层次在不断提高的同时，操作的方法和手段也日益纯熟。

（5）第五阶段：2005 年至今，新一轮医疗体制改革拉开帷幕。

中共十六届三中全会提出科学发展观，即“坚持以人为本，树立全面、协调、可持续的发展观，促进经济社会和人的全面发展”，按照五个统筹（统筹城乡发展、统筹区域发展、统筹经济社会发展、统筹人与自然和谐发展、统筹国内发展和对外开放）推进各项事业的改革和发展。“看病难，看病贵”的问题虽然早就存在，但是在科学发展观和小康社会的背景下表现得尤为突出。由国务院发展研究中心负责的最新医改研究报告，对历年医改进行总结反思，报告认为：目前中国的医疗卫生体制改革基本上是不成功的。由此 2005 年也成为新一轮医疗体制改革的起点。2005 年 1 月，在全国卫生工作会议上吴仪做出批示：解决群众看病难，看病贵的问题需要标本兼治，综合治理。3 月，国务院总理温家宝也在十届全国人大三次会议上提出了要切实解决群众“看病难，看病贵”的问题。随着这一问题的逐渐凸现，卫生部开始尝试制定《关于深化城市医疗体制改革试点指导意见》。2006 年 9 月，经国务院批准，由发改委、卫生部牵头的 14 个部委组成了深化医药卫生体制改革的部级协调工作小组，并平行委托了国务院发展研究中心、北京大学、复旦大学、世界卫生组织、世界银行、麦肯锡 6 个机构分别制定中国卫生改革与发展方案。在这六套方案之外，清华、人大、北师大的学者以及劳动和社会保障部、中科院等研究机构也提出自己的方案。中共十七大报告首次完整提出中国特色卫生医疗体制的制度框架，包括公共卫生服务体系，医疗服务体系，医疗保障体系，药品供应保障体系四个重要组成部分，这是在新时期对卫生医疗体系构成的全面概括。值此卫生体制改革原则已确定且改革方案即将出台之际，卫生事业单位的改革方向也随之明朗化。原卫生事业单位无论在过去还是在此次卫生体制改革之后都毫无疑问必将是中国卫生事业发展的中坚力量，其进一步改革的主导思想和原则必须在中国医疗卫生体制改革的总体框架中确定，其具体改革措施必须服从于国家及各地方医疗卫生事业发展规划。同样，国家医疗卫生体制改革方案的确定也不能脱离各级卫生事业单位的现状及发展需要，否则，二者的严重脱节只能造成卫生事业单位改革的举步维艰和医疗卫生体制改革的最终破产。

二、内蒙古事业单位改革历程梳理

一直以来，内蒙古卫生事业单位的改革也是在国家及自治区医疗卫生体制改革大背景下展开的。1947 年，全区卫生事业发展开始起步。1956 年开始，卫生事业步入大规模建设和调整时期。1966 年至 1976 年的十年动乱期间，全区卫生事业遭到严重破坏。1978 年开始，全区卫生事业在整顿、调整、改革、提高中有了新发展。1986 年至 1996 年期间，全区卫生工作在强基础、重建设、抓管理中积极推进。1997 年后全区卫生改革与发展进入一个新时期，期间有几个带有标志性的重要时段和事件。

（1）1997 年，随着《中共中央、国务院关于卫生改革与发展的决定》正式印发施行，自治区卫生工作会议召开，这在我区卫生发展与改革过程中具有里程碑的意义，标志着全区卫生改革与发展进入了崭新的、快速前进的新时期。

这是自治区成立 50 年来第一次由党委和政府召开的全区卫生工作会议，大会总结自治区成立 50 年来特别是改革开放以来卫生事业建设和发展取得的成就和经验，分析当前卫生工作面临的形势，明确新时期全区卫生事业发展的奋斗目标，提出实现目标的指导思想和基本工作思路，落实卫生改革和建设工作的主要任务，制定促进卫生改革和发展的具体政策措施。提出以改革为动力，以农村牧区为重点，以科技为先导，调整优化卫生资源配置，搞好基层卫生组织建设、预防保健和中蒙医药工作，强化医德医风和卫生法制建设，不断提高卫生服务质量和效率，推动卫生事业全面发展，更好地为人民健康服务，为社会主义现代化建设服务。卫生改革与发展遵循的原则：坚持为人民服务的宗旨，正确处理社会效益与经济效益的关系，把社会效益放在首位，防止只追求经济效益而忽视社会效益；以提高人民健康水平为中心，优先发展和保证基本卫生服务，体现社会公平，逐步满足人民群众多样化的需求；从区情出发，因地制宜，分类指导，使卫生事业与国民经济、社会协调发展；扩大开放，加强与国内外卫生界的交流与合作，吸收和借鉴国外先进技术与管理经验；坚持“两个文明”一起抓，搞好卫生行业职业道德建设，提高卫生队伍的思想道德素质和专业技术水平。会议确定自治区卫生改革和发展的奋斗目标是：到 2000 年，全区初步建立起符合区情的包括卫生服务、医疗保障、卫生执法监督的卫生体系，基本实现人人享有初级卫生保健，人民健康水平进一步提高。2010 年全区建立起适应社会主义市场经济体制和自治区经济社会发展水平、基本满足人民健康需求的、比较完善的卫生体系，争取使全区国民健康的主要指标达到全国平均水平，实现卫生事业与经济社会协调发展。

全区各地认真贯彻落实全区卫生工作会议精神和自治区党委、政府《关于贯彻〈中共中央、国务院关于卫生改革与发展的决定〉的实施意见》，深化卫生改革，积极建立适应社会主义市场经济体制要求、宏观调控有力、微观运行富有活力的卫生管理体制和运行机制，努力实现卫生工作的两个转变。即在卫生资源配置上，从注重外延发展的数量型向讲求内涵和效益的质量型转变；在卫生工作管理上，从部门化、经验型管理向社会化、法制化和分级管理转变，充分调动卫生机构和卫生人员的积极性，不断提高医疗卫生服务的质量和效率。自治区以实施区域卫生规划为重点，深化管理体制改革，启动实施了区域卫生规划、医疗机构分类管理、建立社区卫生服务体系、建立卫生监督体系以及农村牧区卫生院上划县级卫生行政部门管理等各项体制改革，对各类卫生机构实行行业管理，对现有卫生资源调整优化，充分发挥其作用和功能，提高资源利用效率。进一步深化以人事和分配制度为重点的运行机制改革。在医疗卫生机构实施了人员聘用制、后勤服务社会化、药品集中招标采购、病人选择医生、住院费用清单制、公开选拔聘用卫生院院长、完善院（站、所）长负责制。健全各项民主监督制度，实行任期目标管理责任制和年度述职及离任审计制度等内部运行机制改革，加大对外开放力度，强化医疗卫生服务网络建设，启动实施了采供血机构、疾病控制机构等建设项目，卫生资源迅速壮大且效益显著提升。

（2）2000 年以来，进入医药卫生体制改革工作准备及全面启动阶段。

贯彻落实国务院办公厅转发的国务院体改办等 8 部门《关于城镇医药卫生体制改革的指导意见》（以下简称《指导意见》），启动区域卫生规划、药品集中招标采购、医疗机构及卫生监督体制改革等探索和试点工作。按照自治区政府的部署和要求，自治区卫生厅牵头成立了医疗机构改革、预防保健机构改革、药品生产及流通体制改革和卫生经济政策 4 个调研组，在区内外进行深入细致地调研。在此基础上，草拟并陆续出台了自治区医药卫生体制改革实施意见和 6 个相关配套文件，即关于城镇医疗机构分类管理、医院药品收支两条线管理、病人选择医生、药品集中招标采购、卫生资源配置标准、卫生监督体制与疾病控制体系改革等实施意见或改革方案，并征求了各盟市卫生局和部分卫生单位的意见，完成了自治区配套改革文件出台前的各项准备工作。在呼和浩特地区选择内蒙古自治区医院、内蒙古自治区中蒙医院、内蒙古医学院第一和第二附属医院、呼市第一医院、呼市新城区医院等十家医疗机构展开试点工作，提出了明确的时限要求，并派出督导员对各单位的医改工作进行督查指导，下发了《关于实行病人选择医生促进医疗机构内部改革的实施意见》、《关于在全区县级以上医院全面推行“病人费用一日清单”制度的通知》、《关于采用单病种医疗收费限价制度的通知》及《关于实行院长挂牌门诊值班制度的通知》。

自 2003 年开始，自治区围绕建立城镇职工医疗保险制度，全面启动了医疗卫生体制改革和内部运行机制改革。不断完善覆盖城乡的基本卫生保健制度和公共医疗卫生服务体系，建立和完善以大病统筹为主的新型农牧区合作医疗和医疗救助制度，提高新型农牧区合作医疗补助标准，扩大农牧区群众的受益面和受益程度。自治区制定实施了《区域卫生资源配置标准》、《发展城市社区卫生服务的实施意见》、《实行病人选择医生促进医疗机构内部改革的实施意见》、《卫生事业补助政策实施办法》、《盟市、旗县卫生监督与疾病预防控制体制改革的指导意见》、《城镇医疗机构分类管理的实施意见》等配套政策，全面推进城镇医疗卫生改革，调动了医疗卫生单位和人员的积极性，卫生工作效率显著提高。着手进行农村牧区卫生改革，先后印发实施了《新型农村牧区合作医疗管理暂行办法》、《农村牧区医疗卫生机构改革与管理的实施意见》、《城市卫生支援农村牧区卫生工作的实施意见》、《加强农村牧区卫生人才培养和队伍建设的意见》，大力推行卫生院上划管理和乡村卫生服务一体化管理，公开选拔聘任卫生院院长，推行全员聘用制、创新分配机制，激活卫生单位内部活力。

（3）2005 年，新一轮卫生事业单位改革启动。

伴随自治区新一轮事业单位分类改革试点工作开始，其中内蒙古第三医院、内蒙古医学院附属医院两家区直卫生事业单位同时列入试点。本轮改革主要依据自治区出台的 8 个文件，一般称之为“1+7”文件。[25]2006 年另外 6 家区直医院也相继推开分别进行以财政补助方式、机构编制核准备案、人事制度和社会保障制度等为核心内容的改革，至 2007 年底基本完成。同时在一些盟市如乌海市、赤峰市等地区的医疗机构也相继推开财政补助方式、人事制度等方面的改革，或对卫生事业单位尝试按功能进行分类等。本轮改革是在贯彻落实科学发展观精神、构建和谐社会、促进基本公共服务均等化的大背景下，但又缺乏相关经验借鉴和明确的改革指导意见、政策措施的情况下展开的，也收到了一些成效，但也反映出一些问题。

第二节　改革的成效

一、财政补助方式改革

实行财政补助方式改革，变“养人”为“养事”，政府财政供给与人员编制脱钩，不再按人员编制、实有人员、工资水平核拨经费，这是对传统经费拨付形式的重大变革。开始走出政府花钱养人的误区，把着眼点放在发展社会事业上，这是政府举办社会事业方式的一种有益尝试和重大变革。先后对自治区直属 8 所医院实行“包死基数，定项补助”的财政补助方式改革。每年财政补助额度以各医院改革前财政安排的年度

[25] 《内蒙古党委、政府办公厅关于自治区直属事业单位改革试点工作的意见》（内党办发[2005]13 号）；《内蒙古自治区直属事业单位推行聘任制度实施意见》（内党办发[2005]16 号）；《内蒙古自治区直属事业单位未聘人员安置办法》（内党办发[2005]17 号）；《内蒙古自治区直属事业单位新进人员管理办法》（内党办发[2005]17 号）；《内蒙古自治区直属事业单位补充工作人员公开招聘办法》（内党办发[2005]22 号）；《内蒙古自治区直属事业单位新进人员基本养老保险制度改革试行办法》（内劳社字[2005]1 号）；《内蒙古自治区直属事业单位转制为企业后参加企业职工基本养老保险试行意见》（内劳社字[2005]2 号）。

经费为基数，再加上对医疗领域（重点）科研项目、公益性投入项目、大型公益性改造项目等的针对性补助。医院内部在具体操作时实行老人老办法，新人新办法，新增人员的工资、社会保险等费用由医院自行负担。改革不以节约财政支出为目的，凸显其公益性质和政府的责任，不再简单做“减法”。通过对30家单位财政补助方式的改革，参加改革试点事业单位的财政拨款数由改革前的80452.3万元变为98045万元，纯增17592.7万元。其中，医院由4106万元增至5246万元，纯增1140万元。

二、投入及补偿机制改革

鼓励社会力量进入事业领域，在部分条件允许的行业和领域，引进民间资本举办社会事业，实现事业单位投资多元化。在兴办医疗卫生事业过程中探索尝试新的管理和运行模式。2004年，乌海市乌达区人民医院在医疗卫生体制改革中探索“委托管理”模式，即乌达区政府在保证国有资产保值增值的前提下保持区人民医院的性质和现有人员身份不变。通过公开招投标方式，乌达区人民政府与乌海市樱花医院有限责任公司正式签订委托管理合同（管理期限为10年），将区医院分流后的人员、现有资产及债权债务一次性交给受委托方，受委托方按合同规定的自主经营的运行方式管理医院。托管期间，乌达区政府不减财政投入，按照原来的财政投入，扣除安置分流人员费用后，用其剩余部分作为资金补贴，每年对医院进行定向扶持，用于医院的发展；同时政府有关部门强化对改制后人民医院的监督管理，定期对医院的经营状况及资产情况进行审查。在改革前，该医院已处在运行艰难、职工工资长期不能足额发放（每月只能发放40%工资）的窘困境地。接管后樱花医院对其软硬环境进行了整体改造。樱花医院有限公司注入资金400万元，购置了CT、彩超等先进设备，修整了内外环境，聘请有关专家，拓展精进业务，转换了管理模式，使医院重新焕发了生机和活力。乌达区人民医院的医疗服务水平、运行效益、职工收入及职业前景等都有较大幅度的提升。医院月平均门诊量和住院总人数由过去的500余人次增加到目前的3400余人次，同比增长近6倍；医院的月平均收入由过去的13万元增加到60万元，同比增长近4倍。职工工资也由改制前的人均1000余元增加到1800余元，增长了80%。同时，区财政除投入一部分扶持资金外，每年仅人员费用支出就减少了近80万元，有效减轻了区级财政负担。这种“委托管理”模式有效盘活了医疗卫生资源，增强了市场竞争力，也为医疗卫生事业单位改革提供了宝贵经验。[26]

[26] 乌海市卫生局：突出重点，以点带面，积极稳妥推进卫生事业单位人事分配制度改革——乌海市卫生局事业单位改革经验交流材料，2007年1月25日。

三、机构编制核准备案

根据《内蒙古自治区直属事业单位机构编制核准备案及新进人员列编注册管理暂行办法》(内机编发[2005]27 号)，在试点改革中，凡列入政府财政补助方式改革，经费实行定额、定项补助，财政供给与人员编制脱钩的事业单位，列入机构编制核准备案管理范围。核准备案的内容包括内设机构、内设机构的领导职数、人员编制、人员结构。单位的名称、规格、职能等不在核准备案内容范围内，仍须报自治区机构编制部门批准。单位可按照中央和自治区颁发的定编标准和有关规定提出人员编制、内设机构意见，报机构编制部门核准备案。对医院的人员编制、内设机构、内设机构领导职数实行核准备案，参照卫生部“(78) 卫医字第 1689 号”颁布的《综合医院组织编制原则试行草案》并结合自治区医疗事业的发展现状、各医院的实际情况进行。各医院内设机构领导由医院自主聘任，实行能上能下，工资待遇随职务变动而变动，任职经历记入个人档案。通过重新核定，自治区 30 个试点单位的内设机构由改革前的 783 个增至 909 个，内设机构领导职数由 2026 名增至 2221 名，事业编制由 25088 名增至 28064 名。其中 8 所医院的内设机构由改革前的 271 个增至 326 个，增加了 20%左右。内设机构领导职数由 520 名增至 526 名；事业编制由 6135 名增至 7161 名，增加了 16.7%左右。这也充分体现了构建社会主义和谐社会，坚持机构编制资源向关系民生领域倾斜的原则。

四、人事制度改革

根据公开、平等、竞争、择优的原则，推行全员聘用制和岗位管理制度。按照事业单位补充人员“管住一头，放活一面”的要求，严把人员“入口关”。凡列入政府财政补助方式改革的事业单位，严格按照机构编制部门核准备案的编制，通过考试或其他方式聘用人员，有效防止了非正当途径向事业单位安排人员。内蒙古卫生厅在直属单位范围中率先进行事业单位领导人员任用制度改革，采取一推双考的方式，公开聘任领导班子成员。内蒙古中蒙医院、妇幼保健院、疾病预防控制中心、地方病防治研究中心、卫生厅卫生监督所等单位打破行政职务和专业技术职务终身制，推行全员聘用制。所有事业人员（包括机关工勤人员）都实行完全聘用制，彻底实现事业人员身份转换。各事业单位按照内部职能、编制、内设机构情况，科学设置岗位；通过竞争上岗、双向选择、按需按岗聘用。对一些医院的内设机构不定级别，淡化事业单位的行政色彩，内设机构领导由医院自主聘用，能上能下，工资待遇随职务变动而变动，任职经历记入个人档案。乌海市在市人民医院试点改革中，以“新人新办法、老人老办法”的方式，将空编全部收回，对原有在编人员保留事业身份，退休退入财政，同时每退一人核减一名编制，试点改革完成时一次性收回事业编制 80 名；新进人员则全部实行完全聘用制，由人民医院在总额包干的前提下自主分配，以此推动人民医院逐步向全员聘用制过渡。部分盟市医院将后勤服务剥离出去，实行自主经营、自负盈亏，降低了医院后勤服务成本。全区县级以上医疗机构普遍推行“病人选择医生”和“住院费用清单”制度，内蒙古医院等单位还试行单病种最高限价制度。

五、养老保险制度改革

按照《内蒙古自治区直属事业单位推行聘任制度实施意见》([2005]16 号)、《内蒙古自治区直属事业单位新进人员基本养老保险制度改革试行办法》(内劳社字[2005]1 号)和《内蒙古自治区直属事业单位转制为企业后参加企业职工基本养老保险试行意见》(内劳社字[2005]2 号)文件要求，医院要严格按照机构编制部门核准备案的编制通过考试或其他方式聘用人员，有效防止了非正当途径向事业单位安排人员。实行老人老办法，新人新办法。签订聘用合同后由人事部门进行合同鉴证，明确聘期、岗位和工资待遇。编制内新聘用的人员参加事业单位社会养老保险，编制以外自主聘用人员实行企业养老保险。截至 2007 年 12 月，进入改革试点的医院其人员基本都参加了事业单位社会养老保险。

六、分配制度改革

在事业单位分配制度上，针对长期以来由于体制原因造成的事业单位人才短缺和流失、“有人没事干、有事没人干”、“干与不干一个样”等弊端，把以往改革“缩机构、压编制、加任务、分流人”的“换汤”的做法改为“换药”，以总额包干制为核心改革分配制度。推行事业单位经费总额包干，在现行工资制度的基础上将工资总额包干与事业单位经费包干相结合。乌海市以市人民医院为试点展开以总额包干制为核心的分配制度改革，推行多元化分配办法，鼓励技术、管理等生产要素参与收益分配。建立了按劳取酬与激励机制相结合的分配制度，实行“医院对科室、科室对个人”两级考核，使工资奖金拉开了档次，向高精尖人才和一线人员倾斜。遏止了人才不断外流的趋势，医德行风、治疗水平、医疗设备和经济效益也有了较大改观。乌海市妇幼保健院引用 S-O-3P 的人力资源管理办法，即从维系单位生存和可持续发展的高度上出发，明确战略是灵魂，组织是构架，职位分析评价、绩效考核、薪酬管理则是核心技术，重新修订奖金分配方案，按百分制的办法考核。一级评审标准为四项，二级评审标准为十六项，所有考核内容涉及科室完成工作情况的，经济指标只占 30%，通过这种考核方案，科主任们和职工们更进一步重视科室的建设和专业知识的学习和自己的目标责任，改变了过去一个月只算挣多少钱的做法。同时调整了两个收入比例，即降低了医疗保健收入和药品收入的比例，提高了技术含量在收入中的比例；降低了住院收入和门诊收入的比例，提高了医院的经营总量，充分利用发挥优质医疗技术服务资源在医院创收中的作用。职工收入档次拉大了10倍。通过以绩效为依据的薪酬分配机制，充分调动了干部职工的积极性，将技术资本等人才要素量化纳入分配范围，推动了医院内部向科研、向贡献努力的分配机制。

虽然现在公立医院普遍实行的职工收入与营业额度挂钩的绩效考核和激励机制，但用其引起了医疗费用的抬高而受到广泛质疑。但本课题组认为“医院对科室、科室对个人”考核的层层考核机制和以提高职工工作绩效为目的的考核机制本身并没有问题，产生医院职工人为抬高医疗费用总额的关键是考核导向（医院要创收和盈利）和考核指标（服务于考核导向，即有利于各科室和医院创收及盈利）上出现了偏差。因此，保证公立医院的非盈利性，需要从考核指标的设计入手，而非否定现有的考核机制本身。

七、分类管理与分类改革

对卫生事业单位的分类按不同标准存在着几种不同分法：包括传统的按财政拨款方式的分类——全额拨款、差额拨款（或定额或定项补助）、自收自支；分类改革中按功能进行的分类——行政执行类、完全公益类（或纯公益类）、公益服务类（或准公益类）、市场经营类；按医疗机构整体的经营目的、服务任务进行的分类——非营利性医疗机构和营利性医疗机构等。目前这些分类形式在卫生事业单位中普遍存在。

一方面，按照国务院及卫生部2000年出台的城镇医疗机构分类改革的要求，内蒙古在此次医疗机构分类改革中，实施了分类登记，建立新的医疗机构分类管理制度。将医疗机构分为非营利性医疗机构和营利性医疗机构进行管理。自治区、盟市、旗县卫生行政管理部门根据国家关于营利性和非营利性医疗机构划分标准以及本区域的经济发展和医疗需求状况，确定政府举办的非营利性医疗机构。其他各级各类医疗机构性质的划分，由医疗机构在履行设置审批、登记注册和校验手续时，以书面形式向卫生行政管理部门申明，卫生行政管理部门依据有关分类界定的规定予以核定。政府不举办营利性医疗机构。卫生行政管理部门在确定政府举办的非营利医疗机构时，一般以城市的区为单位，每区必须有一所非营利性医疗机构，以体现社会公平；在确定医疗机构布局时，一般以区为单位，每区不少于两所医院（含诊所），保护竞争，防止垄断，同时要充分考虑中蒙医和专科医疗机构的合理布局。营利性和非营利性医疗机构实行不同的财政、价格和税收政策。非营利性医疗机构在医疗服务体系中占主导地位。

另一方面，在本轮事业单位分类改革过程中，对卫生事业单位也尝试按功能进行分类：如包头市将市属卫生事业单位分为行政执行类、纯公益类、强公益类事业单位三类；赤峰市将市属卫生事业单位分为行政执行类、社会公益Ⅰ类、社会公益Ⅱ类事业单位三类；鄂尔多斯市将市属卫生事业单位分为行政支持类、行政执法类、公益类事业单位三类。分类中充分肯定了卫生事业单位的公益性质。

第三节　存在的主要问题及原因分析

一、存在的主要问题

如上所述，内蒙古卫生事业单位管理体制分类改革虽取得了一些成效，但同时也存在一些问题，主要体现在：

（一）卫生事业发展规划与卫生事业单位改革措施存在较多冲突

（1）现有非营利性医疗机构规模及其所需资金投入在一定程度上有悖于改革的初衷。

医疗机构分类改革遇到“软棉花”：按照国务院及卫生部2000年出台的城镇医疗机构分类改革的要求，内蒙古在此次医疗机构分类改革中，实施了分类登记，但事业单位性质的医疗机构几乎全部定性为政府主办的非营利性医疗机构。

一方面，事业单位性质的医疗机构力争定性为政府主办的非营利性医疗机构。在前期的卫生体制改革中，除直接由各级政府兴建的医疗机构外，还有很多原国有企事业单位举办的医疗机构转为由各级政府主办，事业单位性质的医疗机构拥有一定规模。他们都在过度市场化的前一轮医疗体制改革中一边享受政府财政补助，一边进行以提高经济效益为中心的一系列改革。改革期间因获得的财政支持力度不同、医疗技术水平不同、内部运行机制和管理体制不同等多方原因，这些机构贫富差距逐步拉大，但有他们一个共同点，即普遍的逐利现象。但在新一轮医疗卫生体制改革中，这些各级政府主办的医疗机构的逐利性被完全否定，即政府不举办营利性医疗机构。“非营利性”主要体现在两个方面：其一，收入用于弥补医疗服务成本，实际运营中的收支结余只能用于自身的发展，不得用于投资者的经济回报，这意味着在非营利性医疗机构，因发展需要而进行的融资行为必须保证不得出于资本收益的目的，只能出于公益和慈善目的；其二，职工工资收入必须在“国家核定总额”内或遵循“工资总额增长幅度低于经济效益增长幅度，职工实际平均工资增长幅度低于本单位劳动生产率增长幅度”原则，即否定医院无限制地鼓励科室创收。事业单位性质的医疗机构若定位于非政府主办的非营利性医疗机构，则脱离政府拨款后只能靠提高医疗服务价格和医药一体化所得利润填补收支缺口。《指导意见》并未提及非政府主办的非营利性医疗机构的收支缺口如何堵，因为理论上这些医疗机构可以通过服务收入弥补医疗服务成本，现实是其因人员负担和低效运营的旧机制使其很难在短时间内降低服务成本，这将带来服务的高收费；但身处政府主办的非营利性医疗机构和营利性医疗机构包围中，其服务价格不可能只依据其服务成本，还要面临竞争的压力，服务价格不能太高。保持生存就要收支平衡或略有赢余，收支想达到平衡就要支付高运营成本继而提高服务价格，服务价格提高只能遭遇被市场淘汰的厄运。这样的悖论就地方政府而言是难以解决的，因为他们需要保证非营利性医疗机构的主体和主导地位，就不能让非政府主办的非营利机构逐渐消失，就需要掏钱维持其生计。如果根据本地方的医疗机构整体情况预见到这些公立的医疗机构没有能力在断奶后维持生计，索性将其仍然列为政府财政支持的政府主办的医疗机构的做法，便自然容易理解。

另一方面，按照中央的城镇医疗机构分类改革的指导意见，虽然原来政府主办的和国有企事业单位兴办的医疗机构在分类定性时有一定的言语权，但仅限于在其他非营利性医疗机构与营利性医疗机构之间选择自己的分类，而财政继续拨款的政府主办的非营利性医疗机构的最终确定权则掌握在政府主管部门手里。卫生部门既有权力也有义务确定继续向哪些医疗机构投资，而且选择的标准非常明确，即《关于城镇医疗机构分类管理的实施意见》（卫医发［2000］233 号）中规定的“现有政府举办的承担基本医疗任务、代表区域性或国家水平的医疗机构，经同级政府根据经济发展和医疗需求予以核定，可继续由政府举办，定为非营利性医疗机构；其余的可自愿选择核定为其他非营利性医疗机构或转为营利性医疗机构”。政府主办的非营利性医疗机构数量应当严格控制，这是不言而喻的。从《关于城镇医疗机构分类管理的实施意见》中可以看出，政府的初衷是将应用到医疗服务发展的有限的财政卫生支出放到政府主办的公立医疗机构，重点保证公民的基本卫生保健和医疗相关技术的发展，而诸多原卫生事业单位在政府“断奶”后可以通过税收优惠政策得以维系，继续为社会提供医疗服务。而改革过程中地方政府将政府主办的非营利性医疗机构的摊子铺得这么大，一方面有悖卫生部部署的城镇医疗机构分类管理的初衷；另一方面，无异于给自己制造麻烦，因为地方政府还须继续给诸多医院投入，实质上对事业单位性质的医疗机构的改革停滞不前，没有发生什么变化。

（2）非营利性医疗机构现行的内部激励机制，很大程度上与其非营利性的定位相悖。

对医疗机构实施分类管理，将其分为两类：一类放开，定位为营利性机构，按照企业模式进行组织和管理；另一类为非营利性机构或其他非营利性机构，主要追求公益目标，政府继续给予经济上或政策上的支持。但非营利性医疗机构尤其是公立医疗卫生机构的运行机制不适应公益性目标要求，很大程度上与其非营利性的定位相悖。公立医疗机构应该承担公益性职能，这一点是毋庸置疑的，但我区的医疗服务机构90%以上为公立医疗机构，如此庞大的公立医院规模与经济发展水平和财政承受能力存在很大矛盾。由于政府拿不出这么多钱进行投入，如何保证这些医院的公益性不被淡漠成为值得我们关注的问题。由于地区间经济发展水平和地方财政能力存在很大差距，使得诸如内蒙古等落后地区缺乏发展医疗卫生事业的基本能力，以致不得不采取一些错误的改革和发展方式，比如承包制、职工收入与服务收入挂钩、自由经营、自负盈亏等，造成了医疗机构公益性质淡化，片面追求经济收益等一系列问题。

通过近些年事业单位改革的实践证明，政府在相关事业发展中的投入普遍不足和低效，是导致事业单位行为失范的一个重要诱因。政府不投入，事业单位的发展甚至生存就只能自己想“办法”，而想出来的“办法”往往是不该收的钱收了，不该执的法执了，不该办的事办了，这不可避免地把成本转嫁给了老百姓，形成了不合理的补偿机制。内蒙古第三医院暨内蒙古精神卫生中心属财政差额拨款单位，政府对该单位的拨款额度太低，还不足以支付离退休人员的工资。医院贷款困难，有限的收入很难同时支持单位的生存和发展。同时医院为了自身的生存和发展，就必须添置医疗器械，但创收余地窄和国家拨款金额少等原因使得购买医疗器械成为医院的经济负担。由于医疗器械的价格都很高，该院新近购回的设备因为成本回收的周期长，给各器械使用科室造成较大的压力。因此，医院的正常运转和发展就必须建立在赢利的基础上。但与其他性质的医疗机构相比，精神病医院的创收能力有限。由于我国医疗体制的不合理，使我国药品和医疗辅助材料价格偏高，而医疗技术的价值偏低，患者在医院治疗的过程中支付的费用，绝大部分用于药品和药辅，医院从技术中获得的收益明显偏低。精神疾病患者比其他生理疾病的患者范围窄，高复发率使病患对疾病的经济承担能力极其有限。现在医院有336个床位，很少有住满的情况，并非因为患者不需要住院，而是因为很多病人承担不起住院的费用。精神疾病具有治愈率低、复发率高的特点，一旦患上这类疾病，往往给家庭带来巨大灾难，很多家庭因病至贫。精神卫生医疗有其特殊性，医院针对的病人是一特殊群体，与其他生理性疾患相比，精神病人对社会安全的影响相对较大。如果精神疾病的治疗门槛偏高，病人的病情得不到很好的控制，势必给病人的家庭乃至社会带来很大的安全隐患，这也体现出较其他一些医疗机构更强的公益性特征。

因此，如果不能保证具有执法职能和公益性质的事业单位所需的经费，约束其执法行为和其公益服务的提供只能是纸上谈兵。尤其是前一阶段的市场化改革之路，致使相当多的公立医疗机构仅保留公立的外壳，内部运行机制均出现了市场化主导倾向。目前，一些效益较好的城市大医院缺乏改革动力，如作为内蒙古地市级为数不多的三级甲等医院之一的赤峰市医院，近年发展迅速，取得较好的经济效益和社会效益。该医院面对改革的表现正如调研中院方一位同志所谈的那样：我们现在也不想要政府的钱，只要你别再干涉我就行。这些医院都将沿市场化的路子继续前行。而中小医院仍停留在旧有的管理模式上，大多举步维艰，一方面要政府增加投入，一方面努力创收，生存面临巨大压力。因此，医院鼓励创收的激励机制没有太大改变，“以药养医”的机制仍在起很大作用。公立医疗机构应起的作用没有真正发挥出来，这需要包括内部激励机制在内的全面改革，促进非营利性定位回归和公益性目标的实现。

（二）医疗卫生资源配置不合理，资源匮乏与浪费并存

在调研中我们发现，公共资源的分布不合理造成了资源匮乏与浪费并存的现象。从资源分布看，大量优质的医疗卫生资源集中在城市，而农村却缺乏基本的医疗服务的条件。大城市医院拥有先进的医疗设备，高学历、高水平的医护人员，县以下公共卫生机构特别是农村卫生医疗机构却缺乏一些基本的医疗设备，医护人员的素质较低，并且还存在着流失的现象。许多乡村卫生机构特别是贫困地区的乡村卫生机构条件极差，设备简陋老化，基本和必要的医疗条件匮乏。各地的医疗资源的配置都是以政治或经济中心城市为核心向其他区域扩散：优质资源的大部分倾斜性地投入到省会城市或经济发达的城市，剩余部分再向外扩散。这样在一个省区内最优质的卫生资源绝大部分就集中到了省会城市，并更进一步集中到极少数的几家大医院，一般为 3～5 家，而较低层次的优质资源则又同样倾斜性地集中到市政府所在的城市 1～3 家医院，当然再弱一点的优质资源则集中到县政府所在城市的 1～2 家医院，至于乡村等最需要及时性医疗服务的普通居民区则基本上成为了卫生服务最薄弱的环节。而这种现象进一步衍生的后果就是导致了支付能力比较高的患者集中到了拥有优质医疗卫生资源的大中城市的大医院，但大医院提供的医疗服务是有限的，“人满为患”、“供不应求”的状况自然使得大中城市的最大几家医院完全有条件对自己所提供的任何一项医疗服务收取高价格，“看病走后门”、“医生收红包”、“服务质量低下”等问题随之凸显。特别是随着高收入者人群数量的增加，也为这些垄断着整个地区内优质资源的几家大医院进一步提高医疗收费奠定了坚实的物质基础。同时低收入者被拒之门外，有病也看不起。“看病难”、“看病贵”的现象自然不足为奇。

（三）公共财政职能缺位，基层政府公共卫生服务供给能力不足

财政职能的缺位与否，是以经济的市场化程度为标准来判定的。与社会主义市场经济体制相适应的财政模式是公共财政。我国虽已初步建立起了公共财政的基本框架，但在体制转轨的过程中也出现了很多财政缺位的问题。国家在纯公共卫生服务方面的供给严重不足，而且存在财政支出责任下移的问题，造成了部分公共品供给短缺。据统计，国家拨款的 68%用于医疗，只有 22.7%用于公共卫生项目。1998 年卫生部组织地国家卫生服务调查的统计数据显示，国家对卫生防疫部门和妇幼保健机构的财政拨款不足计划的 50%。（代英姿，2004）在过去的十年中，从支出结构上看，中央政府仅占卫生预算支出的 2%，其他均为地方政府支出，而地方政府县乡共支出了预算的 55%～60%。这也表明我国的基层地方政府是公共卫生的支出主体，而中央和省级政府并没有承担公共卫生支出的主要责任。由于国家财力不足，政府部门通过收费取得资金弥补公共品供给的不足已成为各级政府通用的做法。由于预算外资金和自筹资金缺乏制度的约束和监督，造成公共品生产成本向企业和居

民转嫁的结果。先期医疗卫生事业改革过度的市场化造成医药费畸高，出现了老百姓就医难、看不起病的现象。

由于各级政府之间基本公共服务的事权划分不够清晰规范，各级政府间事权层层下放，而财权和财力却层层上收。目前，像公共卫生、社会保障和福利救济等支出主要由县乡基层财政负担，但基层政府由于财力极其有限而导致卫生服务供给能力严重不足。我们知道世界上有许多公共卫生服务体系较为完善的国家，它们大多是依靠中央和省级财政负担。另一方面，从财权和财力来看，基层政府既没有税收立法权，没有举债权，也没有独立的主体税种，收入主要依靠共享税，因此其掌控的收入极其有限，而转移支付又不到位。据统计，目前拥有占全国人口70%以上的县乡财政组织的收入仅占全国财政收入的20%左右。可见，财力与事权的不匹配是基层财政困难的根本原因，也是基层政府提供公共服务能力不足的关键。

（四）社区卫生服务的现状与规划目标定位存在一定距离

社区卫生服务机构是具有社会公益性质的非营利性医疗机构。社区卫生服务机构以社区、家庭和居民为服务对象，以妇女、儿童、老年人、慢性病人、残疾人、贫困居民等为服务重点，开展健康教育、预防、保健、康复、计划生育、技术服务和一般常见病、多发病的诊疗服务，承担公共卫生服务和基本医疗服务职能。目前内蒙古城市社区卫生服务的诸多方面与经济社会发展要求不相适应，社区卫生服务的现状与规划中的作用存在一定距离。依据“内蒙古自治区城市社区卫生服务机构管理细则”有关规定，社区卫生服务中心以政府举办为主，举办方式上，可本着自愿的原则，对国有企事业单位所属一级、二级职工医院通过结构和功能改造，转型为社区卫生服务中心；对现有的部分国有企事业一级医院、单位卫生所（室）、个体医疗机构进行功能改造，转型为社区卫生服务站。结果是有一部分社区卫生服务中心是由国有企事业单位所属一级、二级职工医院改造转型创建，较多社区服务站由个体诊所来承担。但由于规范化管理不够，这些社区服务中心或服务站多采用“一个机构，两块牌子”的形式，在管理和运行上并没有实质变化，“挂羊头”仍旧“卖狗肉”，在不同程度上存在着重医疗、轻预防、重收入、轻管理等问题，“坐等病人上门”的观念尚未改变。相当一部分社区卫生服务站条件简陋，医疗设备缺乏，人员基础较差，严重影响了社区卫生工作的开展和社区居民对社区卫生服务机构的认可。在某种程度上讲，这些机构只是社区卫生服务机构的“名”的变化和简单“量”的积累，在某些区域内做到从无到有，但作为公益性质的非营利性医疗机构的应承担的职能并未得以发挥。

二、对产生问题的原因分析

（一）政府对卫生事业的投入不足、政策滞后

一是政府对卫生事业的投入不足。政府对卫生事业投入不足是我国的普遍现象。20 世纪七八十年代，政府投入占医院收入的比重平均在 30%以上，2000 年这一比重下降到 7.7%。期间政府投入比重呈下降趋势。近年来，政府卫生预算支出占卫生总费用的比重虽有所上升（见表 5-1），但上升速度较慢，从 2003 年的 17%上升到 2006 年的 18.1%，四年内仅上升了一个百分点左右。居民个人卫生支出由 2003 年的 55.8%回落到 2006 年的 49.3%，四年内回落了六点五个百分点。这是一个好的趋势。但在欧洲发达国家，医疗卫生费用约占 GDP 的 10%，其中的 80%～90%由政府负担。即使是美国那样市场经济高度发达、医疗卫生服务高度市场化的国家，政府卫生支出也占到整个社会医疗卫生支出的 45.6%（2003 年）。与我国经济发展水平相近国家相比，泰国政府投入占 56.3%（2000 年），墨西哥占 33%（2002 年），都大大高于我国的水平。由于政府投入水平过低，医院运行主要靠向患者收费，从机制上出现了市场化的导向。群众医疗交费，不仅要负担医药成本，还要负担医务人员的工资、补贴，一些医院靠贷款、融资购买高级医疗设备、修建病房大楼，相当一部分费用要靠患者负担的医疗费用来偿还。[27]

内蒙古政府对卫生事业投入低于全国水平。各地方在公共事业领域得到的资金不足是由于其主要的两个资金来源——中央财政和地方财政的投入不足。一方面，中央财政在公共事业领域投入不足，主要原因是中央财政在公共事业发展中的资金投入整体不足，对经济落后地区而言，中央财政转移支付的供需不平衡矛盾尤为突出。近 20 年，中国事业单位改革步入“中央财政减负，地方各级财政及民众增负”的误区。在公共事业的维持和发展中，中央政府的投资日益减少，由地方各级财政和城乡居民分摊的成本却越来越多。在经济落后地区，各地方政府财政收入差距的持续拉大使其可供投入的公共事业资金相对匮乏。中央近些年来起均衡性作用的一般性转移支付规模过小，即使在实施了财力性转移支付以后，西部地区的人均财力也只相当于东部地区的 48.3%。[28]从近年来中央和地方政府对卫生事业财政支出及所占比重来看，中央卫生事业财政支出所占比重均低于 3%并呈逐年下降趋势，而地方所占比重均高于 97%并呈逐年上升（见表 5-2）。医疗卫生事业发展的责任特别是政府的投入责任主要

[27] 高强. 卫生部长高强作卫生事业改革与发展报告. 2005.

[28] 迟福林. 以基本公共服务均等化为重点的中央地方关系. 《中国公共服务体制：中央与地方》，中国（海南）改革发展研究院编，中国经济出版社 2006 年 12 月.

由地方财政承担。内蒙古作为西部经济欠发达的民族地区，地方财力明显不足。内蒙古自治区各族人民健康状况的极大改善，是在较少资源消耗的情况下取得的。按照测算，2002 年全区城乡居民人均卫生费用为 360 元左右，低于 394 元的全国平均水平。卫生支出占政府财政总支出的比例也较低，1996 年为 3.64%、2002 年为 2.15%、2005 年为 1.98%，总体上低于全国平均水平。[29]“十五”期间财政卫生事业费投入平均占到 3%左右的水平上，而国家的平均水平为 4%左右，若达到全国平均水平，我区还需要进一步加大医改的力度和更多的资金投入。每年需要增加投 3 至 5 亿元左右。[30]

表 5-1 卫生总费用（亿元）及构成（%）

年　度		2003	2004	2005	2006
卫生总费用及比例		6584.1，100	7590.3，100	8659.9，100	9843，100
政府卫生预算支出		1116.9，17.0	1293.6，17.0	1552.5，17.9	1778.9，18.1
社会卫生支出		1788.5，27.2	2225.4，29.3	2586.4，29.9	3210.9，32.6
居民个人卫生支出		3678.7，55.8	4071.4，53.6	4521.0，52.2	4853.5，49.3
卫生总费用占 GDP（%）		4.85	4.75	4.73	4.67
人均卫生总费用（元）	全国	509.5	583.9	662.3	749
	城市	1108.9	1261.9	1122.8	1145.1
	农村	274.7	301.6	318.5	442.4

表 5-2 近年中央和地方卫生事业财政支出（亿元）及比重（%）

年　度	2003	2004	2005
全　国	778.05	854.64	1036.81
中　央	22.07，2.8	22.39，2.6	21.26，2.1
地　方	755.98，97.2	832.25，97.4	1015.55，97.9

（注：表 5-1、表 5-2 数据根据卫生部相关统计数据整理。）

二是对营利性医疗机构扶持政策滞后。对医疗机构实行分类管理，对事业单位性质的医疗机构来讲，相信都不会主动选择营利性医疗机构。即使是一些效益较好的大医院，政府的补助可以不要但事业单位的牌子不能丢。因为按照事业单位分类改革的方向，营利性的事业单位必将逐步退出事业单位序列。所以事业单位性质的医疗机构即使不能成为政府主办的非营利性医疗机构，至少也会选择成为其他非营利性医疗机构。因为营利性和非营利性医疗机构实行不同的财政、价格和税收政策。政府举办的非营利性医疗机构可以继续获得政府的财政补助。非营利性医疗机构可以享受国家制

[29] 内蒙古自治区卫生事业辉煌发展的六十年，内蒙古卫生厅网站.

[30] 内蒙古财政科研所课题组. 政府职能的创新和自治区公共财政框架的构建，2006 年 6 月 14 日.

定的税收优惠政策和自治区制定的免费优惠政策。对营利性医疗机构来讲，要依法纳税、照章交费。现对其扶持主要就是：对其取得的收入，凡直接用于改善医疗卫生条件的，自取得执业登记资格之日起，3年内享受国家规定的有关免税政策。也由于执行医疗机构分类管理制度不严格，卫生部门将公立医院定为非营利性，享受政府补贴和免税政策，而对服务收费又失于监管；将民营医院定为营利性，照章缴税，又不给补贴，民营医院难以与公立医院开展公平竞争。以医疗保险和农村新型合作医疗为例，在该制度的实施中，实行"定点报销"的制度安排，参保（合）人只能到定点的医疗机构就诊才能得到医疗费的报销，到非定点的医疗机构就诊要么不予报销，要么报销比例很低。在实施过程中，公立性质的医疗卫生机构被列为定点机构，而私立医疗机构基本被排除在外，这对私立卫生机构的发展很不利，也对医疗卫生服务市场的公平竞争环境产生了很大的影响，不利于医疗卫生服务效率的提高，也对医疗服务的多元化供给产生了负面影响。由于对营利性医疗机构扶持政策滞后，社会资金进入医疗卫生领域比较困难。90%以上的医疗资源都在公立医疗机构，多渠道办医的格局并未形成。

因此，要给民营医疗机构一个更加宽广的发展空间，这样才能更有力地鼓励和吸引那些政府不计划再办下去的事业单位性质的医疗机构踏入非营利性医疗机构的行列，吸引更多的社会资本进入这个领域，并盘活当地的医疗事业，同时可有效减轻财政在卫生事业上的投入压力。试想，营利性医疗机构如果能够得到更加广阔宽松的发展空间，对政府而言，虽然少了一些税收，但带来的是更多逐利的社会资本的进入，可以减轻政府在卫生事业发展上的负担，使其减少投入（逐利的资本也可以带来公共利益）；同时在激烈的市场竞争中可促使包括公立医疗机构在内的所有医疗机构的服务质量提高并降低服务成本，得失之间，似乎不难分辨伯仲。然而非政府主办的非营利性医疗机构大规模发展的空间不大，至少在目前的中国来说这是无奈的现实：一方面，"非营利"性质的制度和规章保证不足，如政府监督能力有限，收支两条线的制度保证不健全，高收入的医疗机构技术人员等既得利益者的抵制等；另一方面，第三部门发展滞后，能够投入到非营利性医疗机构的公益性社会资本极其有限，尤其在经济落后地区。

（二）解决公共卫生医疗问题的内驱力不足

一是国家医疗体制改革方案出台滞后，制约了地方政府及其卫生主管部门出台有针对性的事业单位改革措施。在目前诸多领域的改革中，卫生事业单位改革力度和进度是最小的，可以说是一种"找不到感觉"的改革。因为他们处于困惑当中，并且在等待卫生部的文件。吸取以前的医疗卫生改革和其他行业的改革教训，各地领导对此次改革可谓慎之又慎，或者能做点什么就做点什么。也致使本次改革只能是一种"微调"，在很大程度上并未真正触及管理体制改革本身。人们普遍认为，过去的改革对提高医院的效能，调动广大医护人员的积极性起到了明显的作用，但导致了医患矛盾加重和许多人看不起病的问题。但如果不按照市场经济的要求进行改革，片面强调医院的公益性质，会不会使医院的管理和服务又回到改革之前的状态？有的负责同志在座谈中说：全国都在搞市场经济，为什么偏偏让医院搞计划经济？医生也是人，他们也要吃饭。不按市场经济规律办事的改革注定不能取得成功！一直在说的方案即将出台却一拖再拖，地方只能耐心等待，一级等一级，各地方主要领导及负责同志也深刻认识到改革是必须的，但如何改心里实在没底，甚至认为“下改上不改，改了也白改”，迫切需要国家和自治区出台指导性政策文件，自上而下同步推进。避免改革不同步、政策不衔接等问题。

行业性改革与事业单位分类改革二者之间如何有效衔接，也是地方政府在推进事业单位改革中始终要面对和思考的问题，在一定程度上也影响了事业单位的全面推进。具体到卫生事业单位，就是卫生事业单位改革与医疗卫生体制等的行业改革如何衔接的问题。其中关系错综复杂，单纯的坐等一方或各干各的都是不行的。同样的，对事业单位按不同标准进行的不同分类之间也存在如何衔接的问题。如行业上推进的对医疗机构分类管理，将医疗机构分为营利性机构和非营利性机构，各地方事业单位分类改革又将卫生事业单位按功能分类，对以上性质分类与功能分类如何有效衔接。这些都需要进行深入细致的研究。一般来说，卫生监督执法属行政执法类或监督管理类，原则上应纳入行政管理序列。公共卫生应属纯公益类（或公益Ⅰ类、完全公益类），一般要由政府举办。这两类都是要严格控制规模的。非营利性医疗卫生应属准公益类（或公益Ⅱ类、公益服务类）。这类单位政府可有选择地举办，可部分实现由市场配置资源，单位在向社会提供公共产品的同时，可依法收取一定费用补偿其支出。营利性医疗机构应属经营开发类（或市场经营类），原则上逐步转为企业，政府不举办营利性医疗机构。无论纯公益类还是准公益类事业单位，在不影响公共服务质量和水平的前提下，其服务可以通过市场供应的，政府可通过公开招标、政府采购等方式实现公共服务的目标。这就是说，无论事业单位分类改革还是行业改革，达成的最终目标即在更好的实现公共卫生和基本医疗服务等公共服务的提供上具有一致性。分类改革后保留下来的事业单位应是从事公共服务并相对独立于政府和企业之外的非营利组织，基本特点就是非政府、非企业、非营利。改革后的卫生事业单位就只是那些政府举办的非营利性医疗卫生机构。

二是医疗体制改革是一项成本高、见效慢、效果不显著的管理体制改革，由于缺乏完善的卫生事业评价体系和指标，导致地方政府缺乏改革探索的动力。一方面，按照卫生体制改革的整体规划，需要政府对卫生投入大幅增长，该项投入主要用于确保公共卫生机构的正常运营和各类非营利性医疗机构的运转和发展，而这部分增长的财政支出由地方财政负担，出于地方财政力量考虑必将直接影响到其推行卫生体制改革的“底气”，继而影响到卫生事业单位改革的进一步推进。而中央对经济落后地区的卫生事业发展的转移支付手段有限、力度不足、具体措施不明朗，使落后地区政府更难鼓足勇气掏大价钱领全国卫生体制改革之先。即使有一定能力尝试，但由于此项改革相对见效慢、效果不显著，出于政府投入宏观绩效、本届政府或官员政绩及自身利益考虑，这些原因都会导致改革探索动力不足。

另一方面，由于缺乏完善的卫生事业评价体系和指标的激励和约束，自身没有压力，没有压力自然动力不足。地方财政在公共事业领域投入不足，主要原因是政绩考核主要侧重以经济增长总量为核心的硬指标，而公共服务是软指标，使地方政府更多关注本地区的经济增长和财政收入，使公共事业领域的地方性财政支出自然很难高速增长。在经济落后地区，因贫困的累加效应使地方政府在事业单位改革中面临的现实困难更多，对同一内容的改革，也许要比经济发达地区支付更多成本，这促使其保持更加审慎的改革态度。地方政府财力不足，难以支付改革的较大成本，也是事业单位改革不能全面深入展开的一个重要因素。财政的压力致使许多改革举措不得不止步。

三是政出多门，部门利益、单位利益与行政官员的自身利益影响难以形成合力，导致改革动力不足。国家医药卫生体制改革部级协调工作小组是由发改委、卫生部牵头的 14 个部委组成的，改革中恐怕协调诸多部委就是一项非常繁重的工作。在医改这一大型工程中，“权”与“责”被分散在几个部门当中，如公立医疗机构主要由卫生部负责管理；药品价格主要由发改委负责管理；药品的认定审批核准主要由药监局管理；在全面医保这个问题上，城镇医保有劳动和社会保障部门管理，新农村合作医疗的医保则是由卫生部门管理。推进社区卫生服务发展，同样需要卫生行政管理部门、机构编制管理部门、发展和改革部门、教育行政管理部门、民政部门、财政部门、人事部门、劳动和社会保障部门、建设规划部门、人口和计划生育部门、食品药品监督管理部门、各级残联等诸多部门各负其责协同负责。正如浙江大学医学院院长、中国工程院院士巴德年所说，目前政府部门中管人口的不管健康，管医的不管药，管西医的不管中医，管城市医保的不管农村，真可谓政出多门。这样不仅效率低下，还容易造成推诿扯皮、失误和腐败等问题。如何协调各部门之间的“权”与“责”问题。成为首要问题。

事业单位改革亦如此。任何一个事业单位的改革都会涉及诸多的政府部门，以一个公立医院的改革为例，至少涉及卫生局、编办、人事局、财政局、社保局、药监局等多个部门，不改革的情况下都时常存在部门之间协调的问题，改革期间更容易产生矛盾和混乱。一个部门改革的速度与方向有偏差，都可能成为改革顺利推进的致命障碍。在改革所涉及诸多部门中，尽管政府职能部门、政府主管部门和事业单位三者虽然都主张进行事业单位改革，但改革的目标和方向并不一致。一般来说，政府职能部门主要是推动做“减法”和加强规范化管理，即尽量减少吃“皇粮”的事业单位，同时对继续吃“皇粮”的事业单位进行严格的编制控制和人事管理。而政府主管部门则总是站在事业发展，同时也站在维护本位利益的立场上，尽量多保留和发展一些事业单位，因此主张做“加法”的时候居多，并且在改革中常常充当事业单位的代言人和事业单位改革的调停者等角色，在强调行业管理的同时要求职能部门对事业单位的某些权力向主管部门转移。事业单位自身则希望通过改革既能够继续吃“皇粮”或者尽可能多吃一点“皇粮”，同时又希望能够尽可能多地获得经营管理的自主权。但以往的改革实践让诸多事业单位感觉到：改革就是“谁好改就改谁”，结果反而是“谁先改谁吃亏”。现在活得好的卫生事业单位不想改，活的不好的更不想“断奶”。在诸多部门参与和博弈的改革模式下，事业单位的自主权将会被更多的剥夺，或受到更大的限制。这些又致使事业单位自身改革动力不足。可以说，这三者是事业单位改革的三驾马车，如果各想各的心思，各拉各的套，那就根本无法形成合力，所谓改革就会变成一场讨价还价和争权夺利。地方官员尤其是党政主要领导对改革的态度同样至关重要，调研中发现，凡是地方党政主要领导高度重视，改革的步子就大一些，成效明显一些。但改革都有一个底线，那就是保证社会稳定。地方党政领导在改革中要面临巨大的政治风险，出于自身利益考虑导致改革动力不足。所以，各级党委和政府在组织和推动事业单位改革的进程中，需要解决的最为重要也最为棘手的问题就是，如何使这三个改革主体形成一种合力。事实表明，只有方方面面形成共识、共愿和共同合力的改革才会全面推进并取得最后的成功。卫生事业单位改革自然也不例外。

第四节　可资借鉴的经验

一、国外经验借鉴

在各方热议医改方案时，往往会自觉不自觉的提到国外的经验。至于外国模式能否医治“中国病”暂且不论，但了解各国的医疗制度和模式选择，对于改革的设计和方案的制定会有所裨益。

（一）美国模式

美国模式是一种混合型的医疗保障模式。它是以较为发达的社会医疗救助制度为基础，以商业保险为主体的医疗保障制度。医疗保障系统分为几个层次。最基础的是联邦政府和州、地方政府向那些没有私人保险的老年人和穷人提供具有社会救助性质的社会医疗保险。另外，政府还举办医疗福利保障计划，向联邦政府雇员、军人、退休军人及家属、军队伤残人员、土著人提供医疗服务，满足他们的卫生保健需求。政府创办的社会医疗保险包括给退休人员提供医疗照顾，和给符合救助标准的贫困者提供医疗救助。除此之外，大多数在职人员及其家属可由雇主购买的商业医疗保险所覆盖。个人投保后，在保险合同规定的范围内患病就医时，只需交纳少量共付费用，其余费用均有商业保险公司支付。私人医疗保险计划主要由三种类型：一是非营利性的好保险公司，如蓝盾和蓝十字医疗保险公司，他们在税收方面享受一定的优惠；二是营利性的医疗保险公司；三是把保险和医疗服务融为一体的医疗保险组织，具有代表性的是健康维持组织（HMO）、优先服务提供者组织（PPO）和服务点计划（POS）。此外，政府还提供其他公共资金，用于推进儿童健康保险计划、工伤补偿保险、公共卫生活动、美国国防部、老兵事务部和印第安人健康服务计划主办的卫生项目，以及州和地方医院补贴和学校卫生等项目。在以商业保险为主的医疗保障制度下，美国政府对医疗保障的介入相对有限。美国政府用于医疗保障的支出占卫生总费用的比例不仅在发达国家中是最小的，在所有 OECD 国家当中也是最小的，其比例远远低于世界平均水平。

美国是发达国家中唯一没有全民医保制度的国家，政府负担老人和穷人等特殊人群的社会医疗保障，其医疗机构，无论是资金来源还是医疗供给方式等都是以私营为主。国家仅通过立法规范商业保险市场并给予必要支持。美国模式的诞生与其发达的经济水平和崇尚个人奋斗和自由竞争的社会传统有关。这一制度极大的调动了社会资源，令非营利、营利、私人和政府机构都发挥着重要作用，公共和商业健康保障计划交织形成了以非政府机构为主体的多元化体系。政府的作用次于市场，作用相对有限。这是一个不同于政府主导的“全民医保”，强调市场作用的医疗保障制度。美国模式中在积极发挥市场的作用等方面值得我们学习借鉴。

（二）英国模式

英国模式被称作英国国家卫生服务体系（National Health System，NHS），是“全民医保”的模式之一。具体由政府通过国家税收的形式筹集医疗保障资金，以此向国民提供免费或者低收费的医疗服务。医疗经费 80%以上来自政府的税收，其余来自私人医疗保险，政府通过实施财政预算管理来实现医疗保障费用的收支平衡。英国政府强调国民应广泛平等地享受医疗服务，国家医疗预算按照全国各地的人口需要进行分配，从而保证每个人平等享受国家医疗服务。国家财政预算在卫生保健费用方面的投入占总卫生费用的 90%以上，居民享受免费程度很高的医疗卫生服务。虽然患者获得基本卫生服务和急诊服务相对容易，但专科服务需要排长队，等候时间长，同时对新技术的引进也进行限制。

这一种社会医疗保障模式融入了“社会主义”的福利国家思想。主要强调社会公平，采用这一模式的典型国家是英国，加拿大和瑞典等国家。当然，这些国家采取这一模式与其强势的中央财政有极大的关系。自 1990 年至今，英国中央政府财政收入占 GDP 比重始终保持在 36%以上。此外，英国的济贫制度有 300 余年的历史，济贫传统为福利国家模式提供了重要的精神动力。英国模式强调医疗资源和医疗服务的公平性，对特殊群体的救济关注是值得我们学习借鉴的。

（三）德国模式

德国模式是一种以社会保险的形式提供的医疗保障模式，也被称为社会医疗保险模式，是“全民医保”的另一种模式。在这一模式下，需要通过以社会保险为主的方式筹集医疗卫生资金。因此，医疗保障和医疗服务体系相互分离，雇主和雇员向作为第三方的保险机构缴费，保险机构与医疗机构（公立、私立都可以）签约以提供服务。自德国 1883 年在世界上首创这一制度以来，采用这种制度模式的国家逐渐扩展到欧洲大陆和亚洲、非洲以及美洲的许多国家。目前，德国、法国、日本、芬兰等国均采取这种模式。

德国是以社会保险作为医疗卫生主要筹资模式并以公共体系作为服务主体的国家。德国的医疗卫生服务体制大致分为两个大的部分。一是以传染病控制为主的公共卫生体系，二是一般医疗服务体系。国家的法律规定人人都应购买医疗保险，这是一种强制性的措施，政府意图以此来实现社会统筹和互助共济。这种强制性的社会医疗保险的内容主要包括：疾病的预防和疾病的早期诊断；疾病的治疗；病愈后的身体康复；生病期间的护理；妇女孕期以及哺乳期间的有关待遇等。社会保险主要由大约 500 个地方疾病基金进行组织，这些基金相互独立、自我管理，以协议价格的方式对提供保健保险的医院直接进行补偿。总体上，由这些基金支付的费用大约占卫生保健支出的 70%。法律要求疾病基金必须提供全面的“一揽子”保健，包括由私人医生提供的急诊保健、医院保健、护理院保健，以及一系列的预防服务。社会保险模式强调公平与福利，通过国家强制实现高覆盖率，从而得以在全社会范围内进行统筹，实现个人收入的再分配，即高收入者向低收入者转移，企业向家庭、企业主向雇员转移，青年人群向老年人群转移，健康者向多病者转移，低发病区向高发病区转移，等等。这样，人们就能够机会均等地享受基本医疗服务。和英国模式不同的是，德国模式要求政府并非直接参与资源配置，而是通过强有力的监管维系一个互相制约的分权系统。德国医疗保险机构并不隶属于任何一个政府部门，而是实行自我管理的独立机构，政府仅对其进行监督。而医院系统也是相对独立的，联邦政府负责制定有关政策和法案，州政府负责医院的规划和州医院的管理，同时监督疾病基金和医生协会等组织。地方政府则监管地方医院和公共健康项目。

德国模式的优点在于可灵活调动社会各方财力，保证了高质量的服务，并为不同人群提供多种选择，通过政府监管和供需双方的监督制约，可有效抑制医疗费用的上涨。卫生事业发展的基本特点是公平性高、组织效率高，体现在医疗卫生服务体系布局的均衡性和国民所享受到的服务待遇的均衡性，公共卫生系统和医疗系统的密切协作以及政府和相关社会组织的有机协作，建立了良好的以法律为基础的相互制约机制。但是，德国模式也存在抗风险能力弱，大病费用上涨，预防意识不足的弊端。由于实行以收定支，力求当年收支平衡，社保基金没有积累，随着人口增长和老龄化加剧，基金安全和保障程度存在一定矛盾。另外，由于采用第三方付费制度，对需方缺乏制约和引导，公众过分依赖社保系统，对疾病的预防保健重视不够，也造成了医疗费用的上涨，对此也正在探索进一步改革。但不少经验值得中国借鉴：一是要发挥政府主导作用；二是要确保服务体系的公益目标；三是要合理平衡利益关系；四是要有效控制费用增长。

二、国内经验借鉴

在国内学术界关于医疗改革方案的热烈讨论过程中，国内很多地方包括北京、山东、江苏、浙江、上海、广东等地政府部门已经开始通过不同形式进行探索，尝试解决医疗体制中出现的诸多问题。如北京新医保模式试点改革，深圳医改的民营化试验，江苏宿迁、无锡、南京三种医改模式，广东试水乡镇医改方案等。其中最引人关注的就是江苏的“宿迁医改”。宿迁从1999年开始进行医疗改革，其改革思路是坚持“管办分开、医卫分开、医防分开、医药分开”的原则，转变政府职能，集中力量强化公共卫生服务，推动社会资本办医，解放和发展医疗生产力。宿迁医改被称为“是市场化改革力度最大”，其模式简单描述是，医疗机构民营化，政府除了行使宏观医政和公共卫生管理职能，举办公共卫生机构外，基本退出医疗领域。随后，宿迁开始后来广受关注的“卖医院”模式，将全市134家医院卖掉133家。卖医院所得全部投入公共卫生防保体系。政府不再办医院只是监管。到2004年，宿迁卫生总资产已达15.39亿，其中民营比例由1.2%上升至62.7%。宿迁模式的成与败、得与失学术界亦存在较大争议。宿迁的医改，通过公立医疗机构的转制，改变了政府直接办医的局面；通过引入社会资本，快速扩大了医疗资源，并形成了医疗市场的竞争格局，促使医疗机构引入企业经营机制，从而提高了医务人员的积极性，改善了医疗服务的质量，扩大了医疗服务项目，降低了挂号费、药品单价和检查项目单价，这些可谓宿迁医改取得的一些阶段性成果。但是，这种“卖光式”改革有其特定的背景，也可说是被逼出来的。是政府在强大的财政压力下，寻求与市场经济相适应的医疗卫生体制过程中产生的具有试点意义的改革。它的做法是否为失败的改革，是否可以在其他地方尤其是经济欠发达地区推广？还是代表了中国医改的方向，可以为诸如内蒙古等的经济欠发达地区提供可资借鉴的经验？这些值得我们深思。我们知道，“政府主办医疗机构”和“引入市场机制”二者并非完全背离，医改既要强调政府的责任，又要适当引入市场机制。再从医疗卫生事业的定位来看，将医疗卫生事业定位为“经营性行业”也存在明显不妥，这与我国公共卫生事业公益性主导方向相背离。长远来看，作为医改的最重要的目标——公共卫生事业发展和“看病贵”的问题并没有真正得以解决。

第五节　深化卫生事业单位管理体制改革的建议

一、走渐进式改革之路

医疗卫生体制改革与其他领域的改革不同，有其自身的特殊性和沉重的使命。医疗卫生事业关系到每一个人的生老病死，防治疾病、提高人口健康水平是我国全面建设小康社会的一项重要目标和核心任务。医疗卫生体制改革是一个渐进的过程，积累问题多，涉及面广，不可能一夜之间解决所有的问题，需要稳步推进。因此，如何推进医疗卫生体制改革，受到全国上下的普遍关注。卫生机构改革是医疗卫生体制改革的关键环节。内蒙古卫生事业单位改革同样需要一个逐步深化的过程，不可能一步到位，在充分总结借鉴以往改革经验教训基础上，结合我区实际及面临的内外部环境，在改革策略的选择上，宜采取渐进式改革。但渐进式改革不等于“小打小闹”，不等于“微调”，不能只在内部运行机制上做些文章，现在只是从编制、人事和财政等方面进行事业单位改革，还没有完全地从根本上触及事业单位的管理体制，所以，这种改革必然是性片面和不彻底的。事业单位改革最终是要实现事业单位管理体制和运行机制上的重大变革。

二、改革应统一领导，总体设计

事业单位改革是一项系统工程，需要总体规划、全面设计、渐进改革。在总体设计中，要围绕事业单位体制改革这一总目标，各部门加强协调、协作，处理好部门职能、部门利益与改革大目标的关系，形成改革的合力。这种自上而下政府主导推动的改革，首先，应强化领导组织机构建设，建立强有力的领导机构。需要在政府职能部门、行业主管部门和事业单位等诸多相关主体中形成共愿和合力，在分类改革过程中，还应该有在政府部门与事业单位之间的作为独立的第三方的中介机构的参与，减少部门利益、单位利益、领导利益各自间的博弈。其次，改革应总体规划，整体推进。尤其要处理好事业单位改革中行业推进与地方整体推进的关系，不要今天改科技，明天改教育，收效甚微，结果使事业单位和群众对改革失去信心和动力，甚至认为“谁改谁吃亏”。再次，改革不能急功近利，应在做好试点改革并及时总结经验教训基础上再逐步推开，切实发挥试点改革的作用，不要把试点中存在的难题带到全面推开后再试图解决。

三、在医疗卫生体制改革整体规划下确定卫生事业单位改革目标

我国医疗卫生体制在经历了一个过度市场化（世界银行中国事业单位改革课题组得出的结论）的改革阶段后，面临百姓“看病难、看病贵”的现实挑战；尽快推进下一步的改革，又面临着“我国卫生管理职能分散，直接参与卫生管理的政府部门多达七八个，部门之间、各级政府之间的权责不清，协调困难。这在国际上是绝无仅有的”。[31]即便如此，各相关部门都给予协同推进卫生体制改革以充分重视，在边实践边探讨边改革边协调中出台了一系列政策法规，使中国医药卫生体制改革的思路和框架日渐明朗化，措施也日趋具体化。《中共中央、国务院关于卫生改革与发展的决定》（中发）[1997]3 号），《关于城镇医药卫生体制改革的指导意见》（国办发[2000]16 号），《关于农村卫生改革与发展的指导意见》（国办发[2001]39 号）这三个医疗卫生体制改革与发展的指导性文件出台后，相关部门的一系列贯彻性文件相继出台，比较重要的政策包括《关于卫生监督体制改革的意见》（卫办发[2000]16 号），《关于卫生事业补助政策的意见》财社[2000]17 号，《关于城镇医疗机构分类管理的实施意见》（卫医发[2000]233 号），《关于医疗卫生机构有关税收政策的通知》（财税[2000]42 号），《国家计委、卫生部印发关于改革医疗服务价格管理的意见的通知》（计价格[2000]962 号），《中共中央、国务院关于进一步加强农村卫生工作的决定》（中发[2002]13 号），《关于农村卫生机构改革与管理的意见》（卫基妇发[2002]315 号），《国务院关于发展城市社区卫生服务的指导意见》（国发[2006]10 号），这些政策分别涉及中共中央国务院、卫生部、财政部、国家税务总局、国家计委、国家经贸委、劳动保障部、药品监管局、中医药局等多个部门。

上述一系列政策共同勾勒出的中国医疗卫生服务规划是：一是卫生行政部门要转变职能，政事分开，打破医疗机构的行政隶属关系和所有制界限，积极实施区域卫生规划，用法律、行政、经济等手段加强宏观管理，并逐步实行卫生工作全行业管理。二是地方卫生行政部门合理划分卫生监督与卫生技术服务职责，将原来由各卫生事业单位承担的各项卫生监督职能集中，根据实际情况，对原有机构适当加以精简、归并、调整，组建卫生监督所，专职承担卫生监督任务。三是疾病控制和妇幼保健等公共卫生事业由政府出资兴办。四是建立健全社区卫生服务组织、综合医院和专科医院合理分工的医疗服务体系。社区卫生服务组织主要从事预防、保健、健康教育、计划生育和常见病、多发病、诊断明确的慢性病的治疗和康复；综合医院和专科医院主要从事疾病诊治；大型医院主要从事急危重症、疑难病症的诊疗，并结合临床开展教育、科研工作。五是医疗机构由非营利性医疗机构和营利性医疗机构构成，前者在我国医疗

[31] 饶克勤：国外卫生体制比较研究与我国卫生改革发展的政策思考。

服务体系中占主体和主导地位。在这样的医疗卫生体制改革的规划下，原来的各类卫生事业单位理应在本地区卫生规划中各就其位，其去向如“医疗卫生体制改革背景下的卫生事业单位布局梳理表”，见表5-3。

表5-3 医疗卫生体制改革背景下的卫生事业单位布局梳理表

<table>
<tr><th>是否事业单位</th><th>构成变化</th><th>主要职能</th><th colspan="3">改革主要举措</th></tr>
<tr><td rowspan="2">①原来属于，且今后仍然属于事业单位（保留财政拨款和公益性），包括通过职能重组和机构合并新挂牌的事业单位</td><td>①公共卫生机构</td><td>卫生监督和疾病控制、预防保健等</td><td colspan="3">其中卫生监督单位列为行政组织的呼声虽高，此次改革规划中仍被划入事业单位</td></tr>
<tr><td>②政府举办的非营利性医疗机构（享受同级政府的财政补助）</td><td>①主要提供基本医疗服务并完成政府交办的其他任务
②可以提供少量非基本医疗服务</td><td rowspan="2">两类非营利性医疗机构比较</td><td>共同点</td><td>①为社会公众利益服务而设立和运营，不以营利为目的，其收入用于弥补医疗服务成本，实际运营中的收支结余只能用于自身的发展
②享受税收优惠
③执行政府规定的医疗服务指导价格
④接受政府财务监管</td></tr>
<tr><td rowspan="2">②原属事业单位且在卫生体制改革中不再保留事业法人资格的，需要转制或重组（政府不再拨款）</td><td>③其他非营利性医疗机构（包括非政府主办的其他公立非营利性医疗机构和私立非营利性医疗机构）</td><td>①主要提供基本医疗服务
②可以提供少量非基本医疗服务</td><td>差异</td><td>政府主办的享受同级政府财政补助，其他的不享受</td></tr>
<tr><td>④营利性医疗机构</td><td>社区卫生服务组织、综合医院和专科医院中都有分布，且政府鼓励发展</td><td colspan="3">根据市场需求自主确定医疗服务项目和价格，照章纳税</td></tr>
</table>

因此，卫生事业单位无论在过去还是在此次卫生体制改革之后都毫无疑问必将是中国卫生事业发展的中坚力量，其进一步改革的主导思想和原则必须在中国医疗卫生体制改革的总体框架中确定，其具体改革措施必须服从于国家及各地方医疗卫生事业发展规划。同样，国家医疗卫生体制改革方案的确定也不能脱离各级卫生事业单位的现状及发展需要。否则，二者的严重脱节只能造成卫生事业单位改革的举步维艰和医疗卫生体制改革的最终破产。卫生事业单位改革的目标就是要构建公益目标明确、投入机制完善、监管制度健全、治理结构规范、微观运行高效的卫生事业管理体制和运行机制，逐步形成政府主办的非营利性机构为主体、其他非营利性机构、营利性机构

共同参与的多主体提供的格局，最终形成公共卫生和基本医疗优先、区域卫生规划合理、服务公平的医疗卫生服务体系。内蒙古卫生事业单位改革也应该是在全区卫生事业发展整体规划和最终目标的指导下出台各项措施。

四、加大政府投入，兼顾效率与公平

卫生事业是政府实行一定福利政策的社会公益事业，政府对发展卫生事业负有重要责任。为此，“加快”推进事业单位分类改革首先要解决发展公共事业的资金问题，从我国目前的情况看，主要的力量还应当是政府，为此中央政府应当通过完善财政体制保障充足的公共事业发展资金，具体措施包括优化财政支出结构，加大公共事业领域的支出比例；完善转移支付制度，增加对经济落后地区公共事业领域的均衡性转移支付；在合理划分各级政府在公共事业发展中的权责的基础上，通过政绩考核重心的矫正引导地方政府加大对公共事业的投入；创造吸引多元主体参与公共事业的法律、制度及社会环境，拓宽资金渠道。坚持以公办医疗机构为主，非公办医疗机构共同发展的医疗服务体系。

医疗卫生资源有限性与公众医疗卫生需求无限性的矛盾，被称为医疗卫生领域的基本矛盾。基于此矛盾，以及地处西部经济欠发达的民族地区的内蒙古卫生资源极为有限，投入不足的现状不可能短时间内解决的现实，在强调政府责任和增加投入的同时，更要注重提高投入的宏观效率和公平性。计划经济时期，在整个经济发展水平相当低的情况下，通过有效的制度安排，占我国 GDP 百分之三左右的卫生投入，大体上满足了几乎所有社会成员的基本医疗卫生服务需求，国民健康水平迅速提高，不少国民综合健康指标达到了中等收入国家的水平，成绩十分显著，被一些国际机构评价为发展中国家医疗卫生工作的典范。[32]这就是解决将有限的资金投在哪，怎样投的问题所带来的成效。

一般来说，政府对公共品供给者或消费者提供补贴出于两个原因。其一，当所供给的服务具有一定的外部效益同时关乎社会公平时，为了实现最优供给，保证社会群体享有基本的公共服务，政府应给予供给者或消费者一定的补贴。比如基本医疗卫生服务、基础教育等公共品。其二，公共品市场化的供给，供给者存在成本回收甚至是追求投资回报的压力，使得收费成为必然，缺乏支付能力者将难以获得基本的服务。为了维护社会公正，有必要对贫困的弱势群体予以一定的财政补贴。服务提供者不能实现既定目标时，补助服务需求者，使把选择的权力交给需求者，通过提供者展开竞争，公众参与到公共服务提供的监督评估过程中。在医疗卫生服务领域，政府可以放弃对公立医疗卫生机构投入的方式（一般简称为补贴供方），而转而采取建立“补需

[32] 葛延风：立足人人享有卫生保健目标，实现医疗卫生改革突破.2006-04-21.

方”的改革措施，一来通过需求方的选择可以促进医疗卫生服务机构的市场化竞争，提高机构自身的运行效率并降低服务价格，同时也解决了老百姓“看病难、看病贵”的问题，把实惠真正落实到老百姓手中。

按照 Van De Walle 和 Nead 的研究结果（1995），公共卫生支出的级别不同，其利益归宿也不同。以预防和治疗为主的基层卫生中心一般比医院更有利于穷人。Iimenez 通过对 13 个国家的调查研究得出，公共卫生支出的 50%被占人口 40%的低收入人群获得，而这些人只能得医院服务补助的 29%。就穷人而言，城市医院服务成本太高，得到服务的穷人在消费中所占比例小于穷人占总人口的比例，相反，富人得到城市医院服务的成本较低，因此富人更容易得到城市医院的公共卫生支出。因此，公共卫生支出应向基层倾斜，尤其是向农村和城市社区倾斜，降低低收入者享受这类服务的门槛，才能实现基本卫生服务的均等化。不仅如此，权责重心的下移还可以降低行政成本。我国现行分权财政体制运行特点是，纵向财政收入分配趋于集中化，中央政府与地方政府之间的收入分配倾向于中央财政，地方政府间收入分配倾向于省级财政。因此在降低公共支出级别的同时应下放财权，保证公共事业服务水平与政府财力资源相匹配（刘穷志，2007）。改变以基层地方政府为主安排公共卫生资源的制度设计，恢复公共卫生作为全国性公共产品的性质，加大中央财政和省级财政在公共卫生支出中承担的份额。在补贴方式上，建议大力发展以社区和乡为中心的基层医疗机构，把医疗服务方面的财政支出用在对初级的、基层医疗机构的补贴上，为低收入的群体提供医疗方面的实物补贴援助（安体富，2005）。

五、理清政府与市场责任边界，实现办医主体多元化

从现实情况看，非营利性医疗机构、公办医疗机构占据了医疗机构的绝大多数，以绝对优势成为医疗机构的主体。一方面，这是体现了政府的责任所在，凸出医疗卫生的公益性质；但另一方面，我们又要思考这样的格局是否合理。现实中绝大多数医疗机构选择登记为非营利性机构，是因为营利性机构在我国目前的政策环境中生存发展要面临更多的压力与困难。强调医疗卫生的公益性质并不是说政府就要大包大揽，包办一切。医改既要强调政府的责任，同时还要注意发挥市场的作用。要理清政府和市场的责任边界，明确哪些事该政府做，哪些该交给市场。如分类改革中的准公益类（或社会公益Ⅱ类、公益服务类）事业单位，政府是要大力发展的，鼓励社会力量兴办，并给予政策扶持，逐步实现兴办主体多元化。对不能完全进入市场或交由社会兴办的，需要国家提供财政支持或建立必要的经费补偿机制。可以建立政府财政补贴和收费相结合的、非营利性的成本补偿机制。因此，政府要积极鼓励社会力量兴办此类卫生事业机构，可通过设立公共基金和税收优惠政策等办法，对社会力量兴办的卫生公益事业予以政策扶持，逐步实现兴办主体多元化。

六、立足社区卫生服务，走适宜技术发展之路

发展社区卫生服务是深化城市医疗卫生体制改革、优化城市卫生服务结构、方便群众就医、实现人人享有基本医疗卫生服务的重要举措。通过合理的区域卫生规划，努力构建“小病在社区，大病进医院，康复回社区”的医疗卫生格局，以为居民提供安全、有效、便捷、经济的公共卫生和基本医疗服务为目标。按照WHO的研究结果，80%的疾病问题都是可以在社区层面解决的。基于我区卫生资源极为有限的现实，更应该立足和发展城市社区服务，强化其公益目标的实现，强化预防和一般疾病的早期干预和控制。这样也可以使有限的医疗卫生投入获得尽可能多、尽可能大的国民健康结果，更好的促进服务公平。从全社会角度来讲，医疗卫生事业发展的合理目标也应当是以尽可能低的医疗卫生投入实现尽可能好的全民健康结果。

对于地处经济欠发达的西部民族地区的内蒙古而言，也宜选择成本低、健康效益好的适宜技术路线，才能更好实现上述目标。这就需要彻底改变过去那种市场化为改革主导而出现的医疗卫生服务机构及医务人员出于对营利目标和自身经济效益的追求，他们大多轻预防、重治疗，轻常见病、多发病、重大病，轻适宜技术、重高新技术等的不良倾向。医疗保健等服务中亦存在重高新技术、轻适宜技术的误区。立足我区实际，在突出公共卫生的同时，在社区医疗保健等卫生服务中充分发挥我区蒙医蒙药、中医中药及相关医疗技术的特长与优势，强化社区卫生服务机构的蒙中医药服务功能，积极开展蒙中医药预防、保健、康复、健康教育、计划生育和常见病、多发病的诊疗服务，大力推广和应用适宜的蒙中医药技术。

第六章 内蒙古盟市事业单位改革实践

第一节 乌海市事业单位管理体制改革

乌海市事业单位改革主要经历了以下几个阶段：1993 年以减机构减编制为重点的事业单位改革，1997 年以减轻财政负担为重点的事业单位改革，2001 年以人事制度改革为主要内容的改革试点工作，2002 年为配合党政机构改革而进行的局部事业单位的改革，以及 2006 年以来以事业单位管理体制分类改革为核心的综合配套改革。尤其是 2006 年以来，乌海市经济社会的发展步入了全面高速发展的快车道，城市规模、人口总量、经济运行和社会进步对各项事业的需求成倍的增长，在行政体制和国有企业两个领域改革不断深化的背景下，事业单位体制已经不能适应经济社会及各项事业快速发展的客观需求。乌海市委、市政府深刻认识到推进事业单位改革，对于适应经济发展和构建和谐社会的重大意义和必要性，审时度势，痛下决心，精心组织，持续不断地推进事业单位改革。事业单位改革的根本目的是政事分开，事企分开，激发事业单位内部活力，提高财政资金的使用效益，推动社会各项事业的发展。本着"政事、事企分开"的原则，先进行机构整合和事业单位的分类，再进行行业系统内的资源优化，为各单位正名定性，为下一步的规范管理奠定坚实基础。改革已取得了较为显著的成效。

一、主要做法

（一）整合机构，科学分类

（1）政事分开，还政于政。

2003 年，作为自治区综合执法试点城市，整合了原属事业机构的市容管理、园林监察、环卫监察等九支监察队伍，将原由工商、卫生、公安、交通和城市规划部门行使的城市管理行政执法权统一划归，成立乌海市城市管理综合执法局，同时挂乌海市城市管理综合执法支队牌子，组建了一支专业执法队伍。这一措施在完善城市管理执法体制、改善执法环境方面，取得了较好成效。

（2）事企分开，还企于企。

对事业单位中部分有条件进入市场的单位，在给予一定的政策扶持后，使其退出事业序列转为企业。乌海市对转企单位的确定持审慎态度，全面总结全国各地事业单位转企的经验，广泛征求意见。最后对于各方一致认为应当属于企业发展方式的事业单位，陆续从事业单位序列中剥离出去，包括部分科研院所、中介机构、农林种养场、机关附属宾馆印刷厂及部分事业性公司等 17 个市直机构，在充分保障职工切身利益的前提下使其平稳走向市场；而对于兴办方式仍然存在较大争议的事业单位，则仍然保留在事业单位序列中，给予不同的扶持政策推进相关事业的发展，如医疗机构无一转企，而是有针对性地探索全新的管理方式——“委托管理”，力图在不增加财政支出的前提下，引入社会资金和全新的管理方式，激活事业单位。

（3）进行行业系统内的资源优化。

针对部分行业、系统内机构设置和资源配置长期僵死，以及社会需求旺盛的事业却限于人力物力得不到及时兴办的现象，重点对市直教育、卫生系统进行了大规模的资源整合优化。在教育系统，将乌海市工业学校（挂职工中专的牌子）、乌海市职业高中以及由原建委、农林、工业、交通、商粮五所技校整合成立的乌海市技工学校合并，整合组建为乌海市职业技术学校（简称“三校合一”）。此举涉及教职工近 400 人，优化国有资产近 6000 万元，并利用这部分盘活的国有资产兴办了内工大乌海学院，按照乌海市构建“小三角区域中心”的经济社会发展需求重新设置了专业，提高了学院的区域服务能力，增强了学校的竞争力。

（4）对事业单位进行分类改革。

按照政（企）事分开原则、职能分类原则、动态管理原则重新确定事业单位的类别，事业单位分为行政执行类、完全公益类、公益服务类和经营开发服务类四类。一是行政执行类。行政执行类事业单位是指依据法律、法规、规章授权或委托，承担行政处罚等职能，或受政府委托，承担经济社会管理职能，经费来源主要靠财政供给的事业单位。如监察、督查、社会经济事务管理等机构，确定为行政执行类的事业单位。随着形势发展和任务变化，今后不再承担监督管理职能或职能弱化的事业单位，应予以重新明确发展方向，在类别上及时进行调整的单位共计 23 家，全部是全额拨款事业单位。二是完全公益类。完全公益类事业单位是指为社会提供公共产品和公共服务，满足社会公共需要，但不具备有偿经营能力，没有收入来源，需要财政提供支持的事业单位。如义务教育、公共文化、公共卫生等机构。此类事业单位共计 96 个，其中全额拨款的 55 个，差额拨款的 12 个，自收自支的 26 个，专项的 3 个。三是公益服务类。公益服务类事业单位是指主要承担国家允许、提倡和鼓励发展的公益事业，并可通过市场开展一定的有偿服务，需要国家提供一定的补助的事业单位，或社会化、市场化程度较高，日常经费不需要财政补助，但承担的职能属于公益性质的事业单位。如非营利性医疗机构、新闻出版、广播电视等机构。此类事业单位共计 52 个，其中全额拨款的 28 个，差额拨款的 10 家，自收自支的 14 个。四是经营开发服务类。经营开发服务类事业单位包括中介服务机构和生产经营机构。中介服务机构是指利用专业知识和专门技能，在社会经济活动中提供中介服务的事业单位。生产经营类是指以营利为主要目的，面向市场从事生产经营活动，为社会提供产品和服务的事业单位。如各类评估机构、事务所等。此类事业单位共计 5 个，都是自收自支（公路养护工程处，交通物资供应站，乌达有线电视台，海南有线电视台，公证处）。分类改革之后，这 5 个单位现在的性质仍然是事业单位，但现在都是企业化运作，而且从长远规划来看，通过一个过渡期，将来这些单位性质都将转变为企业。

表 6-1　乌海市事业单位分类表（2006 年）

分类＼经费形式	全额	差额	自收自支	专项	合计
行政执行类	23	0	0	0	23
完全公益类	55	12	26	3	96
公益服务类	28	10	14	0	52
经营开发类	0	0	5	0	5
合计	106	22	45	3	176

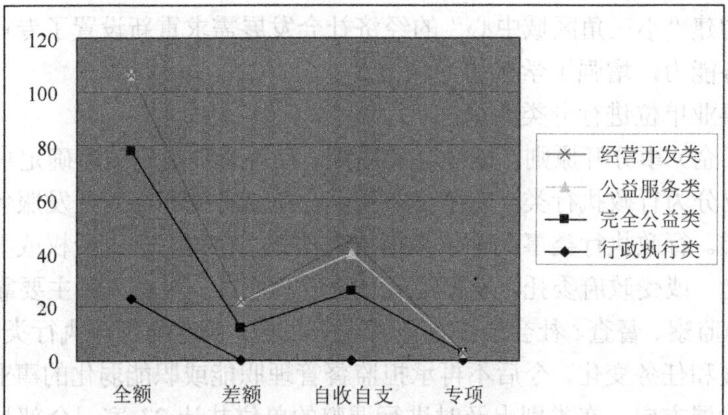

图 6-1　乌海市事业单位分类图（2006 年）

乌海市直属事业单位的分类工作历经一年，分三个步骤完成。第一步是职能分解。对照建立机构时确定的职能和目前实际承担的职责任务，分解成为可以衡量、比较、判断的具体工作任务。第二步是经费情况分析。具体分析经费来源和支出的构成，认定事业单位所承担的社会公益性、基础性业务项目的多少或可市场化的程度。第三步是机构归类。通过对职能分解和经费情况的分析，按照分类的原则，相应确定其类别。现存事业单位共 176 家，其中全额拨款的事业单位共 106 家，占到总数的 60%。按功能分，行政执行类事业单位共 23 家，占到总数的 13%；完全公益类和公益服务类事业单位共 148 家，占到总数的 84%；经营开发服务类事业单位只有 5 家，占总数的 3%。

（二）及时出台全面配套政策

事业单位改革并非一个部门的事，牵涉的内容很多，并且需要相关配套政策及时跟进，否则就会举步维艰。乌海市事业单位管理体制改革的总体思路是：以机构编制的整合为先导、人事分配制度改革为核心、干部管理体制改革为重点、财政体制和养老保险制度为保障的综合配套改革，真正实现激发事业单位自身的活力、适应经济社会全面快速发展需求的目的。

（1）机构编制管理机制的改革措施。

严格控制事业单位财政拨款编制不超出自治区核定的编制总额。创新编制管理机制，按照事业单位机构类别的不同加强对各类事业单位的管理。

一是行政执行类事业单位要遵循行政决策、行政执行、行政监督相协调的改革原则，明确职责，精简机构编制，规范管理。实行政事分开，合理划分党政机关与事业单位的职责任务，扭转事业单位社会功能上的行政化倾向。事业单位承担的行政管理职责原则上要交归行政机关，一时难以划分的职责，可以作为过渡的职能，经机构编制委员会批准，以明确授权的方式交由特定事业单位承担，此类事业单位要从严控制。二是完全公益类事业单位要明确事业单位的职责业务范围，根据职责和业务范围确定机构、核定编制。自治区党委、政府及自治区编委会下达过编制标准的，严格按照标准核定编制；没有编制标准的，按实际工作需要重新从严核定编制。使用工会会费、交通事业费、民兵事业费等其他事业费用的公益事业单位，从严核定编制后，原经费渠道不变。

三是公益服务类事业单位引入市场竞争机制，广泛利用和挖掘事业单位资源潜力，进一步放开搞活，拓宽服务领域，增强事业单位面对市场自我发展的能力。现经费性质为全额拨款或差额补贴的，按照其职责业务范围核定其公益服务项目，按照服务项目核定编制数。公益服务类事业单位中的自收自支事业单位，在有关部门监管下，自主运行。鼓励和支持事业单位按照社会主义市场经济发展的要求，优化资源要素结构，在国家法律、法规允许的范围内，经机构编制部门和有关部门审核批准，实行兼并、出让等多种形式的改革。

四是经营开发服务类事业单位的改革。按照市场经济体制的要求，大力推进此类事业单位的社会化、市场化。现在政府举办的，通过市场化运作能够满足社会公共需要的技术开发、生产经营类事业单位，原则上全部改企转制，注销事业法人资格，进行工商登记注册。现有中介服务类事业单位，要与主管部门脱钩，改为自主经营的独立法人实体。中介服务类机构要结合产权制度改革，转变为合伙制、有限责任制等形式，鼓励技术、业务骨干作为主要投资主体，以各自的出资额度承担民事责任。原财政拨款的事业单位（包括全额、差额事业单位）改为企业之前先按事业单位性质进行人员分流，再转为企业，按国有企业的改制办法进行改制。原自收自支事业单位，直接转为企业，按企业转制有关规定进行转制。

（2）事业单位财政拨款体制的改革措施。

根据事业单位的类别的不同，执行不同的财政拨款方式。对于行政执行类事业单位由财政全额拨付经费，收费全额上缴财政，实行收支两条线。对于完全公益类事业单位由财政按照编制全额核定经费，收费全额上缴财政。对于公益服务类事业单位按照市场机制拓宽服务领域，增加社会服务项目，逐步改变事业单位的收入结构。财政拨款单位可在编制总额内，实行经费总额包干，即财政按照编制数核定经费总额，超支不补，节余留用。在园林绿化、环境卫生、道路养护、公共场所管理等公用事业中引入竞争机制，通过公开招标等形式，选择日常养护作业单位或承包单位，提高资金使用效率。对于经营开发服务类事业单位通过改革实行自收自支，完全脱离财政拨款补贴。

（3）事业单位领导任用机制的改革措施。

坚持党管干部的原则，改进管理方法，干部任用引入竞争机制，改变单一委任制。对不同类型事业单位的领导人员，按照干部管理权限采取直接聘任、招标聘任、推荐聘任等多种形式，逐步对有岗位空缺的事业单位领导实行聘任制。党务和工会工作者按法定程序选举产生或由上级部门直接任命。原组织任命的干部在聘任制实施过程中落聘的保留其原职级待遇，新竞聘上岗的领导在聘期内享受相应的职级待遇，聘期结束相应取消待遇。在建立事业单位领导班子和领导人员任期目标责任制的基础上，制定以考核工作实绩为主要内容的考核指标体系，并把考核结果与任用、奖惩挂钩。事业单位科级干部全部实行聘任制，由主管部门签发聘书，确定聘期。教体、环保、广电、民政等部门和党校、园林处对环节干部实行公开竞聘，通过笔试、公开演讲、民主评议和班子审定等竞争上岗步骤，使一大批有知识有能力的年轻干部走上关键岗位。

（4）事业单位用人制度的改革措施。

根据公开、平等、竞争、择优的原则，推行全员聘用制和岗位管理制度。所有事业人员（包括机关工勤人员）都实行完全聘用制，彻底实现事业人员身份转换。签订聘用合同后由人事部门进行合同鉴证，明确聘期、岗位和工资待遇。各事业单位根据内部职能、编制、内设机构情况，科学设置岗位；通过竞争上岗、双向选择、按需按岗聘用。乌海市事业单位用人制度改革以市人民医院和乌海日报社为试点展开。在市人民医院试点改革中，采取“新人新办法、老人老办法”的方式，将空编全部收回，对原有在编人员保留事业身份，退休退入财政，同时每退一人核减一名编制，试点改革完成时一次性收回事业编制 80 名；新进人员则全部实行完全聘用制，由人民医院在总额包干的前提下自主分配，以此推动人民医院逐步向全员聘用制过渡。新成立的内工大乌海学院和“三校合一”组建的乌海市职业技术学校已经建立起完善的全员聘用制，近年来事业单位新进的大学生也全部实行了聘用制。

（5）事业单位分配制度的改革措施。

在事业单位分配制度上，推行事业单位经费总额包干制度，在现行工资制度的基础上将工资总额包干与事业单位经费包干相结合。乌海市以市人民医院和乌海日报社为试点展开以总额包干制为核心的分配制度改革，推行多元化分配办法，鼓励技术、管理等生产要素参与收益分配。市人民医院建立了按劳取酬与激励机制相结合的分配制度，实行“医院对科室、科室对个人”两级考核，使工资奖金拉开了档次，向高精尖人才和一线人员倾斜[33]。以往要求增加编制的乌海日报社在打破原有事业工资制度、实行“工效挂钩”后，“要我做”变成了“我要做”，稿件数量和质量均有大幅提高，不仅扩大了版面，新创了晚报，且再没有提出增加编制的要求。

（6）事业单位社会养老保险制度的改革措施。

乌海市事业单位社会养老保险制度针对三类事业单位从业人员分别采取不同的措施：一是在事业单位编制内实行聘用制的新进入人员参加事业单位社会养老保险，基本养老保险费用由国家、单位和聘用人员共同承担，基本养老保险实行社会统筹和个人帐户相结合。事业单位新进人员的养老保险业务由市、区社会保险事业管理局负责管理，与企业基本养老保险统筹基金，实行分别管理、分别核算；二是事业单位的原有在职人员，待国家事业单位养老保险办法出台后改按新办法实行；三是转企的事业单位从业人员参加企业养老保险，转制前的连续工龄视同缴费年限，不再补缴养老保险费。

二、成效分析

（一）领导重视，组织有力

党政主要领导的高度重视是改革得以顺利开展并取得实效的关键。近几届党代会和人代会的党政主要领导的报告中，都会用相当的篇幅对事业单位改革工作提出总体要求和部署。2005 年下半年市直事业单位改革全面启动后，乌海市成立了以市委书记为组长、市长为第一副组长、市委政府分管领导及各相关部门负责同志参加的乌海市事业单位改革领导小组，办公室设在市编办，市直事业单位各系统也随即成立了由分管常委和分管市长为组长的改革领导小组。改革过程中，主要领导多次指导过问，领

[33] 虽然现在公立医院普遍实行的职工收入与营业额度挂钩的绩效考核和激励机制因其抬高医疗费用的弊端而受到广泛质疑，但本课题组认为，“医院对科室、科室对个人”考核的层层考核机制和以提高职工工作绩效为目的的考核机制本身并没有问题，产生医院职工人为抬高医疗费用总额的关键是考核导向（医院要创收和盈利）和考核指标（服务于考核导向，即有利于各科室和医院创收及盈利）上出现了偏差。因此，保证公立医院的非盈利性，需要从考核指标的设计入手，而非否定现有的考核机制本身。

导小组成员多次深入基层调研指导，组织、编制、人事、财政和劳动保障等各有关部门密切配合，通力协作，反复研究，在关键问题上保持一致，保证了改革的稳妥顺利。

如果没有政府的推动，事业单位的改革必然寸步难行。此次乌海市事业单位改革能够较为顺利的得以推进并取得一定成果，很大程度上归功于有一个坚实的后盾，即乌海市政府的强力推进。这种推进体现在改革工作组织有序、权责明确的方面上。2005年，成立乌海市事业单位改革领导小组，由市委书记任组长、市长任第一副组长，市委、市政府分管领导及各相关部门负责人参加；改革领导小组的办公室设在市编办，负责改革过程中的协调工作；市直事业单位各系统也随即成立了由分管常委和分管市长为组长的改革领导小组。改革领导小组的人员构成，各部门主管的广泛参与和编办的有力协调，都充分体现了乌海市政府对此次乌海市事业单位改革的充分重视，并成为改革不可或缺的坚实基础。

（二）以人为本，积极稳妥

要遵照“构建和谐乌海”的总要求，出台政策更加注重“维护稳定、关注民生”，事业单位在一定程度上讲也是维护社会稳定的“稳定器”。因此在开展撤并整合机构、通过竞争上岗优化人力资源的工作过程中要力求切合实际。除关键岗位面向社会实行公开考录外，所有的人员调整都要限于事业单位内部进行，以更加细致的工作切实做到“适才适用”，“人人有事干，事事有人干”，力求不让一个人下岗。各大系统进行岗位竞聘和干部竞职的过程中，坚持“无情改革、有情操作”的原则，妥善分流未聘人员，安置落聘干部，确保整个改革过程未出现大的波动、平稳有序进行。

（三）整体规划，配套改革

乌海市事业单位改革的一个突出特点是“整体规划”，在分类的同时，相关配套措施同时出台，保证了分类改革的顺利进行。

事业单位的改革是个系统工程，除了必然受到行政体制改革的影响和制约外，事业管理体制内部各项制度的构成也将影响到改革的全局；换言之，启动改革后，任何一个环节的改革，都不是简单的调整局部而是牵一发而动全身，任何一个环节的变化都会引起诸多连锁反应。以事业单位人事制度改革为例，即使内部建立一套有益于提高组织效率的管理机制，人员的“入”与“出”的问题未能理顺，内部仍然是一潭死水；而事业单位从业人员的社会保障制度不能建立和实施，则人员“出”的问题也无法突破，那么人员“入”的问题也就无法从根本上解决。在事业单位改革中，这样的连环扣很多，这也是事业单位改革难的重要原因之一。因此，事业单位改革时各项制度的健全和配套推进是决乎成败的一个重要因素。

乌海市的事业单位管理体制改革之所以能够较为顺利地得以推进，与前期充分深入的调查研究和配套政策的适时出台有很大关系。在深入总结历年来试点改革的经验教训的基础上，统筹事业资源的分布和现状，针对事业单位存在的各种积弊，出台了《乌海市直属事业单位改革意见》（乌党办发[2005]24 号），规定了机构编制方面改革的具体内容，提出了配套改革的指导原则。随后又连续出台了《乌海市事业单位推行人员聘用制度实施办法（试行）》、《乌海市深化事业单位分配制度改革的意见》、《乌海市事业单位新进人员基本养老保险制度改革试行办法》、《乌海市事业单位转制为企业后参加企业职工基本养老保险试行意见》、《乌海市直属事业单位公开招聘工作人员暂行办法》、《乌海市直属事业单位未聘人员安置办法（试行）》、《关于对实行“花钱办事”管理体制事业单位改革的实施办法》和《乌海市市属准处以上事业单位领导人员作用管理办法》8 个政策性配套文件，详细规定了各项配套改革的具体内容和操作方法，为改革提供了切合我市实际、可操作性强的政策依据。

乌海市通过事业单位改革配套措施的出台，减少了由于改革各环节衔接不畅带来的矛盾冲突，降低了改革中的成本内耗。当然，能够做到六项配套措施同时出台，需要克服不少困难，如规划难：终归没有任何现成的经验可以拿来，改革的举措大部分是探索和创新；协调难：改革涉及的单位和部门众多，许多既成利益格局要被打破；落实难：具体执行中可能遇到的问题比理论分析复杂得多。只有在扎实的摸底调查、科学的事业规划、坚决的除陋立新中，相对成熟的改革配套措施才有望及时推出。

乌海市出台的这一套环环相扣的事业单位管理体制改革政策为改革的推进提供了必要的保障。建立一个较为顺畅的管理体制：在机构编制管理方面，立足于乌海市事业发展的规划，在“五定”方案的落实中实现资源整合和分类管理所必须的调整。在人事管理及领导任用方面，所有事业人员（包括机关工勤人员）都实行完全聘用制，彻底实现事业人员从身份管理向岗位管理的转换；规范了事业单位人员的录用程序——公开招聘和解聘程序——未聘人员安置；对领导干部改变单一委任制，试行竞聘；建立并启动了事业单位人事改革的保障措施——事业单位职工养老保险制度。在财政管理上，设计了“经费总额包干”的管理体制。这些政策在制度设计上环环相扣，保证了乌海市事业单位管理体制分类改革的顺利推进。

乌海市在整体事业发展规划的基础上，制定了配套的事业单位改革措施，从宏观上为事业单位建立完善的内部运行机制给与适度的引导、严格的规范和必要的自主权，总体上创造了建立符合市场经济体制的事业单位内部运行机制所需的外部环境。这个外部环境是从多方面营造的，如对事业单位公益性质的肯定，对政府应无偿提供的公益性服务的财政投入，对有偿性社会公共产品收费行为的规范，对事业单位从业人员的管理及社会保障体系的建立等，都对各事业单位自主建立高效的内部运行机制创造了较好的制度环境。“花钱办事”的事业单位管理体制的建立，实行“经费总额包干”，促使其建立提高个人绩效和单位整体经济效益的内部运行机制；通过对事业单位的分类和依类确立财政投资和财务管理制度，促使其建立经济效益与社会效益并重的内部运行机制。综观乌海市此次事业单位改革中各单位内部各项改革的成果，如收入分配机制、人员选用机制、绩效评价机制等方面的改革措施，可见政府在促建符合市场经济体制的事业单位内部运行机制方面的成效。

（四）大胆尝试，敢于创新

乌海市鼓励在改革的各个环节群策群力、解放思想、锐意创新。此次改革中的很多内容是几乎没有成功经验可寻的，虽然针对事业单位改革的讨论和学术观点很多，但全国各地事业单位改革基本都处于探索中，很难找到类似的经验或教训。在依据事业单位职能的公益性进行分类方面，虽然前期其他省区也有一些类似的探索，但并无得到广泛认可的成功经验。乌海市在事业单位改革中的锐意创新体现在多个方面，如体现在按照单位的公益性质进行分类的尝试、财政拨款体制的创新、人事及社会保障制度的配套完善等制度体系建设上的进步；也体现在改革推进过程中摸索出的一些体现实际工作者智慧的新办法，如编制管理中"控制数"方法，医院管理中"委托管理"的方法等；还体现在遇到具体问题时，政府部门违反常规的一些做法，如人员分流过程中的跨行业分流。

（1）事业单位分类方式上的探索，乌海市在内蒙古自治区是进行这一改革探索的先行者。

乌海市将事业单位分为四类，承担行政处罚职能和受政府委托而承担经济社会管理职能的行政执行类事业单位，为"政事分开"提供了一定空间；包括中介服务机构和生产经营机构的经营开发服务类事业单位，为"事企分开"提供了过渡的空间；完全公益类和公益服务类事业单位的分类更为复杂一些，二者承担的职能都是以公益性职能为主，主要区别在于是否具备有偿经营的能力，从而影响到政府财政对其支持的力度。这样的分类方式从理论设计上来看，有利于改变以往政事企不分的状况，建立一个适宜社会主义市场经济体制下的公共服务体系。

（2）在编制管理中运用"控制数"的办法，实现了平稳的渐进式的由"身份管理"向"岗位管理"的过渡。

乌海市的具体做法是编制部门对试点事业单位在制定"五定方案"时不再重新核定编制，而是根据职能的增加和工作量增大按程序核定年度人员需求"控制数"，作为财政拨款的主要依据。对事业单位原有编制暂不取消，采取逐步收回的办法，在编人员每减少一人，编制自然收回一个。按控制数核定经费后，单位新进人员一律不再入编注册，而由单位自主聘用管理。这样，从目前来看，不会因为编制制度和财政拨款依据的变化导致事业单位本身的组织利益的受损，也不会使事业单位因编制被卡死而承担因事业发展而必然增加的人力成本[34]；从长远来看，经过一个阶段的过渡（据

[34] 近些年很多事业单位都面临这样的困惑：即编制主管部门出于控制编制绝对数的考虑，从严审批编制。很多事业单位出于职能发展的客观需要，不断引进新人，老人出口不畅使所占编制无法空出来，没有编制的所谓事业单位灵活聘用人员的规模不断壮大，而其身份的不明确使单位不能为其提供应有的社会保障。

政策制定者估计，约需要十五到二十年），无事业编制身份的真正实行“聘用制”的人自然会成为事业单位从业人员中的主流，而“身份管理”也不再是烫手的山芋并将退出历史舞台。

（3）事业单位兴办方式上探索“委托管理”模式。

2004 年，乌海市乌达区人民医院医疗卫生体制改革的新探索——委托管理模式，有效盘活了医疗卫生资源，增强了市场竞争力，为医疗卫生事业单位改革提供了宝贵经验。在改革前，该医院已处在运行艰难、职工工资长期不能足额发放（每月只能发放 40%工资）的窘困境地。6 月，通过公开招投标方式，乌达区人民政府与乌海市樱花医院有限责任公司正式签定委托管理合同（管理期限为 10 年），将区医院分流后的人员、现有资产及债权债务一次性交付樱花医院。托管期间，乌达区政府不减财政投入，按照原来的财政投入，扣除安置分流人员费用后，用其剩余部分作为资金补贴，每年对医院进行定向扶持，用于医院的发展；同时政府有关部门强化对改制后人民医院的监督管理，定期对医院的经营状况及资产情况进行审查。截至目前，乌达区人民医院的医疗服务水平、运行效益、职工收入及职业前景等都有较大幅度的提升。

（4）对“花钱办事”管理体制的探索，传统的事业单位财政制度曾一度被称为“花钱养人”的制度，即国家财政拨付的资金绝大部分作为人头费被消耗掉了。

乌海市在对事业单位分类的基础上，力图建立一种全新的财政拨款方式，建立“花钱办事”的管理体制。行政执行类由财政全额拨付经费，收费全额上缴财政，实行收支两条线；完全公益类由财政按照编制全额核定经费，收费全额上缴财政。这两类事业单位的支出与收费分离，避免了具有行政执法职能的单位为了提高收入而乱收费的现象，也避免了履行“公益”职能的单位追求“私益”。公益服务类事业单位按照市场机制拓宽服务领域增加社会服务项目，逐步改变事业单位的收入结构；经营开发服务类实行自收自支，完全脱离财政拨款补贴。对这两类事业单位而言，其非公益性职能的履行，会受到来自市场的压力，从而产生提高相关服务生产效率的动力。这样的制度设计之所以被称为“花钱办事”，主要是由于事业单位的“人头”不再作为政府拨款的依据，而事业单位所做的“事”才是决定运行经费来源或数量的主要依据。

（5）建立事业单位社会养老保险制度。

建立事业单位社会保险制度可以在一定程度上缓解传统事业单位管理体制的一些积患：缓解事业单位从业人员退休对国家及地方财政造成的巨大压力；缓解事业单位人员因工作调动手续烦琐而给人员流动带来的障碍；为事业单位人事管理从“身份管理”向“岗位管理”的过渡奠定基础。但是，事业单位社会保险制度的建立尚处在一些地方政府进行局部改革试点的阶段，而且地方试点也多从对养老保险制度的探索入手。乌海市此次事业单位改革中建立事业单位养老保险制度，就属于对事业单位社会保险制度的有益探索，而且有利于推进事业单位的分类改革。转企的事业单位从业人员参加企业养老保险，事业单位转制的同时，其从业人员的身份也实现转变。在事业单位编制内实行聘用制的新进入人员则参加事业单位社会养老保险，基本养老保险费用由国家、单位和聘用人员共同承担，基本养老保险实行社会统筹和个人账户相结合。为此，乌海市成立了市、区社会保险事业管理局负责此项业务管理，事业单位基本养老保险统筹基金与企业基本养老保险统筹基金实行分别管理、分别核算。事业单位社会养老保险制度的建立，可以在一定程度上减少事业单位分类带来的矛盾，也减轻了日后事业单位改革深化的压力。

三、存在问题

（一）公共事业领域的财政经费投入不足

此次乌海市在重新核定各事业单位的经费性质时，遵循“不能逆向改变经费性质”的原则，即原自收自支单位不得改为差额拨款单位，原差额拨款单位不得改为全额拨款单位，以保证此次事业单位不会给地方财政增加太大的压力。这一原则从理论上分析，显然会大大限制此次事业单位财政体制改革的深度。于是，重新分类后事业单位的经费形式就出现一个怪现象：从单位职能的性质上看应当由政府投入的单位，仍然维持“自己养活自己”的现状。如表 6-1 所示，完全公益类事业单位中有 27%属于自收自支单位，与此类单位“由财政按照编制全额核定经费，收费全额上缴财政”的规定相悖。

此前的事业单位改革在“减法”思维的制约下，存在较为普遍的经费性质核定从紧，事业经费较少的现象，此次“五定”工作中，不逆向改变经费性质的原则似乎延续了现在倍受非议的“减法”；但是从课题调研全程中相关公务人员的认识及乌海市出台的配套政策来看，财政供给方式应当根据事业单位的类别来确定得到普遍的认可，即在认识和政策上都具备允许部分事业单位经费性质正向改变的条件。为什么操作过程中把握的原则却与这一可能性相悖呢？课题组认为，主要的原因两个：一是地方政府在公共事业财政支出上负担太重；二是地方政府对此次改革的态度过度审慎。对此，乌海市为了保证在公共事业上充足的财政投入，一方面要争取中央在地方事业发展中的转移支付，另一方面要加大地方财政对公共事业的投入力度。

一方面，地方政府在公共事业财政支出上的负担太重是地方政府在公共服务中的财政投入不足的重要原因。在事业单位改革过程中地方财政能够承担多少改革成本？这个问题主要体现在政府财政支出上。现在全国的做法都是按照事业单位所属的行政级别，在分级改革的基础上逐步推进；改革中发生的财政支出的增加多由相应级别的政府财政予以解决。地方政府在推进事业单位改革中面临诸多现实的困难。其一，近 20 年，中国事业单位改革步入“中央财政减负，地方各级财政及民众增负”的误区：在公营事业的发展中，中央政府的投资日益减少，公益事业的维持及发展成本越来越多地由地方各级财政和城乡居民分摊。[35]其二，各地方政府财政收入差距持续拉大。中国在进行分税制改革后，中央政府集中了全国财政收入的大头，而地方财政收入主要依赖地方经济总量的增长，2003年东部地区在全部税收返还数量中的比重占到50%以上，内蒙古这样的西部省区得到的税收返还则无法与东部省区相比；中央近些年来起均衡性作用的一般性转移支付规模过小，即使在实施了财力性转移支付以后，西部地区的人均财力也只相当于东部地区的48.3%，[36]财政收入差距的拉大了各地区支持公共事业发展的财力差距。其三，经济落后地区，事业单位改革因地方政府财力弱而面临的现实困难更多。以事业单位的人员分流问题为例，在经济较发达地区，就业环境相对较好，人员分流和安置的压力就较轻；而经济落后地区，就业空间狭窄，事业编制人员的收入在当地属中上水平，分流时需要解决的矛盾就相对突出。

另一方面，乌海市在此次事业单位改革中的审慎态度制约了对公共服务投入的增长速度。2006年乌海市实现生产总值152.39亿元，比上年度增长18.1%，人均达到3000美元，高于全国人均2000美元的平均水平；财政收入完成26.36亿元，比上年度增长41.18%。[37]但在公共事业领域的投入增长幅度远不及此。如果依照乌海市对事业单位的分类情况、财政拨款制度设计、公共事业发展的现实情况等因素分析，其在公共事业领域的投入在改革实施后应当会出现较大幅度的增长，实然与应然之间的差距源于何处呢？更多的原因是对此次改革的态度过于审慎。

事业单位改革面临的一个现实问题是，除了在管理体制方面的改革外，财政投入的增加也是加强公共服务必不可少的一个保证。综观全国事业单位改革有所创新和突破的地区，几乎都是分布在我国经济较发达地区，且公共服务得到政府强力财政支持的地区，如深圳、北京、上海等地区。因此，事业单位改革试点工作如果不能从根本上突破原来的财政支出模式，很难达到预期的显著的改革效果。

（二）改革的具体措施易与现有行政管理体制和事业体制发生冲突

一方面，乌海市的事业单位改革多次遇到与现有行政管理体制发生冲突的问题。如乌海市在以城市执法部门为试点的还政于政的探索中，将多个有城市执法职能的机构整合，但整合后的“执法机关”的性质却是事业单位，执法人员编制是事业单位人员编制。这样的机构及人员身份对其履行职能和职责带来诸多问题。对此，乌海市能够做的只能是将“城市管理综合执法局”当作行政组织管理，将其工作人员的待遇参照公务员标准执行，但对其在行政体制内的“合法性”问题则无法从根本上予以解决。

再如我国行政管理体制改革也一再强调政事分开，而事业单位拥有行政执行职能

[35] 社会公益事业改革存在四个误区 经济参考 湘潭市信息化办公室 2004年3月30日

[36] 《中国公共服务体制：中央与地方》，中国（海南）改革发展研究院编：中国经济出版社，2006年12月.

[37] 《乌海市政府工作报告》，2007年2月6日，在乌海市第六届人民代表大会第四次会议上，乌海市人民政府市长：白向群，源于 http://www.wuhai.gov.cn/bianban/lanmu/readnews.php?class=领导讲话&subclass=领导讲话&id=424.

的现象也受到不少质疑。对此，乌海市将承担较重的行政处罚或经济社会管理职能的单位单独划类，并尝试依据法律、法规、规章授权或委托相关事业单位承担此类职能，但支撑这种“委托授权”形式的具体保障和约束措施却有待完善，其实际效果还有待观察。除占总数的13%的行政执行类事业单位外，事实上还存在一些承担了部分行政处罚或经济社会管理职能的单位仍未划入行政执行类的事业单位的现象，这些单位的相关职能的规范监管面临更多问题。这些现象都体现了政事分开的尝试无法突破体制性束缚的现实。

另一方面，乌海市的事业单位改革也受到相关事业体制改革所处阶段的影响。在乌海市对事业单位的分类过程中，虽然以事业单位履行职能的性质为依据，但在具体执行中，事业单位所承担的职能中哪些是公益性的、哪些是服务性的，政府需要在促进这些职能的履行中承担怎样的责任等问题，因相关事业体制改革的进展不同和清晰度存在的差异，使政策执行者难免陷于权衡的困惑。再如事业单位人员的养老保险制度问题虽然讨论了很久，但国家目前仍未出台具体的政策。对改革的推进而言，不解决人员“出口”问题，人事制度改革就只能流于形式。对此，乌海市只能暂时建立本市的事业单位养老保险，待国家的政策出台后再予以衔接。

（三）对改革措施缺乏必要的实施细则及技术支持的保障

改革的制度设计与技术支持对改革效果的影响力难分伯仲。乌海市在贯彻改革措施的过程中，在不少环节都遇到因支持改革目标的技术手段相对滞后而影响改革效果的问题。如在建立“花钱办事”的管理体制的过程中，“花钱”的主要依据仍然是编制，即使是实行“经费总额包干”也被限制在“财政按照编制数核定经费总额”的前提下，市政府在改革中仍然如此依赖“编制”，主要的原因是无法准确测算提供某项具体服务的社会成本和对事业单位而言的成本；对“在园林绿化、环境卫生、道路养护、公共场所管理等公用事业中引入竞争机制，通过公开招标等形式，选择日常养护作业单位或承包单位，提高资金使用效率”的规定，目前还没有制定具体的操作规章。

第二节　包头市事业单位管理体制改革

2004年，根据党的十六大和“中共中央办公厅、国务院办公厅关于印发《中央机构编制委员会关于事业单位机构改革若干问题的意见》的通知精神及自治区初步确定的事业单位机构改革基本思路，起草了“包头市事业单位机构改革初步意见”，提出事业单位改革的指导思想和目标、原则、范围，改革主要内容和任务，改革的配套政策及组织实施等意见。

一、主要做法及成效

（一）分类探索

2005 年，为进一步推进市直属事业单位改革，参考自治区直属事业单位改革经验，起草了“市直属事业单位改革试点工作初步意见”。按照功能对事业单位进行分类，从而合理界定事业单位的范围，清晰划分事业单位的属性，以解决事业单位功能不清、定位模糊的问题，并逐渐形成共识。2006 年，根据自治区《关于内蒙古自治区事业单位模拟分类的原则意见》（讨论稿），并参考其他地区事业单位分类做法和经验，拟定了《关于包头市市属事业单位模拟分类的初步意见》，并督促指导旗县区对其所属事业单位进行模拟分类的工作。2007 年，市编办组织有关人员对市属事业单位分类进行了一次模拟分类调研，根据调研情况，完成了《关于包头市市属事业单位模拟分类调研的报告》，对市属事业单位进行了尝试性的初步探索。

包头市也是按事业单位主要功能进行分类的，但在具体类别及其标准规定上又略有不同。该市编制办公室已经确立了进行模拟分类的原则和标准，模拟分类坚持五个基本原则：一是坚持立足现状、着眼规范的原则；二是坚持政事分开、事企分开的原则；三是坚持以主要职责划分类别的原则；四是坚持有利于改革、有利于管理的原则；五是坚持先易后难、力求准确、稳步推进的原则。他们初步拟将事业单位分为四大类：即行政类（包括行政管理类和行政执行类）、公益类（包括纯公益类、强公益类和弱公益类）、经营类和其他类（指以上几种类别的特征并存，主要功能难以界定的事业单位）。

行政类是指全部承担行政管理职能或以承担行政管理职能为主的事业单位。其中行政管理类是指依据国家法律、法规的规定，全部承担行政管理职能或承担行政延伸性智能的事业单位。行政执行类是指受行政部门委托或在法定授权范围内，依法实施行政许可和行政处罚，以及承担监督管理等职能事业单位。

公益类是指承担政府规定的社会公益性服务职能，对社会公众提供公共产品和公共服务的单位；其所提供的公益服务对社会公众具有普遍性，其资源配置以政府主导，或由政府提供基本保障，不能或不完全由市场配置。包括纯公益类，即公益性较强，承担完全由政府提供的、面向社会全体公众的基础性公益服务，不宜也不能由市场配置资源，必须由政府保障，服务成本完全由政府补偿；社会力量不能或不愿介入，只能由政府提供该种公共产品，事业单位内部没有收益的公共服务领域。强公益类，即公益性极强，面向全社会提供公益服务，以政府举办为主体，也可部分实现由市场配置资源，事业单位内部有一定的收益但又需要政府提供部分财政支持的社会事业领域。弱公益类，即有一定的公益属性，其提供的服务主要是为社会部分群体提供有偿服务，事业单位内部有相当大的收益，经费自理，可以通过市场实现资源配置的领域，所提供的产品和服务可实行政府采购。

经营类是指目前虽列入事业单位序列，但主要从事生产性、经营服务性活动，已实现或通过调整可以实现由市场配置资源的事业单位。

其他类事业单位是指以上几种类别的特征并存，主要功能难以界定的事业单位。

（二）干部人事制度改革

大力推进人事制度改革，是包头市事业单位改革的一个突出亮点。改革主要是落实国家、自治区有关事业单位人事制度改革的政策，核心是全面推行聘用制、实施岗位管理。目前，包头市已经在全市各级各类事业单位全面推行全员聘用制，同时进一步深化了以岗位设置、公开招聘、竞聘上岗、量化考核为重点的事业单位人事制度改革。全市除企业移交办社会未核定编制的单位外，98%以上事业单位推行了聘用制，实行聘用制的职工数量占事业单位职工总数的98.3%，这些都远远超过了全国及自治区的平均水平。与此同时，事业单位全面推行竞聘上岗，择优聘用，公开、平等、竞争、择优的用人机制逐渐形成。他们的做法主要有以下几点：

首先，制定出台岗位设置管理办法和分行业指导意见，先后制定出台了《包头市事业单位聘用制管理办法》、《包头市专业技术岗位设置管理试行办法》、《包头市机关事业单位管理人员、工勤人员岗位设置办法（试行）》和《教育、卫生、建设、农牧、新闻出版等行业的专业技术岗位设置指导意见》。提出了“人才创业首选市”的目标，并认真研究岗位设置与聘用工作在建设人才创业首选市过程中应发挥的作用。

其次，对事业单位各类岗位设置实行动态管理，在专业技术岗位设置与评聘中有所倾斜：一是向经济建设和社会发展急需紧缺的专业技术人才倾斜；二是向艰苦边远地区和基层单位专业技术人才倾斜；三是向做出突出贡献的人才倾斜。为享受政府特殊津贴的专家、有突出贡献的中青年专家等高层次人才专设“特设岗位”，聘任时不占本单位专业技术岗位。值得特别一提的是，在事业单位岗位设置的改革方面，包头市最有突破性并且在社会上产生较大反响的是首次在中小学教师中开展的享受教授级待遇的高级教师评审工作，全市有21人取得了该资格。

再次，全面推行竞争上岗、择优聘用。逐步形成“按需设岗、按岗聘任、竞争择优”的聘任机制。至今有1908名事业单位工作人员通过竞争上岗走上了科股级领导岗位。此外，包头市还率先在自治区开展了事业单位工作人员面向社会公开招聘，经过笔试、面试、考核等环节，从报考的2231人中共筛选聘用148人，收到了较好的效果。

（三）科研事业单位改革

科技系统的事业单位改革也是走在最前面的。但是，这一改革也是被人们称为“历经坎坷，备受争议”的改革。早在 1997 年包头市委、市政府就印发了《包头市属独立科研机构深化改革试点方案》的通知。按照这一方案，包头市对科研机构进行了以“转制”为核心的改革。2000 年市委、市政府转发了市科委等 8 个部门《关于市属农业型、社会公益型研究所深化改革的意见》的通知，要求除保留少数从事社会可持续发展的重点公益型研究所外，其他公益型研究所发展成为区域性或行业性科技经营服务机构，农业型研究所发展成为区域性农业技术开发中心或进入农业技术服务、推广及产业化经营体系。据此，农研所、果研所、园林所、信息所整体转制为股份制科技型企业；农机所、林研所不再承担研究任务，进入农业技术服务推广试验体系；环保所实行“一所两制”的改革模式；计算机研究所与市经济信息中心合并后摘掉市属独立科研所的牌子，充实市经济信息中心的力量。在推进改革的同时，包头市对改革转制的研究所给予相关优惠政策，并相应地建立了社会保障制度。

（四）文化事业单位改革

按照建设文化大市的战略部署，全力推进文化体制和文化事业单位改革。包头市的文化事业单位改革主要是针对目前存在的管理体制僵化、运行机制不活的现状而进行的。所以，他们的改革思路主要是转变观念、改革僵化的文化体制和运行机制。包头市在建设经济强市、文化大市的进程中，积极推进文化事业单位改革和文化体制改革。出台了诸如对文化事业单位实行分类管理和资源整合，以及在全市文化事业单位全面推行聘用合同制和竞争上岗制等改革政策和措施。改革中强调加强党对文化事业的领导，改进政府对文化事务的管理，逐步建立党委领导、政府管理、社会参与、行业自律、文化事业单位依法自主运营、科学高效的文化管理体制。为此，他们采取了三项重大改革措施：一是切实转变政府职能，推进管办分离，政事分开，使政府及其部门实现由“办文化”向“管文化”的转变。具体思路和办法是，坚持一手抓公益性文化事业，深化内部改革，整合资源，构建公共文化服务体系；一手抓经营性文化产业，大力培育和推进文化产业的发展，建立健全文化产业的投融资体系，努力构建公共文化服务体系和文化产业体系，促进文化事业的全面繁荣和文化产业的快速发展。二是积极探索坚持艺术表演团体事业性质不变，进行产权制度和用工制度改革，使其逐步走向市场化，由此既能解决面向群众、面向市场的问题，又能解决多出精品和多出人才的问题。三是积极引进投资者，允许和鼓励私人部门购买或租赁现有的公共文化设施。

二、存在问题

（1）模拟分类中存在的问题。

包头市编办在分类改革过程中，采取了与其他大多地方政府对事业单位进行分类时处于保密状态，即大多采取不公开形式的不同做法，他们将《模拟分类的原则和标准》印发市委各部门、市直属机关和事业单位，广泛征求意见。同时还印发《市属事业单位模拟分类意见报送表》征求事业单位及其主管部门对本单位应划入类别的意见。最后将各主管部门、事业单位的模拟分类与编办模拟分类进行比照，对有分歧的单位认真分析，并做出相应调整（见表6-2）。从表6-2可以看出，对事业单位的分类，编办与事业单位及其主管部门的界定是存在较大分歧的，这种分歧不仅是认知上的，更是利益上的，有的还是价值上的冲突。而包头市通过政策的“上下来去”对事业单位的分类做出最后的界定，是搞了许多折中的。从积极的方面看，这样做既做到了合理化，又提升了人们的满意度，不失为推进改革的一个良策。但是，从另一个方面看，这样做的结果必然是有失科学性和权威性。说到底，这是一种无奈的妥协。

表6-2　包头市直属事业单位模拟分类情况统计表　（%）

类别 结果	行政类		公益类			经营类	其他类
	行政管理	行政执行	纯公益类	强公益类	弱公益类		
编办模拟分类结果	5	9	25	28	13	12	8
主管部门、事业单位模拟分类结果	28	22	27	15	3	3	2
编办修改后的结果	13	18	24	25	11	9	0.3

（2）干部人事制度改革存在的问题。

按照国家人事部和自治区人事厅的有关规定，事业单位专业技术岗位在盟市及旗县区高中级比例偏低，职称聘任压力比较大；工勤技能岗位结构比例控制标准偏低，现聘人员大大超出控制数量，还有相当数量的人员无岗可聘；行政和专业技术“双肩挑”人员的管理问题尚需进一步明确；政策性安置（如安排复转军人）和人才引进（如引进高学历人才）等因素所致事业单位超编人员的聘用和管理问题更亟待解决。

（3）科研事业单位改革存在的问题。

课题组在调研中发现，几乎所有主管部门的负责同志都主张应当理性推进科研事业单位这一改革。从有关负责人的谈话中可以看出，人们对以往的科研单位改革在总体上是持否定态度的。他们认为，科研单位率先改革，结果是导致了许多问题：一是先改革吃亏，凡是先改革的事业单位，现在日子都不好过；二是毁坏了科研事业，特别是农业型和公益型的科研事业受到了严重的负面影响；三是留下了许多难以解决的后遗症；四是由于历史包袱沉重和固有的体制性缺失，转制后的科研单位很难在激烈的市场竞争中存活下来。为此，他们建议科研单位的改革一要慎重推进，二要加强政府扶持，三要分清公益型和非公益型，不要把公益型和农业型科研单位一股脑“转制”并推向市场。

第三节　鄂尔多斯市事业单位管理体制改革

鄂尔多斯的改革可以看作是充满激情的改革，早在 2002 年党政机构改革完成后，鄂尔多斯市就开始着手准备事业单位的改革，他们多次组织对市直属事业单位的内部运行、社会服务和财务收支情况等进行调研，基本上摸清了事业单位的现实状况。2005 年 8 月，根据中央及自治区有关事业单位改革文件精神，他们印发了《中共鄂尔多斯市委办公厅鄂尔多斯市人民政府办公厅关于市直属事业单位改革试点工作的意见》。市直属试点涉及教育、卫生、文化、新闻出版、科技、农牧系统等 13 个部门，83 个事业单位，占市直事业单位总数的 32.8%；使用事业编制 4744 名，占市直总编制的 50.1%，实有 4430 人，占市直事业单位总人数的 51.5%。2007 年，为保证事业单位机构改革的全面顺利实施，市编制办公室在多次深入调研的基础上，结合上级有关事业单位机构分类改革精神和市委二届二次、三次全委会、一届人大八次会议的精神，草拟了《鄂尔多斯市直属事业单位机构改革实施意见》，并呈报市委、市政府批准实施。

一、主要做法及成效

（一）事业单位分类的探索

鄂尔多斯市事业单位的分类首先是围绕“以什么为依据”和“按照什么原则进行分类”的问题，在多次调研的基础上，坚持立足现状、着眼规范，政事分开、事企分开，先易后难、力求准确，以功能划分类别，按照便于改革、易于管理的原则，拟将本市的事业单位划分为三大类，即“行使行政职能的事业单位”，“从事公益活动的事业单位”，“从事生产经营活动的事业单位”。其中“从事公益活动的事业单位”又被分为“公益Ⅰ类”和“公益Ⅱ类”。

“行使行政职能的事业单位”是指以事业单位的形式存在，但全部承担行政管理职能或行政延伸性职能的事业单位，或者是指依据法律、法规授权或受行政部门委托，主要承担具体行政行为或具有为政府行政行为提供行政支持、执法监督、行政保障等职能的单位。如各类行政执法机构、独立的监督机构等。此类单位将逐步转为行政类机构，近期转不了的下一步结合行政体制改革和机构改革再逐步解决，或者先参照公务员管理。

“从事公益活动的事业单位”分为“公益Ⅰ类”和“公益Ⅱ类”。“公益Ⅰ类”是指从事直接关系国家安全、公共安全、经济社会秩序、国家根本利益的公益服务，不能或不宜由市场配置资源的事业单位。如党校、公共卫生机构、义务教育机构、基础科研机构、公共图书馆、公共博物馆、统计调查队等。此类单位由政府控制，加强监管，严格控制机构总量和编制规模，经费来源实行财政全额拨款，并逐步实现宏观控制、科学管理和合理布局，不断提高服务质量和社会效益。“公益Ⅱ类”是指关系国家长远利益或人民群众切身利益，面向社会提供基本公益服务，可部分实现由市场配置资源的事业单位。如普通高等教育机构、非营利性医疗卫生、党报、广电、文化艺术、水力资源维护、文化设施、体育设施、基层农业社会化服务机构等单位。此类单位的机构设置要统筹规划，实行机构编制备案制，财政定额补助，单位用人及分配自主。政府核定财政定额补助基数，事业单位经费总额包干，财政供给与人员编制脱钩，不再按编制、实有人员、新增人员、工资水平核拨经费。

“从事生产经营活动的事业单位”是指虽列入事业单位的范围，但主要从事生产性、经营服务性活动，已经实现或通过调整可以实现由市场配置资源。如以经营宾馆为主业承担少量培训任务的培训中心、物资供应站、剧院、开发性科研机构、工程勘察设计单位、经济签证类和文化经营类社会中介机构、各类农林牧渔场等单位。此类单位将根据实际情况和条件成熟程度，逐步转为企业。对有生产经营性收入的自收自支事业单位暂不能转为企业的，编制核准，人员自主聘用，逐步由依法进行法人登记取代机构编制行政审批。

（二）干部人事制度改革

鄂尔多斯市在干部人事制度改革方面最突出的是，积极探索了教育领导体制的改革。这一改革，是在该市基础教育力量薄弱，管理不善，导致生源大量外流，各中学高考上线率持续走低的情况下进行的。针对各中小学存在的问题，鄂尔多斯市做出了在全市除大中专院校以外的学校全面实行校长聘任制的决定。其基本做法是，按照“自愿申请、平等竞争、择优聘任、严格考核、合同管理”的原则，并严格执行国家以及《内蒙古自治区中小学校长选拔任用试行办法》中对校长任职资格条件的规定，向全社会公开招聘校长。副校长由校长提名，在核定的领导职数内，经教育行政部门考核审批后由校长聘任。校长接受聘任后，全面管理学校的人、财、物，有充分的办学自主权，同时取消校长的行政级别。到目前为止，全市新聘用中小学校长共 165 名。这些人大多数是原来的学校领导，有少数是从外单位进入的，还有个别的是从外地聘来的。

除了在教育领导体制上做了比较大的改革外，鄂尔多斯市还对中小学教师进行了超常规的补充和分流。据有关人士称，前些年，为了解决过去“民办教师”和“代课教师”的待遇问题，鄂尔多斯市做出了把这些教师转为公立教师的决定，但是，这一“善举”带来的不良的后果，就是直接导致了全市中小学教师队伍总体素质下降和人浮于事严重等。针对这些问题，鄂尔多斯市采取了如下措施：首先，积极引进高学历人才，采取重新建档、超编进人的政策，近三年录用本科、硕士研究生 2462 人。其次，采取教师离岗退养、提前退休、病退等办法，仅 2007 年就有 1803 名教师退出，同时还有137名教师待聘或转岗。再次，开辟分流渠道，鼓励和推动一些教师分流到其他部门工作。仅2006年就从市直教育系统分流100余名40周岁以下、大专以上学历的在编人员到市公安交警和法院系统工作。

通过上述一系列改革，鄂尔多斯市的中小学教育得到了很大的发展，其中最显著的进步是，普通高考升学率由2001年的68.4%提高到2007年的72.5%，在全区由第十一位上升到第五位。2007年普通高考报名人数1.4万人，上线人数首次突破万人大关，本科上线率在全区处于中等偏上水平。

（三）教育事业单位改革

鄂尔多斯市，他们在教育系统率先进行大胆而深入的改革，这几乎是被逼出来的。据该市教育部门的负责同志称，如果再不进行改革，教育资源短缺、教学质量下降的问题就会更加严重。鄂尔多斯市除了采取对中小学的校长实行公开聘任和对教师队伍素质和结构优化采取了一系列重要举措之外，还在内部分配制度上实行了工资总额包干等办法。其基本做法是，由财政部门根据编办核定的编制总数，对教职工的年度工资总额进行核定，对学校公用经费以前三年的平均数核定。工资总额和公用经费统一编入部门预算，三年不变。对义务教育阶段学校，财政部门要给予一定补偿，补偿资金与学校教职工个人工资中的绩效工资捆绑作为新的绩效工资。对非义务教育阶段的学校，从学校正常收费、勤工俭学费中划出部分经费与教职工个人工资中的绩效工资捆绑作为新的绩效工资。实行学校工资总额包干后，在年度内增人不增工资总额，减人不减工资总额，在此范围内搞活内部分配制度。学校全员实行档案工资和实际工资相分离的制度，建立以岗位为核心、以绩效为取向的学校内部分配制度。显然，鄂尔多斯市对教育部门的这一改革是有实质意义的，它的优点在于能够给学校更多更大的用人和分配等方面的自主权，通过这种改革，可以增强学校的办学活力，能够有效地调动广大教师的积极性和创造性。

（四）文化事业单位改革

按照建设文化大市的战略部署，全力推进文化体制和文化事业单位改革，鄂尔多斯市还是自治区文化体制改革的试点单位。首先，从背景上看，鄂尔多斯市在经济社会快速发展，而文化建设相对滞后，文化单位传统的思想观念以及管理体制、运行机制严重制约着文化事业和文化产业的发展。为此，从建设西部文化大市的高度，鄂尔多斯市全面系统地规划了全市文化事业发展蓝图，出台了《文化产业发展规划（2006—2010）》，制定了《鄂尔多斯市文化体制改革试点工作方案》。所以，正如该市的文化局负责同志所言，鄂市的文化事业单位改革主要是做“加法”而不是做“减法”，他们认为加大文化建设的力度才是最重要和迫切的任务，主要由政府投资兴办和经营各种大型文化设施。首先划分清楚了公益性和经营性，并且针对事业单位的不同性质，出台了相应的政策措施。一是进一步深化了公益性文化事业单位的改革，对市图书馆、博物馆、群艺馆、群众性文体活动场馆以及旗区的文化馆、图书馆、文物管理所等公益性文化事业单位，本着转换机制、增加投入、增强活力、改善服务的原则，坚定不移地推进和深化劳动、人事、分配三项制度改革。二是整合文化资源，将晋剧团人员、编制并入鄂尔多斯歌舞剧团，组建鄂尔多斯歌舞剧院，下设歌舞团、歌剧团、交响乐团和晋剧团四个科级建制团，实行全员聘用。三是在财政补助方式上，加大对公益性文化事业单位扶持力度，在原有事业经费、人员编制、为基层演出服务场次以及精品创作生产数量和质量的基础上，根据事业发展需要核定事业经费数额。新型大型剧目经由有关领导和专家组成的评审机构同意后，政府给予专项扶持。对于精品剧目政府给予奖励。同时为提高歌舞剧院参与市场竞争的能力，政府积极吸纳民间资本进入，允许民间资本控股，成立民族服装制作销售公司、灯光音响租赁销售公司和民族乐器经营公司。通过一系列政策措施的实施，极大地推动和促进了文化事业和文化产业的发展。

二、存在问题

（一）分类改革存在的问题

鄂尔多斯市的事业单位改革是在本地经济迅猛发展的形势下进行。据统计，2006年，鄂尔多斯市生产总值达到800亿元人民币，人均GDP达到6600美元；财政总收入145.9亿元；城镇居民人均可支配收入13002元，农牧民人均纯收入5308元。主要经济指标全面进入自治区前列，达到了沿海发达地区的发展水平。在全国333个地级行政区中，鄂尔多斯市综合实力跻身第67位，人均GDP居第8位，地方财政收入居第39位，城乡居民收入分别居第43位和第45位。2007年1—9月，全市地区生产总值达到785亿元人民币，同比增长26%，财政总收入136.2亿元，同比增长32.8%；城镇居民人均可支配收入12118元，同比增长24.6%，农牧民人均现金收入6049元，同比增长23.5%。固定资产投资完成634亿元，同比增长40.9%。[38]同经济的快速发展相比，鄂尔多斯市公共服务供给的数量和质量明显不足，不能满足人民群众对公共服务的新期待和新要求，富裕起来的鄂尔多斯人迫切要求改变这种“一条腿长、一条腿短”的状况。因此，在此压力和动力下，鄂尔多斯的事业单位改革迅速推开，而且改革的总体思路和方向不是做“减法”，而是做“加法”。从出台的一系列改革措施和人们在座谈中表述的观点看，鄂尔多斯政府及部门自觉地把事业单位改革与推进公共服务密切联系起来，他们以加快发展社会事业为基本目标和方向，以比较充足的财

[38] 数据来源：鄂尔多斯市经济社会发展情况介绍，鄂尔多斯市人民政府，2007年12月5日。

政投入作支撑，大力发展科学、教育、文化、卫生等各项公益事业，同时对阻碍科教文卫事业发展的僵化体制和制度进行改革，使经济社会发展的协调性和可持续性进一步增强，公共服务水平得到了进一步的提高。目前，鄂尔多斯市政府已经成立了由市长牵头抓总的改革领导小组，并且由各分管副市长直接抓本系统的改革，其改革决心和力度是空前的。但是，从改革实施情况看，鄂尔多斯市的改革尚未从总体上触及事业单位的根本体制问题。

（二）干部人事制度改革存在的问题

教育领导体制改革，实行校长聘任制，不失为有益探索，更是大势所趋。但取消学校校长行政级别后的领导干部，其身份和待遇问题等也是人们十分关心的事情。正如调研中相关负责人及有关学校领导所说，一直以来都是按行政级别明确身份，兑现待遇。现在没了级别，兑现待遇没了依据，似乎成了“四不像”了。诸如此类问题的解决须由国家和自治区出台相关政策措施。

第四节 赤峰市事业单位管理体制改革

事业单位之所以要改革，其中一个非常重要的原因就是现实的压力即事业单位的现状。所以在内蒙古部署新一轮事业单位改革之前，即在 2003 年末赤峰市就启动了市直事业单位试点改革。建立健全强有力的改革组织机构，成立了由市委、政府主管领导挂帅的赤峰市事业单位改革领导小组，成员由市委组织部、市编办、人事局、财政局、劳动和社会保障局的领导组成。新一轮改革指导思想是按照完善社会主义市场经济体制和改革事业单位管理体制的要求，遵循政事分开、事企分开和事业单位社会化的发展方向，建立与社会主义市场经济体制相适应，符合事业单位自身发展规律的管理体制、运行机制和自我约束机制。事业单位改革要有利于推动市场经济的完善，有利于增强事业单位的活力，有利于保护和发挥各类人才的积极性，有利于合理确定财政支出，使事业的发展与公共财政相适应，有利于促进经济、社会事业和人的全面协调发展；按照建立公共财政的需要，实现政府有所为、有所不为；坚持以发展为主题，以体制机制创新为重点，鼓励社会力量参与发展各项社会公益事业，逐步实现事业单位兴办主体多元化；坚持行政决策与行政执行、行政监督相协调。通过改革，达到合理确定事业单位在市场经济中的地位，合理配置和有效利用事业单位的资源，减少不合理财政支出，提高经济和社会效益的目标。按照“统一规划—先行试点—分类改革—逐步推进”的工作原则，推进改革。

一、主要做法

（一）优化资源，整合机构

针对市直属事业单位中存在部门分割、职能交叉、重复设置、资源配置和布局结构不合理的现状，重点对事业单位的布局结构进行调整和优化。据统计，截至 2003 年底，市直事业单位共有 300 个。按其功能进行模拟分类：行政执行类 56 个，社会公益类 196 个，其中公益Ⅰ类 119 个，公益Ⅱ类 77 个，中介服务类 22 个，生产经营类 26 个。通过模拟分类后，对现存事业单位进行调整、整合，是本轮事业单位改革的一项基础工作，即进行行业系统内或系统间的资源优化整合。主要涉及教育、卫生、文化、农牧业、科技、财政等系统，进行系统内或系统间的机构合并、撤销或下放。将社会公益类事业单位中，职能相近、服务对象单一的合并，其中教育类事业单位的整合是重要部分。对不符合《行政许可法》要求的执法单位、不符合国务院《事业单位登记管理暂行条例》中规定的法人条件、阶段性工作任务基本完成后无保留必要、职能萎缩、任务严重不足、长期不能正常履行职责、社会效益差的要撤销。培训任务不足、又没有自收自支能力的培训中心予以撤销。理顺部分事业单位的管理体制，将市直属的幼儿园、技工学校划归市教育局，实行统一归口管理。将市教育局主管的几个中学、小学及艺术师范学校下放至其所在区、县管理。使事业单位布局结构更趋合理，资源得到进一步优化，进一步理顺了事业单位管理体制。

经过近三年来的改革，通过撤销、合并、转企、下放等方式，共对涉及市直 34 个系统的 107 个单位进行了资源整合。其中，撤销 15 个，合并 37 个，转为企业或社会自律性组织 29 个，下放实行属地管理 6 个。市直事业单位净减少 87 个，收回处级领导职数 36 名（其中包括正处 10 名，副处 26 名），科级领导职数 324 名（其中包括正科 180 名，副科 144 名），收回编制数 1227 名（其中包括全额 97 名，差额 60 名，自收自支 1070 名）目前市直事业单位共有 223 个，共有编制数 11413 人，实有人数 9996 人。其中，按其经费来源分类：全额拨款单位 154 个，差额补贴单位 28 个，自收自支单位 36 个，定额 2 个，3 个未定；按其功能分类：行政执行类 58 个，社会公益类 146 个，其中公益Ⅰ类 104 个，公益Ⅱ类 42 个，中介服务类 11 个，生产经营类 8 个。

（二）事企分开，还企于企

按照事企分开和事业单位社会化发展方向的要求，制定并出台了《赤峰市直属事业单位改企转制若干规定（试行）》（赤政发[2006]1 号），鼓励主要从事有偿经营或有偿服务的生产经营类事业单位退出事业单位序列，转为企业，加快发展。将以经营宾馆、招待所为主业，承担少量培训任务的培训中心转制为企业；以培训为主、不依靠财政补贴的培训中心可保留自收自支事业单位资格。生产经营类中有经营服务性收入的自收自支事业单位暂不能转制为企业的，不再核定编制，人员实行聘用制，政府要采取措施鼓励其加快发展，尽快转为企业。从财政拨款方式上看，这些单位绝大多数为自收自支事业单位，并已运行多年，相比较而言，推向市场的条件比较成熟。

（三）对事业单位进行分类改革

按照精简、统一、效能的原则，调整整合事业单位，精简机构，压缩编制，实现社会资源优化配置，促进事业单位分类改革。按照事业单位在社会政治经济生活中的不同功能、地位、承担的公益性任务以及收益情况，将市直属事业单位分为行政执行类、社会公益类、生产经营类、中介服务类四个类型[39]，结合赤峰市的实际，对不同类型的事业单位提出不同的改革意见。

（1）行政执行类事业单位。

这类单位主要是指以事业单位名义独立设置或按事业单位管理，依据国家法律、法规的规定，受政府委托全部或部分承担行政执行、执法监督和经济社会管理职能的事业单位。按照政事分开和“清理、归并、精简、规范”的原则调整职能。首先做好职能分解和定位等基础性工作。一是将应由行政机关行使的行政管理职能交还行政机关；二是对条件不成熟、一时不能转移的行政管理职能，可根据法律法规授权或政府委托暂由事业单位承担，同时将其从事的生产经营服务性职能剥离；三是对职能相近或交叉的执法、稽查、监督管理队伍予以归并或综合设置；四是对不符合《行政许可法》要求的执法单位进行撤并转。

（2）社会公益类事业单位。

这类单位主要是指承担政府交办的发展公益事业的任务，面向社会提供公共服务，所创造的价值和收益主要用于发展事业的再投入而不是用于消费的单位。这类事业单位是当前社会事业的主体，承担着社会基础性、公益性社会保障、服务等职能。目前这类单位主要有两部分组成：

一是社会公益Ⅰ类，指为社会提供公益产品，实现社会公共需要和国家长远利益，为社会公众提供普遍服务的事业单位。这类事业单位一般不具备有偿经营、自我发展的能力，大多由政府兴办，经费由财政拨款。对于此类事业单位，根据市经济社会发展的需要和财力状况，科学规划，合理布局，优化资源配置，提高服务质量，使其发展规模和增长幅度与事业发展相适应。对于重复设置和规模过小、服务对象单一的单位予以合并；对不符合国务院《事业单位登记管理暂行条例》中规定的法人条件、阶段性工作任务基本完成后无保留必要、任务严重不足、长期不能正常履行职责、社会

[39] 《中共赤峰市委赤峰市人民政府关于赤峰市直属事业单位改革试点工作的意见》赤党发[2005]14 号。

效益差的事业单位予以撤销。对改革后保留的要按照所承担社会公益及基础性业务的多少，重新核定人员编制和确定财政补贴基数。要进一步调整人员结构，大力压缩行政后勤人员，清理不称职人员。

二是社会公益Ⅱ类，是指为社会提供产品和服务，其提供的产品和服务科部分实现由市场配置资源，具备一定有偿经营的事业单位。对于此类事业单位，因其具有一定的自我发展能力，但还不能完全进入市场或交由社会兴办，需要国家提供财政支持或建立必要的经费补偿机制。可以建立政府财政补贴和收费相结合的、非营利性的成本补偿机制。按照政府有关部门确定的公益服务性收费标准进行收费，政府核拨一定的财政经费予以支持，提高市场准入能力，逐步削减财政补贴。政府要积极鼓励社会力量兴办此类事业机构，可通过设立公共基金和税收优惠政策等办法，对社会力量兴办的公益事业予以政策扶持，逐步实现兴办主体多元化。

（3）生产经营类事业单位。

这类单位是指承担国家提倡和鼓励发展的公益性事业的任务，以营利为主要目的，面向市场从事生产、开发、经营等活动，为社会提供产品和服务的事业单位。这类单位一般都具备有偿经营、自我发展的能力，有稳定的收入来源。对于仍承担着国家允许、提倡和鼓励发展的公益事业，产品带有公益性的生产经营类事业单位，以政府兴办和社会兴办相结合，逐步实现兴办主体多元化，政府可加大社会力量兴办事业单位的政策支持。对承担部分服务管理职能的，可将服务管理职能与生产经营业务剥离后，进行企业化运作。对于具备市场化条件的宾馆、剧场等生产经营类事业单位，政府给予一定的扶持政策，使其转为企业，成为自主经营、自负盈亏、自我发展、自我约束的营利性社会组织和市场主体。

（4）中介服务类事业单位。

这类单位主要是指介于政府和企业之间，商品生产者和经营者之间，个人与单位之间，利用自身的专业知识、技术优势和专门技能，在社会经济活动中从事协调、信息、咨询、公证等中介服务，承担相应法律或其他责任的事业单位。此类事业单位全部与主管部门、挂靠单位脱钩，不再隶属于行政机关，即与政府部门在人、财、物、名称等方面全面脱钩，行政机关工作人员也不得在中介机构中兼职。按照行业特性将其改制为社会自律性组织，实行行业管理，使其成为自主经营并独立承担经济、法律责任的社会中介组织。对暂不具备脱钩条件，且主要为弱势群体服务的少数中介服务机构，政府要加大培养和扶持的力度，培育其市场竞争能力，在一定期限内与主管部门脱钩进入市场，成为市场主体。即现存事业单位中的中介服务类机构是一种过渡类型，最终要逐步进入市场，改制为社会自律性组织。

（四）全面推进，综合配套改革

（1）机构编制管理机制改革。

行政执行类事业单位的经费来源主要靠财政供给，按有关政策开展执法处罚或其他行政事业性收费的，要严格实行“收支两条线”管理，严禁收支挂钩，以罚代养。行政执行类机构只允许政府兴办并依法设立。对改革后保留的行政执行类事业单位，要严格控制机构编制总量，重新明确职能，核编定岗，确定行政级别。符合参照条件的可参照公务员管理，严把进人关，凡进必考，择优录用，提高队伍整体素质。社会公益Ⅰ类事业单位大多应由政府兴办，经费由财政拨款。要按照其所承担社会公益及基础性业务的多少，重新核定编制，确定财政补贴基数。此类单位亦应控制机构编制总量。社会公益Ⅱ类事业单位政府是要大力发展的，鼓励社会力量兴办，并给予政策扶持，逐步实现兴办主体多元化。生产经营类事业单位，政府兴办的，只批机构，不定规格，不核定编制，经费自收自支，并逐步用依法进行法人登记来取代现行的机构编制行政审批。中介服务类事业单位，已经纳入事业编制管理的各类学会、协会、研究会、基金会，除个别法规要求和确需政府支持的以外，不再纳入事业编制管理。今后各类社团组织原则上不定规格，不核定领导职数和人员编制，财政不拨付经费，依法登记成立，按照章程开展活动。

（2）财政拨款体制改革。

事业单位改革不能以节约财政支出为目标，关键在于提高效率。传统的财政管理办法资金使用效率不高，影响了事业单位的用人自主权，而具体用谁、怎样分配应由事业单位自己决定，真正实现由国家用人向单位用人的转变。由按编制核定经费，转向直接针对事业单位工作量来核定，即“以事定费”。因此，在原有事业单位财政拨款方式，包括全额拨款、差额补助、自收自支三种方式基础上，积极探索定额补助的拨款方式。市财政部门制定出台了《赤峰市直属事业单位财政补助方式改革试点方案》。从社会公益Ⅱ类事业单位中有服务收入的单位入手，推进政府财政补助方式改革，进一步分清政府与事业单位各自的权利与责任，促进政事分开，落实事业单位相应的权利，调动事业单位改革发展的积极性。以 2004 年度经费预算或决算为基数，核定财政定额补助基数，根据事业发展需要、市直财力和单位创收情况核定以后年度定额补助的增减幅度或定项、定额补助方法。财政供给与人员编制脱钩，不再按编制、实有人员、新增人员、工资水平核拨经费。离退休人员经费按现行制度、政策单列核拨。财政供给制度改革后，单位在财务管理、工资分配、编制管理、人员聘用、履行职责等方面要建立内部监督和自我约束机制，组织、人事、编制、财政等部门要制定相关办法适时进行监督。

（3）领导干部任用机制改革。

制定出台了《赤峰市直属事业单位领导班子实行任期制行政领导人员实行聘任制暂行办法》。所谓任期制，是指从制度上对各级领导干部规定一定的任期，任期届满，按规定程序自然解除领导职务，由任免机关根据其任期目标完成情况或任职期间表现重新予以任用或不再任用的制度。所谓聘任制，是指事业单位领导人员的领导职务实行契约管理的任用制度。变身份管理为岗位管理，聘任制不改变事业单位领导人员与所在单位的人事关系。聘任关系可通过聘书或文件等形式确定。任期制适用于市直相当于正副处级事业单位党政领导班子及其成员。聘任制适用市直相当于正副处级事业单位行政领导成员，党组织领导人员选任按现行办法执行。该办法对市直事业单位领导人员选拔聘任原则、选拔聘任条件、任期和选拔聘任方式、组织管理等做出规定。指出市直事业单位行政领导班子成员的选拔聘任可以通过面向事业单位内部公开推选或面向社会公开选拔的方式产生初步人选，并履行任职程序。如民族歌舞团和民族艺术剧院重组后，领导干部实行聘任制，院长面向社会公开招聘，然后由院长选聘副院长。

（4）用人制度改革。

积极推进事业单位人事制度改革，引入竞争机制，调动各类人才的积极性。依据《转发关于事业单位试行人员聘用制度有关工资待遇等问题的处理意见（试行）的通知》赤人发[2004]99 号（2004 年 10 月 9 号）。全面推行聘用制，确定单位与个人的人事关系，新进入人员一律实行聘用制，签订聘用合同，由国家用人改为单位合同用人，以公开招聘为主要渠道；改革单位领导和环节干部任用制度，实行单位领导、专业技术人员、管理人员、工勤人员岗位管理，按需设岗、按岗聘任、明确任期、期满考核，合理流动。凡列入政府财政补贴方式改革的单位，扩大用人自主权，内设机构、人员编制均实行核准备案管理。单位按照中央和自治区办法的定编标准和有关规定，提出人员编制、内设机构意见，经主管部门审核同意，报编制部门核准备案，单位根据需要可在编制数内通过考试或其他方式聘用人员。自收自支（除政策性收费）事业单位用人自主，新进人员参加企业养老保险。逐步建立固定与流动岗位相结合的用人制度，有条件的单位应积极实行固定岗位与流动岗位相结合、专职与兼职相结合的用人办法；精简富余人员，建立解聘、辞职、待聘制度，解决人员能上能下、能进能出的问题。

（5）养老保险制度改革。

推进社会养老保险制度改革。一是在事业单位（不包括自收自支事业单位）编制内实行聘用制的新进人员参加事业单位社会养老保险，单位与个人分担缴费，先低门槛起步，逐步提高，与国家将要出台的事业单位养老保险办法并轨；二是事业单位（不包括自收自支事业单位）的原有在职人员，待国家事业单位养老保险办法出台后改按新办法执行；三是有关部门要尽快明确事业单位转企业后参加企业养老保险“视同缴费”的政策和过渡政策；四是事业单位在编制以外自主聘用人员和自收自支事业单位新进人员，实行劳动合同制，并实行企业养老保险办法；五是严格执行退休年龄政策。

二、成效分析

（一）事业单位分类改革全面调研是基础，推动力是关键

全面深入的调研是事业单位分类改革的前提与基础。赤峰市注重改革前的广泛深

入调查研究，包括编办及参与改革的相关部门采取座谈会、讨论会等多种形式的调研外，还有市委、市政府主要领导也深入重点行业和重点单位进行调研，为推进改革掌握全面而客观详实的第一手资料。推动力问题是全面深入推进改革的关键。改革力度的大小，关键在于行政推动力。目前的事业单位改革主要是中央没有明确政策，客观上不成熟，地方求稳怕乱，等待观望，自然行政推动力小。但目前事业单位现状与市场经济条件不符，与实际需要不符，不改不行了。倘若现在力度不大，将错失改革时机。凡对事业负责，对工作负责，对事业单位职工负责的都要积极推动。因此，事业单位改革的先行推动和成效的取得主要得益于基层地方政府对改革重视和不断探索尝试，领导重视，动力大自然阻力小。

（二）达成共识，抓好“三个定位”

改革的共识程度与合力形成对于改革的推进至关重要。一谈到事业单位改革，人们经常提到“两个定位”，即政府角色定位（政府要有所为，有所不为）和事业单位的科学合理定位（包括事业单位的身份、功能等）。但还有一点非常重要，就是对“事业单位改革自身”要科学合理定位。就是要正确认识事业单位的改革，改革是为了什么？改革的出发点、目标是什么？思想决定行动，想法决定做法。在这一点上，上至市主要领导，中间包括编制、财政、人事、社保等职能部门以及事业单位主管部门，下至事业单位领导和普通职工，达成高度一致。即事业单位改革不是简单的做减法，不以节约财政开支为目的，不以减机构减编为目的，重点在于理顺事业单位管理体制，促进社会各项事业的发展。这突出地体现在改革的指导思想和基本原则之中，同时还体现在如许多地方的改革在拨款方式上，一般都坚持不逆向改革，就是不会将某差额或自收自支单位变为全额或差额单位，确保对一个单位财政投入不再增加。但此次赤峰市通过分类合理界定事业单位的职能，存在将一些差额单位改革后定为全额拨款单位等的情况。突出体现了此次分类改革的决心和勇气。对事业单位改革自身的科学合理定位，也是我国本轮乃至今后长时期内事业单位改革的关键所在。

（三）事业单位布局更趋合理

通过分类改革，整合部分事业单位，使事业单位布局结构更趋合理。目前，赤峰市直属事业单位有223个，从拨款方式看，其中全额拨款事业单位154个，约占69%，差额拨款事业单位28个，约占13%，自收自支事业单位36个，约占16%。从按功能分类来看，社会公益类146个，约占65%，行政执行类58个，约占26%，社会公益类与行政执行类二者占到事业单位的90%以上。总的来看，行政执行类与公益Ⅰ类变化不大，公益Ⅱ类事业单位减少了45%左右。中介服务类11个，约占5%，50%的单位退出事业单位序列。生产经营类8个，约占4%，近70%的单位实现转企。由此可见，社会公益类事业单位仍为当前事业单位主体。

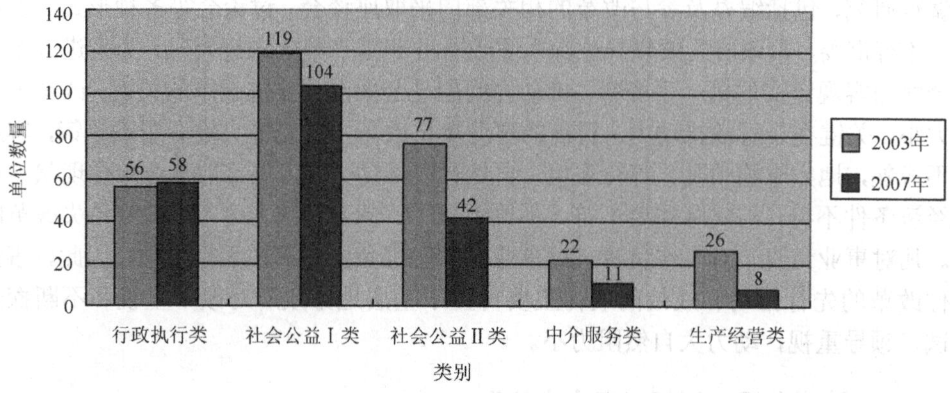

图 6-2　赤峰市直属事业单位按职能分类统计图表

（四）事业单位管理体制更趋完善

全新的事业单位分类改革和管理办法，更加全面地体现了事业单位在社会和经济活动中的功能和地位。通过总体规划，为深入推进事业单位管理体制分类改革指明了方向。通过整合资源，调整结构，使事业单位管理体制进一步理顺。如将市直属的幼儿园、技工学校划归市教育局，实行统一归口管理。将市教育局主管的几个中学、小学及艺术师范学校下放至其所在区、县管理。积极推进文化体制改革，对市文化系统的事业单位根据其工作职责和功能，进行分类，分为行政执行类、社会公益类和经营类。进行分类改革，将一些工作性质相近的公益类单位进行机构整合，经营类转企改制退出事业单位序列。推进文化事业单位管理体制和机制创新。进一步理顺了房地产管理体制和医疗保险管理体制。为进一步理顺和完善市区房屋产权登记发证管理体制，规范房地产管理市场，组建了赤峰市房产管理局。为加大社会保障体系建设，积极推进医疗保险管理体制改革，组建了赤峰市医疗保险管理局。它们分别隶属于赤峰市建委和市劳动和社会保障局，由此新增了两个准处级行政执行类全额拨款事业单位。

三、存在问题

（一）思想认识上的困扰

事业单位改革的大环境还没有形成，配套改革不同步。各地方在探索本地区事业单位分类改革过程中，各级党委、政府及其领导的确承受着巨大的压力，心理时刻充满矛盾。一方面，事业单位改革是必须的，这也是由事业单位的现状决定的，现有体制及其机制严重影响着事业的发展。很多事业单位部门分割、职能交叉、重复设置、资源配置和布局结构不合理，存在低水平重复及难以配合等弊端，很多人、很多机构做一件事，资源浪费严重；有的机构臃肿，队伍庞大，效率低下；有的体制僵化，人才流失严重，“有事没人干”；有的单位工作量严重不足；行政化现象严重，职能泛化，本应提供普遍性公共服务却主要代行政府行政职能等。这些都要求全面深入推进事业单位改革，不改革事业就没有发展，事业单位缺乏活力。另一方面，贯彻落实科学发展观，构建和谐社会的战略思想和部署，要求事业单位的改革必须稳妥。事业单位的改革涉及面广，情况复杂，必须慎重进行。尤其是事业单位改革的大环境尚未形成，缺少明确的上级指导文件，没有现成的成功经验可循，在推进事业单位分类改革过程中底气不足，魄力不够，难于突破过去那种按明确指令行事的思维定势：既要推进改革，本着对地方社会事业高度负责的精神，力争有所作为；又要守住改革的底线，即社会不能乱，财政负担不能肆意加重，领导位子不能丢，人不能推向社会，大家都要“有饭吃”。其实我们也必须看到，事业单位本身就是社会的“稳定器”，在那里聚集了大量的专业技术人才和行政机关的分流人员、转业安置人员，本身就在发挥着稳定社会的职能。最终是大刀阔斧的改还是安全、稳妥的改，在改革、发展、稳定的权衡中，稳定占据上风，或许由于对事业单位改革的方向和目标把握不准，担心自己的改革将来与上级不符，最后无功而返，上下不讨好，也或许认为事业单位改革是“上不动下动”，“谁先改革谁吃亏”，出于地方利益考虑，有意放慢速度，边改边看。因此一边能做多少先做多少，一边等上级政策，致使现有的改革只是一种微调。

（二）体制制度上的困扰

事业单位改革牵扯面广，是管理体制和运行机制的全面改革，矛盾错综复杂，困难和阻力颇多。改革是一项系统工程，必须具备一定的内外部环境，上下联动，配套改革。否则，难以开展，也难以奏效。事业单位改革不能仅仅是政府对事业单位的改革，重要的一点是政府自身的行政管理体制改革。转变政府职能，将重心转移到社会管理和公共服务上来。科学界定政府提供公共服务的职能，建立健全公共服务的标准，按实现公益目标的需要合理分配公共资源，切实履行政府公共服务职责。按照政事分开，官办分离的原则，理顺政府与事业单位的关系，理清政府部门与事业单位的事权界限，推动政府部门由“办事业”向“管事业”转变。政府对事业单位应是监管而不是控制，不能将二者混为一谈。就赤峰市而言，事业单位改革相关配套政策还不完备，如事业单位的分类标准，无论国家还是自治区都没有一个具操作性的政策依据。人事上诸如事业单位人事制度改革意见、聘用制实施办法、未聘人员安置办法等相关配套文件虽酝酿已久，几易其稿，但出于各种考虑仍在完善之中，至今尚未出台。

（三）实际困难上的困扰

改革需要付出较大成本，改革后的提供基本公共产品和服务的事业单位同样需要充足的财政投入。赤峰市近年来虽经济发展较快，但毕竟地处西部经济欠发达地区的民族地区，经济总量及人均 GDP 仍旧处于较低水平。出于自身财力考虑，很多改革不能深入。诸如社会保障机制尚未完善，离退休人员较多，负担沉重等因素，也制约着那些经营类事业单位进入市场。也由于相当一些事业单位没有纳入社会保障机制，机构的撤、并、转制都只能停留在较浅层面上，难以进行深化改革。再如事业单位分类改革中“还政于政”的问题，地方政府无法解决，它涉及整个行政管理体制改革，需要一个过程，逐渐过渡。事业单位改革关系到广大事业单位职工切身利益，相关问题都必须很好有效的解决。而诸多困难的存在，致使改革无法深入推进。

第五节　锡林郭勒盟事业单位管理体制改革

锡林郭勒盟的事业单位改革工作开始于 20 世纪 80 年，1984 年就开始了盟直属交通系统事业单位的改革；1989 年在《锡盟深化科技体制改革，推进科技进步若干规定》（锡署发[1988]17 号）出台后，着手在畜研所、农牧机所展开试点工作；1991 年在科研推广机构开始了以拨款制度改革为核心，技术市场培育为突破口的科技体制改革。1998 年印发了《锡林郭勒盟盟直行政事业单位工作人员社会养老保险办法》（锡署发[1998]16 号）。

2000 年后为积极开展事业单位人事制度改革试点工作，锡林郭勒盟研究制定了一系列配套政策，先后印发了《深化事业单位人事制度改革的意见》（锡署发[2000]90 号）、《锡林郭勒盟盟直事业单位未聘人员安置暂行办法》（锡党办发[2001]19 号）、《锡林郭勒盟事业单位用人管理暂行办法》（锡署办发[2001]104 号）、《全盟事业单位试行人员聘用制度办法》（办字[2003]88 号）、《锡林郭勒盟盟直事业单位全面推行人员聘用制度的意见》（锡人发[2005]50 号）、《关于印发盟直事业单位改革试点意见的通知》（锡党办发[2006]3 号）、《关于印发锡林郭勒盟直属事业单位改革（试点）编制管理暂行办法等五个规范性文件的通知》（锡党办发[2006]4 号）、《关于印发盟直事业单位领导人员聘任管理暂行办法的通知》（锡人发[2006]57 号）、《转发盟委组织部关于盟直自收自支事业单位处级领导人员实行聘任制的办法的通知》（锡党办发[2006]15 号）等一系列文件，为全面实施和稳妥推进事业单位改革打下了良好的基础。

一、主要做法

在认真分析盟直各系统实际情况的基础上，对照各系统试点单位的性质、职能、现状、工作运行等情况确定了五种改革类型分别推进：

（一）改革财政补助、编制和进人管理方式，扩大用人自主权

确定锡林郭勒职业学院、盟医院、蒙医研究所 3 个有服务收入的公益性事业单位

为改革财政补助、编制和进人管理方式试点，以2005年核定的编制数和财政实拨经费为基数进行测算，确定以后年度财政补助基数。确定后财政供给与人员编制脱钩，不再按编制、实有人员、新增人员、工资水平核拨经费。今后随事业发展的需要和盟级财力、单位创收情况及其他增资因素的变化，适当调整定额补助基数，逐步向“以事养人，分类供养”的方向发展。同时按照“管住一头，放活一面”的原则，对其内设机构、人员编制实行核准备案管理，单位根据需要可在编制数额内灵活自主聘用人员，给予充分的用人自主权。

（二）推进经营性和从事有偿服务的事业单位加快转企改制，自我发展

将建设系统的房产评估交易所（转为中介组织）、交通系统的交通物资供应站和交通科研所、广电系统的广播电视报社、农牧业系统的饲草饲料供应站、水利系统的水修厂5个单位推向市场，转制为企业或中介组织，一方面解除体制上的束缚，另一方面促使其将压力转化为动力，成为自主经营、自负盈亏、自我约束、自我发展的市场竞争主体。

另外，凡转制为企业或自收自支的事业单位，财政以2005年财政核定的包干经费为基数，以逐年递减的形式给予三年的经费扶持，即2006年补助80%，2007年补助70%，2008年补助60%，从2009年起不再补贴。

（三）调整整合事业单位，促进资源优化配置

根据精简、统一、效能的原则，对一些不适应市场经济发展需要、任务严重不足、长期不出成果、社会效益差和基本职能消失的单位，坚决进行撤销，将广电系统的广播电视技校、建设系统的住宅建筑设计部、水利系统的水利工程管理站、农牧业系统的畜牧业运输服务中心等4家单位进行了撤销；对设置过于零散、规模过小、服务对象单一、职能交叉的单位，适当予以合并，由改革前的129家单位变成改革后的111家，减少事业单位28家。进一步改变了机构重叠，管理效能较低的局面。

（四）深化人事制度改革和分配制度改革，激活用人机制

改革中，确定了17个试点单位（教育系统的锡盟蒙古族中学、锡盟二中；卫生系统的锡昌疗养院、中心血站；农牧业系统的草原工作站、土壤肥料工作站、植保植检站、农牧机安全监理所、农业广播电视学校、种子管理站、畜牧工作站；水利系统的水土保持工作站、水产管理站、乌拉盖水库管理局、水利勘探钻井队；文化体育系统的群众艺术馆、文物保护管理站）进行人事制度和分配制度改革，推行全员聘用制，实行符合行业特点和岗位特点的按劳取酬的分配制度，使工资收入向拔尖人才和一线人员倾斜，激活用人机制，提高工作效能。

（五）强化或转变职能，提高事业单位效能

对需要进一步强化或转变职能的事业单位，进行职能的重新定位，以适应经济社会发展的需要。为强化动物疫病预防与控制，结合兽医体制改革，组建了动物疾病预防控制中心和动物卫生监督所；为保证社会主义新农村、新牧区建设中文化事业的发展，对电影发行放映中心、群众艺术馆等单位职能进行重新定位，强化了为“三农三牧”服务的职能；为加强生态公益林保护和建设，在林业研究所的基础上组建了生态公益林管理办公室。

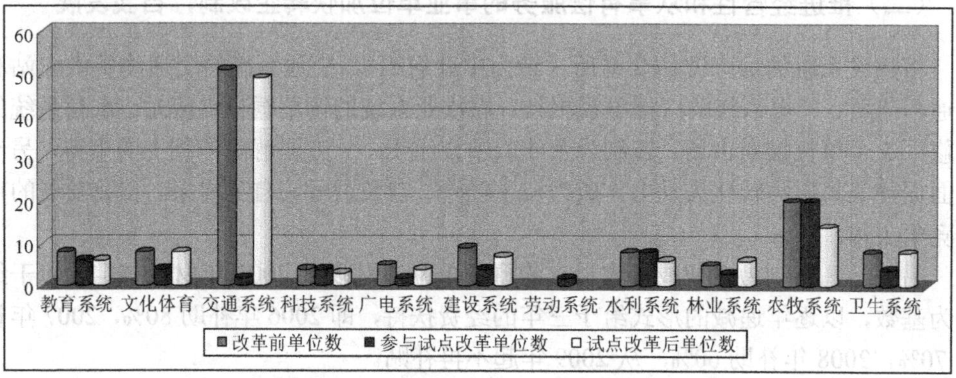

图 6-3　锡林郭勒盟直属事业单位改革情况比较图

表 6-3　锡林郭勒盟直属事业单位改革情况一览表

行业＼内容	改革前单位数	参与试点改革单位数	试点改革后单位数	改革内容
教育系统	8	6	6	调整整合职能 4 个
文化体育	8	4	6	更名、强化职能、深化人事分配制度
交通系统	51	2	49	转企 2 个
科技系统	5	4	3	调整整合职能 2 个
广电系统	5	2	4	撤销 1 个，转制 1 个，新增一个
建设系统	9	4	7	撤销 1 个，转制 1 个
劳动系统	2	2	2	更名和强化职能
水利系统	8	8	6	撤销 1 个，转企 1 个
林业系统	5	3	6	新增林业防火办公室
农牧系统	20	20	14	转企 1 个，撤销 1 个，调整整合职能 8 个
卫生系统	8	4	8	改变财政补助方式 2 个，进行人事制度和分配制度改革 2 个
合计	129	60	111	

二、成效分析

（一）政府强力推进事业单位管理体制改革，选准切入点

锡林郭勒盟现阶段的事业单位改革是在全国全自治区关于推进事业单位改革试点的要求基础上开展的。2006 年初，锡林郭勒盟盟委、行署启动了盟直事业单位改革试点工作，成立了行署主要领导为组长、分管领导为副组长的盟改革领导小组，并从组织、人事、编制、财政、劳动和社会保障部门抽调了工作人员，组成改革领导小组办公室（办公室设在盟编办），加强了对改革工作的领导，推进事业单位管理体制改革，形成了比较浓厚的改革氛围。从事业单位较多、职能地位突出、工作人员密集的农牧业、林业、水利、教育、卫生、文体、广电、科技、建设、交通、劳动与社会保障 11 个系统中选取 60 个事业单位为试点，按照事业单位的性质、职能、现状、工作运行等情况分别确定改革方向，稳步推进。

为确保改革实效，锡林郭勒盟以领导班子选配和人员竞争上岗为切入点，严格程序，规范操作，坚决杜绝走过场，保证了改革工作的严肃性。一是由盟委组织部、盟人事局出台了《盟直事业单位领导人员聘任管理暂行办法》，对事业单位领导班子实行聘任制，缩短任期，进行动态管理；主要领导的产生，根据本单位实际，通过招标聘任、选举聘任、直接聘任或委任的方式产生，领导班子其他成员在民主推荐的基础上实行聘任制。二是推行全员聘用制，激活用人机制。这次改革中明确提出，各事业单位无论老人和新人，所有职工全部实行聘用制，在平等自愿、协商一致的基础上签定聘用合同，激活用人机制，提高工作效能。三是引入竞争机制，充分调动广大职工的积极性。这次事业单位的改革，以系统为单位进行操作，打破了原有事业单位界限，公开各事业单位的聘任职位和聘任条件，允许职工自主选择竞争岗位，为促进人才交流，激发事业单位活力创造了条件。四是坚持“公平、公开、择优、竞争”的原则，认真组织考试、考核工作，坚决杜绝走过场行为，保证了领导班子选聘和竞争上岗工作的严肃性。人事、纪检监察等部门在命题、组织实施考试和考核工作过程中进行全程指导和监督。

（二）运行多年的社会保险制度为改革的顺利进行保驾护航

在事业单位进行改革的过程中，必然有机构的调整，必然有人员的流动，而人员的流动必然带来养老、医疗、失业待遇标准怎么在社会上平衡衔接的问题。由于我们现在企业的社会保障制度和事业单位的社会保障制度无法衔接，比如说养老保险，事业单位的同样工龄、同样级别的人，要比在企业的这类人的养老保险高出两到三倍，企业办的学校、医院、科研机构要社会化，马上就遇到社会保障不衔接的问题；同样，我们要想把现有事业单位的多余人员分到社会上去，到企业去，也遇到这样的问题。这严重阻碍了事业单位改革后效果和稳定。

锡林郭勒盟早在1998年1月就颁布了《关于印发锡林郭勒盟盟直行政事业单位工作人员社会养老保险办法的通知》（锡署发[1998]16 号）文件。这一举措很好的解决了事业单位不在岗人员的包袱问题。可以使事业单位在改革时轻装上阵。2006年4月又下发了《锡林郭勒盟直属事业单位改革（试点）职工社会保险关系接续实行意见》的规范性文件。文件规定，为保证转制单位退休人员养老金待遇的水平衔接，转制后实行5年过渡期，并规定待遇差，采用加发补贴的办法解决，所需费用从企业职工基本养老保险基金中支付。转制后第一年，第二年，第三年，第四年，第五年退休的分别发给待遇差的90%，70%，50%，30%，10%。转制后第六年退休的不再发放待遇差补贴。文件还规定了关于医疗保险关系、失业保险关系、工伤保险、生育保险等内容。为事业单位转制为企业或自收自支事业单位的平稳过渡提供了很好的政策依据。我们课题组一致认为，这一做法值得其他地区学习和借鉴。

（三）整合事业单位，促进资源优化配置，人员结构发生变化

通过对试点事业单位转制、撤销、整合，11个系统的60个试点单位中，共撤并事业单位16个，撤并比例为26.7%，其中撤销4个，转制5个，整合合并减少7个。在深入调研的基础上，根据改革情况和事业单位职能定位，对试点单位的编制进行了重新核定，核减了长期闲置的编制和整合事业单位的空编，11个系统60个试点单位编制由改革前的3209名核减为2858名，核减编制351名，精简比例10.9%。其中，核减全额编制87名，精简比例4.5%；核减差额编制38名，精简比例4%；核减自收自支编制226名，精简比例74.1%。

通过领导班子选聘和人员竞争上岗，整体结构更趋合理化、知识化、年轻化，一些知识结构合理，能力强的干部充实到关键岗位，一批具有事业心、责任感和较强领导能力的优秀人才走上了领导岗位。

经过改革，事业单位人员结构发生了明显变化，如图6-4所示，专业技术人员占人员总数的比例由 62%增加到 69%；大专以上学历人员总数的比例由 48%增加到59%；45岁以下人员占人员总数的比例由69%增加到78%；环节干部平均年龄由46岁降低为41岁。整个人员结构向年轻化、知识化、专业化的方向迈出了较大的步伐。

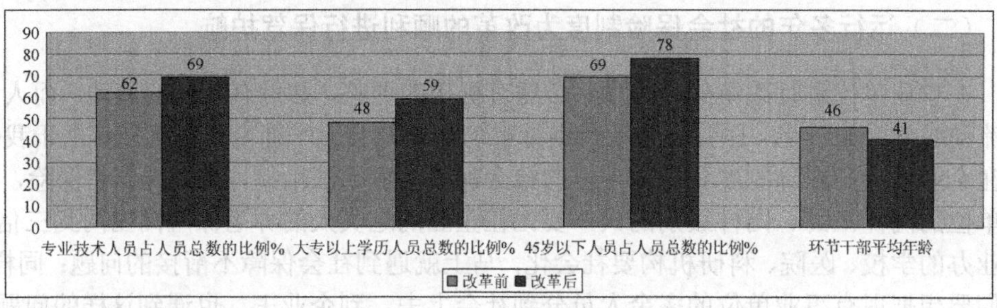

图6-4　锡林郭勒盟事业单位（试点）改革前后人员结构比较图

（四）全面的配套政策保障事业单位试点改革的顺利进行

事业单位是我国各类人才的主要集中地，是增强综合国力、提升经济基础的重要领域。所以事业单位改革也是个系统工程，除了受到行政体制改革的影响和制约外，事业管理体制内部各项制度的构成也将影响到改革的全局。事业单位改革时各项制度的健全和配套推进是决乎成败的重要因素。

为了推进盟直事业单位改革的顺利进行，2006 年 4 月中共锡盟办公厅和锡盟行署办公厅联合印发了《锡林郭勒盟直属事业单位改革（试点）编制管理暂行办法》、《锡林郭勒盟直属事业单位改革（试点）未聘人员安置暂行办法》、《锡林郭勒盟直属事业单位新进工作人员公开招聘和聘后管理暂行办法》、《锡林郭勒盟直属事业单位改革（试点）职工社会保险关系接续实行意见》、《锡林郭勒盟直属事业单位改革（试点）财政补助暂行办法》五个规范性文件（锡党办发[2006]4 号）的通知。分别从编制、人事、社会保障、财政补助等方面稳步推进以全员聘用制和搞活工资为主要内容的制度改革，保持了稳定，促进了各项工作的有序进行。

（五）探索多种分流方式，在未聘人员安置上有所突破

锡林郭勒盟在本轮事业单位改革中打破常规局限，确立了多元安置的分流方式。通过多条渠道、多种方式落实未聘人员安置工作，正确处理好改革、发展与稳定的关系。具有突出特点的做法是：其一，对于一些年龄偏大，不能发挥作用的人员，给予优惠政策，提前退休，并且在办理人员提前退休时，积极做好与财政、社会保险等部门的衔接工作，落实退休工资发放和各项保险待遇等问题，排除分流人员的后顾之忧；其二，将文体系统一些年龄偏大但有专长的人员分流充实到社区工作，既加强了社区力量，又使专业人员继续发挥作用，探索了人员分流的新路子；其三，对于年龄较轻，因学历、技术等原因未能上岗的人员采取带薪培训的方式，提高其素质，实现再就业。这些举措都是对事业单位人员“出口”问题的有益尝试。

三、存在问题

（一）应当敢于对事业单位改革进行探索，加大公共事业的发展力度

锡林郭勒盟是一个非常特殊的地区，其中蒙古族人口占 30%，地广人稀，人口密度仅 4.95 人/平方公里，经济文化相对落后。近些年锡林郭勒盟集中精力搞经济建设，经济的发展有了很大的起色。可是社会发展相对落后，所以在发展经济的同时加大发展公共事业。比如对于广大的牧区而言，如何提高当地的医疗、教育水平？如何保护当地的民族文化、民族艺术？如何增强广大牧区的科学饲养技术？如何保护当地的自然环境，保护我国最大的天然草原？这些都是摆在当地政府面前非常严峻的题目。我

们课题组认为这些公共事业应当交给事业单位来办，所以对于锡林郭勒盟来说，事业单位改革的关键是加大对事业单位的投入，重在整合、规范事业单位职能，加强公共事业发展。

（二）应当坚决推进政事分开，分类改革的工作

事业单位的复杂性和多样性，决定了事业单位改革不可能用一个模式、一种政策，必须针对不同类型的事业单位，制定不同的政策和措施，分类推进事业单位的改革。其首要问题是在社会主义市场经济体系中对事业单位进行准确定位和科学分类。目前，应主要采取按照事业单位的功能进行分类的办法。[40]坚持政（企）事分开，明确界定政府与事业单位各自的职能范围，推进事业单位分类改革，对现有事业单位的结构进行战略性调整，构建一套能够有效地向社会大众提供公共服务的机构体系和机制。这已经是上到中央，下至地方都以达成的共识。但是我们在调研过程中发现，锡林郭勒盟的这轮事业单位（试点）改革，并没有对现有的事业单位进行分类。在课题组和锡盟参与本轮改革的同志们座谈时，这些同志也承认锡盟没有做过分类。由于许多事业单位自身的复杂性特点，我们不能简单更不可盲目地将其归为某一类中去，应通过广泛深入的调研，对现有的事业单位进行全面的整理，区分不同的类别。在此基础上，采取保留、转制、撤销、合并、分离、下放管理权限等不同的改革方式，对事业单位进行整合，调整事业单位的布局，实现资源的优化配置，形成事业单位的新格局。如果对现有的事业单位不进行分类，那么事业单位职能交叉，功能定位不清；人浮于事，效率低下的弊端依然存在。如果事业单位不能够作到还政于政，还企于企，政事分开的话，那么事业单位的改革只能是表面上的整合。这样“一勺烩”的改革做法是不会解决管理体制和运行机制上的一些深层次矛盾和问题的。调研中，锡林郭勒盟的同志也谈到，政事没有分开，行政编制没有卡死，职能依然比较混乱，本想推动“养人”向“养事”转变，但是变化不大。所以我们认为，事业单位改革必须坚持推进分类改革，剥离出现有事业单位中的行政类和经营类职能，还政于政，还企于企。

（三）应当改革行政管理体制，落实改革措施，形成上下联动的改革环境

锡林郭勒盟的这轮改革是从事业单位领导班子选配和人员竞争上岗为切入点的，而且由盟委组织部、盟人事局出台了《盟直事业单位领导人员聘任管理暂行办法》。要求事业单位领导班子实行聘任制，在民主推荐的基础上实行聘任制。但是依然出现了有些单位的领导班子在选配上不够规范的问题。再有，文件要求各试点单位实行全员竞争上岗，通过笔试、面试和考核等方式层层选聘。但是，由于某些事

[40] 《深化事业单位改革的路径选择》“建立中国特色的现代事业制度”，王乐夫，南方日报网络版，2006 年 12 月 29 日。

业单位领导的认识问题，有的单位并没有按照文件的要求做。还有，很多单位根本没有签订合同。这些情况就说明已经制定的规划和措施在实际中，很多没有落实。这势必会影响试点改革的效果，对全面推开改革时政策的制定会带来偏差，会使整个事业单位改革走弯路。

另外，有些政策的操作性过于繁杂，以至于直接影响政策的执行效率。比如，锡盟医院和锡盟职业学院在座谈时都谈到了用人时的手续问题。需要进入的技术人员要一层一层的上报至主管盟长签字后才可生效。因此用人单位的用人选择权大打折扣，锡林郭勒盟每年 7 月份，在盟行署开会后才能定出社会公开招录的技术人员数和考试时间，而每年这个时候已经错过了选择大学毕业生的最佳时期。再比如，有些事业单位“低职高聘”人员在劳动部门根本不给兑现待遇。上述问题的出现说明，改革事业单位必须改革政府的行政管理，放权、搞活的前提是规范事业单位的职能、体制和行为，在此基础上，政府必须放权。改革是一个系统工程，必须要有一定的环境和上下配套改革、联动改革，否则，难以展开，也难以奏效。

结　论

改革开放以来，在内蒙古自治区党委和政府的领导下，内蒙古事业单位改革不断深入。特别是2005年3月至2007年底开展的最新一轮区直和盟市事业单位试点改革，在事业单位宏观管理体制和内部运行机制的诸多方面都取得了一些突破性的进展，改革中还涌现出许多值得称道的“亮点”，如地勘行业改革创造的“内蒙古模式”、锐意进取的内蒙古乌海市事业单位改革等。当前，在中央构建公共服务体系和推动基本公共服务均等化的政策方针指引下，事业单位改革的公共化战略正在确立，在事业单位改革以往的经验积累基础上，改革的推进方式也将从长期的“分散试点”转变为“统一行动”。

受历史与自然环境等因素的影响，我国少数民族地区公共服务领域存在的问题与矛盾尤为突出。截至2008年，中国五个省级民族自治区和云南、贵州、青海三个少数民族较多省份的贫困人口还占全国贫困总人口的四成。这不仅严重制约了民族地区经济社会的繁荣与发展，而且还影响着民族地区的政治稳定和各民族间的和睦相处。自2002年以来，虽然内蒙古自治区的经济发展势头迅猛，GDP增长率已经连续七年排在全国第一的位置，但偏处边疆内陆、东西部发展不平衡、产业结构不合理、发展基础薄弱、人力资源缺乏等客观现实因素，还将严重制约内蒙古公共服务水平的提升。

在新的改革形势下，综合考虑宏观形势和现实条件，以基本公共服务均等化的实现为目标，科学合理地制定下一阶段内蒙古事业单位改革推进策略，不仅是内蒙古事业单位本身发展的需要，也是内蒙古经济社会发展和各民族团结稳定的需要。

一、确立公共化改革战略目标

产生于计划经济体制下的事业单位，是我国规模最为庞大的社会服务部门，目前仍承担着全社会绝大部分公共产品的供给，是政府提供公共服务的主要载体。改革开放以来，虽然事业单位的管理体制与运行机制在进行着不断的调适，但由于事业单位改革的复杂性和敏感性，也由于理论准备和实践经验不足，事业单位改革的整体效果不佳。关于事业单位改革的路径选择问题，学术界和实务界还存在较大的争议，其中“市场化”和“社会化”是两种对决策层产生重要影响的方案。总的来说，“市场化”、“社会化”改革方案虽然都有其一定的合理性、可行性，对推进事业单位改革和公共事业发展也起到了积极作用，但因为市场逐利的“天性”和我国社会不发达的现实条件限制，以“市场化”或“社会化”作为事业单位改革的主导战略在现实当中都是行不通的。其要害在于放弃了政府的责任，夸大了市场和社会在公共事务领域中的作用。

当前，我国正处在从初步小康社会向全面小康社会过渡、从生存型社会向发展型社会转变的关键时期。在经济快速增长的同时社会需求也逐渐发生了深刻的变化，社会公共需求的快速增长同基本公共产品短缺的矛盾日益凸显，并逐渐成为影响经济社会协调发展的关键因素。顺应时代的要求，党和政府提出了建设服务型政府，在全国范围内构建公共服务体系，实现基本公共服务均等化的战略构想。2003 年前后，部分学者、有关研究机构开始以建设服务型政府为出发点，从政府的公共性、事业单位及其活动的公益性入手，对事业单位改革与发展的理论和实践进行了探讨，重新设计改革战略，取得了初步的成果。他们主张以政府为主导，以公立事业单位为主体，同时充分发挥市场和民间力量的积极性发展公共事业，重构中国的公共服务体系。这就为深化事业单位改革提供了新的路径选择。从理论基础和现实背景看，事业单位公共化改革路径更具有合理性和可行性。所谓“公共化”，有两层含义:一是利益取向的公共化。政府的存在是受托于全体人民以管理公共事务、提供公共产品和公共服务，它应该致力于实现社会整体的公共利益。以政府为核心的公共组织要以其所提供的公共产品和服务，去推进、实现和维护公共利益的最大化。二是参与过程的公共化。打破政府部门和事业单位垄断公共服务的格局，引入其他类型的服务组织以及公民个人，共同参与公共服务的提供、监督和管理。[41]

近年来，内蒙古的经济总量增长迅速，但从绝对值上看，与发达省区相比还有着成倍的差距。而且，多年来在基础设施和文教卫生方面投入的欠账巨大，“资源型经济”发展模式带来的环境和生态恶化问题也有待投入巨额的资金去解决。现实条件决定，今后相当长的一段时期内，内蒙古公共服务体系建设的目标只能是在全区范围内争取早日实现基本公共服务均等化。在此前提下，内蒙古事业单位改革的基本方向也需要进行深刻的调整:巨大的公共服务提供缺口决定内蒙古事业单位改革的目标不是“减人”、“减钱”、“甩包袱”，而应该是在功能和布局调整基础上的不断“增人”、“增钱”和持续性“输血”；市场和社会的不发达决定内蒙古事业单位改革手段不可能依靠“市场化”和“社会化”，而只能是在政府主导下的市场和社会有序参与。

[41] 孔超.事业单位改革和发展的政治逻辑——“公共化”改革战略的内涵及其制度安排,天津社会科学,2009（1）.

二、改革推进方式变革：从“分散试点”到“统一行动”

长期以来，事业单位改革由于缺乏总体的目标和制度安排，只能处在“摸着石头过河”的阶段，改革只是限于局部的研究、讨论和一轮又一轮的分散试点改革当中。正如原全国人大副委员长成思危所描述的那样，“事业单位改革是摸着石头过河，但至今连对岸在哪里还不清楚”。客观地说，“分散试点”改革模式是由事业单位改革本身的复杂性和艰巨性决定的，这种改革推进方式有其积极的一面，也存在致命的缺陷。改革开放以来，经过各级政府和各个行业不断开展的试点改革，事业单位的整体绩效得到了很大的提升，很多事业单位按照市场经济体制的要求建立了内部管理制度，关于事业单位改革的一些基本经验和原则也已经达成共识。然而，分散试点改革模式基本上还是在原有体制框架内的改革，再加上改革缺乏全面系统地指挥和制度安排，改革在取得局部成绩的同时，也付出了沉重的代价。最典型的教训就是，前期事业单位改革由于过于依赖“市场化”手段，弱化了事业单位的社会服务功能，极大地损害了社会和公民的基本权益。另外，在分散试点过程中，事业单位改革的“政治风险”和“责任风险”往往要由试点地区和单位去承担，这使改革在推进过程中遭遇了极大的阻力。人们在面对事业单位试点改革时，“上改下不改，改了也白改”、“谁先改，谁吃亏”成为一种普遍的心态。

在事业单位前期改革成果和经验总结的基础上，从适应我国社会发展形势出发，公共化改革战略已经成为事业单位改革的必然选择。同时，改革的推进方式从“分散试点”到“统一行动”的时机也已经逐渐成熟。2004 年，国务院责成中央机构编制委员会办公室牵头，组成“事业单位改革小组”，成员由人事部、财政部、劳动和社会保障部等部门参加，对事业单位改革提出一个总体改革文件和配套改革措施。该小组经过两年多的研究，提出了“一加五或一加六”的文件框架，即一个改革的总体文件，加上五个或六个配套改革措施文件。这些文件吸收了政府部门和专家的研究成果。虽然文件尚未出台，但是2006 年 9 月 25 日中央机构编制委员会办公室副主任黄文平在“公益机构改革与发展国际研讨会”上的主旨发言中，透露了事业单位改革的基本思路和主要政策。其事业单位改革的目标是：建立公益目标明确、布局结构合理、投入机制完善、治理结构规范、微观运行高效、监管制度健全的现代事业单位管理体制和运行机制，构建基础优先、服务公平、区域均衡、门类齐全的公益服务体系。

事业单位改革一直是国家和社会关注的重要问题，它同国有企业改革、政府机构改革一样重要但更加复杂。事业单位改革过程中要解决的深层次矛盾和问题多、困难大、极其复杂；改革中触及到的利益群体多而广，极其敏感；“事业单位”概念、分类、达到的目标极难确定。以往“分散试点”的改革模式在取得有限成果的同时，也产生很多负面效应。从纵向上来说，出现了“上改下不改，改了也白改”的问题；从横向上来说，出现了“谁好改先改谁”，但结果是“谁先改谁吃亏”的问题。实践证明，事业单位改革要取得实质性的突破，需要从总体上进行设计，需要中央的统一指挥和各级政府及相关政府职能部门的密切配合。唯有如此，事业单位改革才能打破目前的僵局，获得全面推进的根本动力。所谓“总体设计”，就是按照系统整体原则，对改革方案进行总体设计。在内蒙古事业单位改革的实践中，鄂尔多斯和包头两市都表现出了一定的改革自觉性。特别是包头市由编办牵头对事业单位的改革方案进行了总体设计，这充分体现了他们对待改革的科学态度。但是，由于改革是一项系统工程，它必然是自上而下的，基层政府的有限权能决定了它们在重大改革事项面前作为空间的有限。为此，鄂包两市都强烈呼吁自治区应当率先拿出推进全区事业单位改革的总体方案。所谓“全面推进”，概括地讲，就是“一体”、“四翼”、“三合力”。“一体”是指以事业单位体制改革为主体，改革必须抓住这个最根本的问题，如果离开了政事分开、事企分开和建立事业单位法人治理结构，就谈不上是真正意义上的事业单位体制改革。“四翼”是指科、教、文、卫一起改革，不能改这个不改那个，或者先改这个后改那个，应当把这四个方面密切联系起来，形成一种联动互动的改革态势。“三合力”是指政府职能部门、政府主管部门和事业单位三个主体应形成一个合力，建立对改革的共识共愿和协力推动改革的局面。目前的情况是，这三者虽然都主张进行事业单位改革，但改革的目标和方向并不一致。一般来说，编办、人事、财政等政府职能部门主要是推动做“减法”和加强规范化管理，即尽量减少吃“皇粮”的事业单位，同时对继续吃“皇粮”的事业单位进行严格的编制控制和人事管理。而政府主管部门则往往是站在事业发展，同时也站在维护本位利益的立场上，尽量保留和发展一些事业单位，因此在更多的时候主张做“加法”，并且在改革中常常充当事业单位的代言人和事业单位改革的协调者等角色。事业单位自身则希望通过改革既能够继续吃“皇粮”或者尽可能多吃一点“皇粮”，同时又能够尽可能多地获得自主权。可以说，这三者是事业单位改革的三驾马车，但如果各想各的心思，各拉各的套，那就根本无法形成合力，所谓改革就会变成一场讨价还价乃至争权夺利。所以，各级党委和政府在组织和推动事业单位改革的进程中，需要解决的最为重要也最为棘手的问题就是，如何使这三个改革主体形成一种合力。事实表明，只有方方面面形成共识、共愿和共同合力的改革才会全面推进并取得最后的成功。事业单位改革自然也不例外。

三、统一事业单位分类标准，进行相关改革

对事业单位采取分类改革的方式是事业单位前期改革取得的重要成果，但对于分类改革的基本内涵却存在很大的争议。在理论探讨和改革实践中，关于事业单位的分类有“二分法”、“三分法”、“四分法”、“五分法”、“七分法”及多重分类法，具体有行业分类法、经费分类法、行政隶属分类法、行政级别分类法、性质分类法、职责分

类法、职能分类法。经过多年的改革实践，以工作性质划分事业单位功能分类的方法已经得到越来越多的认同。而就这一方法的具体执行标准也存在一定的争议，主要体现在三分法和四分法之争。事业单位分类是规范事业单位管理、深化事业单位改革的基础工作，分类决定着对某一事业单位性质和功能的界定，决定着政府及其部门对这一事业单位的管理体制和方式方法。因此，事业单位改革的第一步就是要做好分类工作。但是，由于分类实质上影响着相关事业单位及其主管部门的价值和利益分配，特别是涉及到财政拨款问题，这使改革从第一步起就面临着许多深层次的矛盾和问题。而且在实际的分类过程中，由于区分标准难以操作，有很多单位都不容易准确定位。在总结各地实践经验和吸收各方面意见的基础上，中编办于2008年11月份，印发并内部传达了《关于事业单位分类试点的意见》，为事业单位分类改革目录编制和分类改革步骤提供了原则指导。《意见》将现有的事业单位划分为三个大类：承担行政职能的、从事公益服务的和从事生产经营活动的。其中对于从事公益服务的事业单位按照其公益性的强弱再分为三类。根据《意见》，上海、重庆、浙江、广东、山西5省市于2009年率先在全国进入分类改革试点，分类改革试点于2009年1月起实施，省直事业单位改革于2009年底完成，市、县、乡镇事业单位改革于2010年底完成。事业分类改革由两部分内容组成：一是分类，即按照什么标准对事业单位进行分类，非民族地区只需按照事业单位的公益性强弱进行分类，而边疆民族地区出于维护政治稳定、民族团结和保护民族文化多样性的需要，政治性、民族性、文化性也是对边疆民族地区事业单位进行分类时应该参考的因素；二是改革，即对分类之后的各类事业单位如何分类实施改革。

分类改革是事业单位改革的基本原则，是事业单位改革攻坚的突破口，这已经成为人们的共识。但分类改革是一项复杂而艰苦的工作，因为涉及事业单位冗员的裁减、职能的界定、资金的重新分配等问题，触及相关部门和人员的既得利益，必然会引发一定范围的社会震荡。以往各地试点改革涉及分类标准制定或分类改革方案执行时，总不免陷入利益各方"讨价还价"、"争吵不休"的尴尬局面。有的地区为了图省事，就绕过"分类"这一环节实施改革，这样不区分对象的改革充其量只能起到对原体制的"修修补补"作用。从目前形势看，国家以分类改革作为突破口，实现事业单位改革模式从"分散试点"到"整体推进"转变的意图已经很明显。事业单位将按其功能被分为三大类：一是"行使行政职能的事业单位"；二是"从事公益活动的事业单位"；三是"从事生产经营活动的事业单位"。对这三类单位分别实施不同的改革。"行使行政职能的事业单位"结合政府机构改革和其他条件，逐步转为行政类机构。"从事生产经营活动的事业单位"根据各地的实际情况和条件成熟程度，逐步转为企业。改革以后，只有"从事公益活动的事业单位"保留在事业单位序列中。这个思路，用比较形象的说法就是"掐头、去尾、留中间"。留下的"从事公益活动的事业单位"虽然在社会功能上都是从事公益服务，但这些单位各自的职责任务不同，运行机制、服务对象和收入状况也有很大区别。因而将“从事公益活动的事业单位”再具体划分为三个小类，即公益Ⅰ类、公益Ⅱ类和公益Ⅲ类，从而能够更具针对性地制定人事制度、社会保障、分配制度、机构编制等相关配套政策。

根据已有的经验，在现代社会结构下可以借助政府、市场和社会三种力量共同参与事业单位改革，但民族地区政府提供公共服务的财力普遍不足，市场和社会发育都不成熟，从客观上限制了民族地区事业单位分类改革可以利用的资源和手段。所以，与发达地区相比，民族地区事业单位分类改革实施的难度更大，面临的困难更多。内蒙古自治区实施事业分类改革时，应该从民族地区的实际出发，综合考虑政治、经济、社会、文化等各方面的因素，把握改革的时机，科学地制定分类改革方案，并稳步推进实施。

四、变革管理体制：加强立法，统一监管，政事分开

我国现行的事业单位管理体制还是传统体制的延续，事业单位还是各级政府和各个政府主管部门的附属品，没有独立的法定地位、法定职责和法定权利。同一类型公益性事业单位分属不同的政府部门，造成事业单位机构臃肿、人员庞杂、效率低下，且各机构都具有强烈的自我扩张冲动。同时，如同国有企业原先所面临的情况那样，由于没有一个统一的“出资人”行使资产所有者的权利，造成管人、管事、管资产相脱节。通过加强立法、统一监管、政事分开等手段构建科学合理的事业单位管理体制，重新调整和界定国家、社会和事业单位的关系已经是大势所趋。建立科学合理的管理体制要从几方面入手:第一，实行管办分离的新型管理体制，真正实现政事分开。建立统一的有权威的事业法人监督管理机构，统一代表国家行使事业单位的出资人权利，统一管理和监督事业法人。第二，实行统一的法律、统一的体制和制度，避免按所有制划分为“民办”或者“国家举办”而采用两套管理机构、两种管理体制和两个法律制度。第三，按照事业法人承担公权力和公益性程度的不同，对事业法人实行分类管理。[42]

事业单位管理体制改革的关键就在于能否真正做到政事分开、管办分离。在事业单位管理体制创新方面，北京市海淀区成立公共服务委员会的案例给予我们强烈的启示。2005 年，北京市海淀区设立了公共服务委员会，该机构作为政府批准成立的特设机构对海淀区的公共服务事业单位进行管理。其中海淀区卫生局和海淀文化委员会作为“政事分开、管办分离”的试点单位，其属下的所有事业单位均纳入公共服务委员会，至 2005 年 8 月 18 日，海淀区 22 家医疗机构全部完成了与卫生局的脱钩程序。卫生局和文化委员会则回归到社会管理和市场监管的本位上来。公共服务委员会作为

[42] 左然.构建中国特色的现代事业制度——论事业单位改革方向、目标模式及路径选择，中国行政管理，2009(1).

政府所属的正处级特设机构，承担对公益性和准公益性事业单位的人、财、物管理。虽然，目前我国民族自治地区在人均 GDP，人均财政收入，居民人均可支配收入等重要方面都低于全国平均水平和发达地区。居民在享受医疗、卫生、养老保险等方面的公共服务也都远远落后于非民族自治地区。但在另一方面，民族自治地区又享有全国其他地区无法比拟的优势——民族区域自治制度。在民族区域自治制度框架下，民族地区的机构设置可根据民族自治地方实际情况和民族特点而定，比一般地方政府具有更大的灵活性和主动性。[43]所以，民族区域自治制度赋予民族地区事业单位管理体制改革更广阔的首创权力和创新空间，内蒙古自治区应该充分发挥这一独特的优势，积极创新符合本地区实际的事业单位管理体制，从而以制度上的优势来弥补资金、人才等资源上的劣势。

五、完善运行机制：建立事业单位法人治理结构

事业单位能否优质高效地为社会提供公共服务和公共产品，取决于两方面的条件。一方面是在事业单位外部是否存在一个有利于事业单位依法独立运作的宏观管理体制；另一方面是在事业单位内部是否存在一个能够形成有效激励和约束的运行机制。在通过加强立法，统一监管和政事分开，建立起科学的事业单位宏观管理体制基础上，与之相适应，在事业单位内部模仿现代企业制度建立法人治理结构，是完善事业单位内部运行机制的有效手段。事业单位法人治理结构建立的目的，是规范出资人和事业单位管理者及社会公众之间的权利和义务关系，保障事业资产的安全和事业单位职能的有效发挥。事业单位法人治理结构的核心是在事业单位内部推行董事会或理事会架构。事业单位的董（理）事会在出资人和事业单位管理者及社会公众间起到桥梁与纽带的作用，一方面代表出资人和社会公众行使事业单位的重大决策权，另一方面对事业单位的管理人员行使监督权。为了防止内部人控制的现象发生，事业单位董（理）事会成员应该由出资人代表、职员、受益人和外部专家等构成，外部独立董（理）事至少应该占所有成员的 1/3。需要说明的是，在一些准公益类事业单位中，政府只是部分出资人，理事会的建立一方面有利于吸引其他社会主体投资于公共事业中，弥补政府资金的不足，另一方面理事会架构也有利于政府出资人和其他出资人之间的协调和平衡，使两者更为有效地沟通并提供公益类服务。[44]

六、科学划分政府间的事权与财权

地方政府财力不足和财政投入方式不科学，是制约地方公共服务提供水平和事业

[43] 参见党秀云：《民族地区公共服务体系创新研究》，人民出版社，2009 年版，第 54 页。

[44] 庄序莹.事业单位改革与发展，上海：上海财经大学出版社，2009.

单位改革的关键因素。1994 年分税制改革后，中央政府集中了全国财政收入的大头，地方财政收入主要依赖于地方经济总量的增长。由此造成的经济、社会和环境之间深层次、结构性的矛盾难以克服。中央政府反复强调统筹发展，协调发展。但是，现行的中央政府对地方政府的绩效考核方式，使地方政府只能把更多的精力放到地区经济总量和财政收入的增加上，由此造成了投资过热、重复建设、地方保护、市场分割、资源浪费、环境破坏、社会矛盾激化等长期难以解决的问题，这些问题其实也反映出地方政府的公共服务职能和公共服务能力很大程度是在持续弱化而非增强。分税制改革后，随着财力向中央政府的集中，公共服务责任却从上至下层层转移，与之相对应的中央政府财政转移支付并没有及时跟上。鉴于以上情况，近年来对我国政府决策有着重要影响的中国（海南）改革发展研究院提出以基本公共服务均等化为重点调整和改革中央地方关系的政策建议。这一建议的重要意义就在于使中央和地方政府在提供公共服务的事权划分上有了“基本公共服务”这一科学的依据，以此来改革我国的公共财政体制，真正做到各级政府的财力与公共职责相匹配。这样既有利于改变政府的行为方式，又有利于推进市场化改革，更有利于强化政府的公共服务职能，创新公共服务体制。其具体方式应通过明确各级政府在基本公共服务均等化过程中承担的支出责任，并配备相应的财力保障。不仅要明确各级政府各自负担的比例，而且要细化到支出项目，对于利益外溢比较多、能够体现公平的价值取向的基本公共服务，以中央和省级政府为主承担；对于地方性公共产品和公共服务，以地方政府为主承担。对义务教育和公共卫生这两项基本公共服务，应由中央、省和县三级政府共同承担，各级政府承担的比例，应视各地经济发展水平而定。在经济贫困地区，应全部由中央与省级政府承担，通常情况下，以省级政府为主；在经济中等发达地区，应由三级政府共同承担，但中央和省级政府应负担 50%以上；在经济发达地区，应由三级政府共同承担，但以县级政府承担为主。[45]目前，国家正在推进的西部大开发战略，对民族地区的发展是一个千载难逢的历史机遇。在某种程度上，西部大开发就是民族地区的大开发。在开发的过程中，民族地区是把相对有限的资金用来促进经济的增长，还是用于民族地区公共服务的发展呢？似乎是一个两难的选择。对于地方政府来说，这一建议同样具有重要的理论指导意义。地方政府可以依据“基本公共服务”来科学划分地方各级政府间的公共服务职责，进而理顺各级政府间的财政收支关系。地方政府把本级政府承担的基本公共服务任务进一步分解为各类公共项目，并通过契约签定的方式委托给包括事业单位在内的各类社会服务组织进行公共服务产品的生产，并向其支付相应的生产费用，从而使政府对事业单位的财政投入方式真正做到从“养人”到“养事”转变。

[45] 贾智莲，孔春梅. 公共服务供给机制创新研究——兼评事业单位改革，中国行政管理，2009(4).

七、以公共服务体系建设为目标整合公益性事业单位

为适应市场经济体制和满足社会发展的需求，党和政府在十六大前后提出了公共服务体系建设的伟大构想。事业单位是在计划经济体制下建立和发展起来的公共服务提供机构，是政府承担公共服务职能的主要载体，其主要任务就是承担整个社会绝大部分公共服务的供给。从事业单位分布的范围看，事业单位的主体部分主要分布在教育、卫生、科研、文化、农技服务行业中，其中教育、卫生、科研和文化是规模最大的四个行业。因此，事业单位的主要职能就是提供教育、医疗、科研、文娱、体育等公共服务。与传统事业体制相比，公共服务体系的内涵要丰富得多，这一体系是在市场经济体制下进行构建，政府、非政府组织、企业、公民等多元主体将在统一的法律框架内分工合作共同为社会提供公共服务。虽然一些非政府组织和部分企业已经在参与公共服务的提供，但相对于公共项目，企业对赢利多的商业项目更感兴趣。而非政府组织在我国还相当弱小，目前社会需求的绝大多数公共服务还是由政府出资举办的公益性事业单位在提供。另一方面，计划经济体制下形成的事业单位机构臃肿，效率低下，已经难以适应中国市场经济发展的需要，也严重制约了经济和社会的协调发展。因此，事业单位改革从宏观方面讲，既是公共服务体制改革的关键内容，也是实现公共服务体制创新，改善公共服务供给的重要途径。从某种程度上讲，事业单位体制实际上就是计划体制下建立起来的公共服务体系，因此，事业单位改革的实质就是在市场经济条件下重构公共服务体系。公共服务体系建设为事业单位改革指明了正确的方向，通过分类改革筛选留下的公益性事业单位将按照公共服务体系建设的规划，在全国范围内进行规模、功能、布局的整合，转变成为市场经济体制下的公共服务提供的主要载体和合格主体。

八、重视改革整体推进中的地区差别——实现基本公共服务均等化

公共服务体系建设是我国经济社会结构进行调整的一项长期工程，公共服务体系建设中的财政资金投入是根据国家经济社会发展规划和地区或城乡对公共服务的差异化需求进行分配的。也就是说，公共服务体系在各地区和城乡之间的内容和标准是存在差异的。而我国当前的现实矛盾是城乡之间、地区之间经济社会发展极不平衡，各级各地政府提供公共服务的财政支付能力差距悬殊，广大农村和欠发达地区的公共服务实际提供水平与需求相比存在巨大缺口。这一状况严重制约了我国经济社会的协调发展，也不利于社会的长期稳定。鉴于此，一些学者提出了基本公共服务均等化的政策建议并引起了党中央的高度重视，党的十六届五中全会、六中全会和党的十七大都把实现基本公共服务均等化放在了重要的位置。基本公共服务指覆盖全体公民、满

足公民对公共资源最低需求的公共服务，涉及义务教育、医疗、住房、治安、社会保障、基础设施、环境保护等方面。内涵包括全体公民享有基本公共服务的机会均等、结果大体相等。基本公共服务属于纯公共品的范畴，属于国民待遇，它提供的是公共服务中最基本的那一部分，是公共服务体系建设的基础条件和初始阶段，同时也是我国建立公共财政体制的突破口。在基本公共服务均等化视域下，事业单位改革的方向和内容在城乡和地区之间是有区别的。在经济发达的城市和地区，事业单位提供的公共服务包含基本公共服务，还包含大量可供本地或本城居民通过支付一定费用享受的具有排他性的公共服务。而在广大农村和欠发达地区，事业单位改革的目标指向就是基本公共服务均等化的实现，事业单位的布局调整和人财物资源整合都必须向基本公共服务项目绝对倾斜。

参考文献

[1] 成思危. 中国事业单位改革——模式选择与分类引导[M]. 北京：民主与建设出版社. 2000.
[2] 黄恒学. 我国事业单位管理体制改革研究[M]. 哈尔滨：黑龙江人民出版社.2000.
[3] 范恒山. 关于中国事业单位改革几个重要问题的思考[J]. 中华人民共和国国务院公报. 2004，(48)：5.
[4] 李盛霖. 把握国情积极稳妥推进事业单位改革[EB/OL]. 新华网. 2005-06-24.
[5] 范恒山. 平稳有序推进事业单位改革[J]. 财经. 2004(4).
[6] 黄海霞. 中国事业单位机构改革寻求突破[J]撩望周刊. 2002(1).
[7] 朱光明. 关于政事分开的几点思考[J]. 中国行政管理. 2005(3).
[8] 李曙光. 关于事业单位改革的思考[J]. 中国改革. 2004(6).
[9] 贾西津. 国外非营利组织管理体制及其对中国的启示[J]. 社会科学，2004(4).
[10] 武博. 中国的国际竞争力与科学技术环境评价 [J]. 中国科技信息 2004(23).
[11] 刘立. 改革开放以来中国科技政策的四个里程碑[J]. 中国科技论坛. 2008(10).
[12] 方新. 中国科技创新与可持续发展[M]. 北京：科学出版社，2007.
[13] 刘国新. 20 世纪 80 年代的科技体制改革与科技进步[M]. 南宁：广西人民出版社，1994.
[14] 党秀云. 民族地区公共服务体系创新研究[M]. 北京：人民出版社，2009.
[15] 左然. 构建中国特色的现代事业制度——论事业单位改革方向、目标模式及路径选择[J]. 中国行政管理. 2009(1).
[16] 庄序莹. 事业单位改革与发展[M]. 上海：上海财经大学出版社，2009.
[17] 贾智莲，孔春梅. 公共服务供给机制创新研究——兼评事业单位改革[J]. 中国行政管理，2009(4)
[18] 孔超. 事业单位改革和发展的政治逻辑——“公共化”改革战略的内涵及其制度安排[J]. 天津社会科学. 2009(2).
[21] 方新，柳卸林. 我国科技体制改革的回顾及展望[J]. 求是. 2004，(5).
[22] 科技体制发生重大变革——访科技部政策法规与体制改革司司长张景安[N]. 中国改革报. 2002，10.
[23] 何洁，邓心安. 对我国新一轮科技体制改革共性问题的思考[J]. 中国科技论坛. 2004，(3).
[24] 云涛. 内蒙古科研机构体制改革情况、问题与对策建议[J]. 科学管理研究. 2004，(1).
[25] 珊丹. 我区科技体制改革再次提速[N]. 内蒙古日报（汉）. 2004.
[26] 叶辅靖，刘颂，马强. 美国和英国公益性科研机构运行机制比较研究[J]. 北京城市学院学报. 2007，(5).
[27] 周晓旭，朱光明. 德国非营利科研机构模式及其对中国的启示[J]. 东岳论丛. 2007，(2).
[28] 李伟红. 法国科技体制改革的研究与借鉴[J]. 产业与科技论坛. 2007，(4).
[29] 杨书臣. 日本科技开发体制的改革及对我国的启示[J]. 现代日本经济. 2000，(3).
[30] 张超然. 韩国正强化国家科技体制改革[J]. 中国改革. 2006，(9).
[41] 葛延风. 立足人人享有卫生保健目标，实现医疗卫生改革突破[J]. 医院领导决策参考. 2006，(9).
[42] 《乌海市直属事业单位改革意见》，2005，10.

[43] 事业单位改革问题研究，国家发展改革委员会
[44] 中国（海南）改革发展研究院. 中国公共服务体制：中央与地方[R]. 北京：中国经济出版社. 2006，12.
[45] 《乌海市政府工作报告》，2007 年 2 月 6 日，在乌海市第六届人民代表大会第四次会议上，乌海市人民政府市长：白向群，源于 http：//www. wuhai. gov. cn/.
[46] 《中共赤峰市委赤峰市人民政府关于赤峰市直属事业单位改革试点工作的意见》赤党发[2005]14 号.
[47] 王乐夫.《深化事业单位改革的路径选择》“建立中国特色的现代事业制度”.南方日报网络版，2006 年 12 月 29 日.
[48] 安体富，王海勇. 加快公共财政建设步伐促进经济社会协调发展[J]. 经济研究参考. 2005，(19).
[48] 陈天祥. 新公共管理——政府再造的理论与实践[M]. 北京：中国人民大学出版社，2007.
[50] 代英姿. 公共卫生支出：规模与配置[J]. 财政研究. 2004，(6).
[51] 范恒山. 关于事业单位改革的思考[J]. 学习月刊. 2005，(1).
[52] 黄靖. 事业单位改革和财政政策选择[J]. 中央财经大学学报. 2005，(11).
[53] 黄新华. 公共部门经济学[M]. 上海：上海人民出版社. 2006.
[54] 蒋寒迪，匡胜. 事业单位改革的难点与对策：基于国际经验的探讨[J]. 当代财经. 2005，(10).
[55] 孔超. 公共服务制度的系统构建——论事业单位及其管理体制改革的目标模式[J]. 天津社会科学. 2007，(2).
[56] 从公共财政的角度看地方事业单位改革. 财政部科研所.《研究报告》，2004，(1).
[57] 林万龙. 农村公共物品的私人供给：影响因素及政策选择[M]. 北京：中国发展出版社. 2007.
[58] 刘穷志. 公共支出归宿：中国政府公共服务落实到贫困人口手中了吗?[J]. 管理世界. 2007，(4).
[59] 马蔡琛. 基于公共预算视角的事业单位管理改革[J]. 学术月刊. 2007，(1).
[60] 赛军. 发展乌兰牧骑事业探索文化产业之路[EB/OL]. http：//www.seac.gov.cn/ wyhy/index.htm.
[61] 宋丹. 遵循公共财政原则：事业单位改革的基本思路[J]. 现代财经. 2006，(4).
[62] 中国政府曾组织四个课题组进行事业单位改革的研究. 财经时报. 2005，(10).
[63] 吴伟. 事业单位预算管理形式的重大突破[J]. 会计之友. 1998，(5).
[64] 王兴伦. 多中心治理：一种新的公共管理理论[J]. 江苏行政学院学报. 2005，(1).
[65] 王巧云. 事业单位预算管理面临的问题与对策[J]. 当代行政. 2005，(4).
[66] 赵红丽. 浅谈事业单位预算管理制度改革[J]. 当代经济. 2006，(4).
[67] 张馨. 财政公共化变革，新公共管理的启迪[J]. 财政研究. 2007，(4).
[68] 朱光磊，张志红. “职责同构”批判[J]. 北京大学学报. 2005，(1).
[69] 庄序莹. 事业单位体制改革模式选择研究[J]. 社会科学. 2007，(4).
[70] 改革，让内蒙古地质工作腾飞——内蒙古地勘单位改革调查报[EB/OL]. 国土资源网，2007 年 8 月.
[71] VandeWalle, D., Nead, K.(Eds.), 1995, PublicSpendingandthepoor ： TheoryandEvidence, JohnsHopkinsUniversityPress, Baltimore.
[72] Jimenez, E. , 1995, “Humanand Physical Infrastructure：Public Investmentand Pricing Policyin Developing Countries. “Handbook of Development Economics, Vol.III, Chapter 43.

后　记

《民族地区事业单位管理体制改革探究——内蒙古事业单位改革启示》是国家社会科学基金项目《政事分开与事业单位管理体制分类改革研究》的研究成果。这个项目于 2006 年立项，从立项到完成经过了近 4 年的时间。可以说，这个项目倾注了研究者们的许多心血，也受到了很多领导和同志们的支持和关注。

2005 年初，内蒙古行政管理学会将《内蒙古事业单位改革思路研究》确定为学会重点课题，并委托我们成立课题组来承担研究任务。课题组在内蒙古行政学会会长盖文山、秘书长张文萍的大力支持下，在课题组组长李春林教授的带领下开始了前期调研工作。对教育、科技、文化、卫生等行业的主管部门进行了深入的访谈，并选取了各行业的试点单位进行深度调研，获得了大量详实的资料。课题组在此基础上开始了大量研究工作，为课题顺利申报国家社会科学基金项目积累了坚实的研究基础。

项目获批之后，再一次受到了内蒙古行政管理学会的高度重视，盖文山会长亲自召集课题组开会研讨相关问题，张文萍秘书长亲自带队奔赴自治区 6 个盟市开展调研工作。通过对有关地区和单位的实地考察以及座谈等，我们了解到很多内蒙古事业单位的实际情况、存在的问题及其产生的主要原因。从而使我们得以把研究建立在对以往丰富理论成果和对实际情况深刻把握的基础上，这对提升本研究项目的理论前沿性和实践可操作性有着不可低估的意义。

我们的研究是在前人已有的成果基础上进行的，在这里我们必须提到的是，改革开放以来，学术界对事业单位改革问题的研究不断深化，已经产生了有一定影响的理论成果，本课题积极吸收并大胆发展和创新了这些重要的理论成果。我们有理由相信这些创新对其他类似边疆地区事业单位改革是有借鉴意义的，更有理由相信这些创新会被学术界所认可，因为这些创新来源于实践。

本书各章的执笔人员：第一章孔春梅、张战勇，第二章赵红菊，第三章张战勇，第四章曹鲲，第五章张国强，第六章张战勇、张国强、孔春梅。

本课题的研究以及本书出版，受到了内蒙古行政管理学会和内蒙古财经大学的大力支持，谨代表课题组向赤峰市人民政府、锡林郭勒盟行政公署、包头市人民政府、鄂尔多斯市人民政府、乌海市人民政府、内蒙古自治区机构编制委员会、内蒙古人事厅、内蒙古教育厅、内蒙古科技厅、内蒙古卫生厅、内蒙古财政厅、内蒙古广电局、内蒙古新闻出版局、内蒙古地质勘查局、内蒙古农牧科学研究院等 29 家被调研事业单位对课题组的大力支持表示深切的谢意。

本书的出版受到内蒙古财经大学、内蒙古行政管理学会的资助，在此表示感谢。对于本书的出版，还要感谢赵首军、任梅、贾智莲、石全虎、石英剑、李文武、王春艳、陈玉明等各位老师为本书所作的贡献和帮助。

《政事分开与事业单位管理体制分类改革研究》
课题组
2013-5-1

反侵权盗版声明

电子工业出版社依法对本作品享有专有出版权。任何未经权利人书面许可，复制、销售或通过信息网络传播本作品的行为；歪曲、篡改、剽窃本作品的行为，均违反《中华人民共和国著作权法》，其行为人应承担相应的民事责任和行政责任，构成犯罪的，将被依法追究刑事责任。

为了维护市场秩序，保护权利人的合法权益，我社将依法查处和打击侵权盗版的单位和个人。欢迎社会各界人士积极举报侵权盗版行为，本社将奖励举报有功人员，并保证举报人的信息不被泄露。

举报电话：（010）88254396；（010）88258888

传　　真：（010）88254397

E-mail：　　dbqq@phei.com.cn

通信地址：北京市万寿路 173 信箱

电子工业出版社总编办公室

邮　　编：100036